湖南大学罗马法系研究中心

Ius Romanum et Ius Commune

罗马法与共同法文库

Ius Romanum et Ius Commune
罗马法与共同法文库 · 文丛

主编 / 徐涤宇

物权法领域
公私法接轨问题研究

On the Integration of Public Law and Private Law in the Real Right Law

徐涤宇 胡东海 熊剑波 张晓勇 著

北京大学出版社
PEKING UNIVERSITY PRESS

本研究系司法部国家法治与法学理论研究项目的结项成果
（项目批准号：07SFB3025）

总　序

本文库(含文丛和译丛)之冠名,若不加阐释,颇有作茧自缚的意味。盖罗马法与共同法之谓,在西方法史上有其特指,由此似已决定本文库的选题仅限于特定的法史范围。

其实,以罗马法与共同法为名,并不意味着本文库崇尚"述而不作,信而好古"之史学幽情。我们提倡的是,过去为当下所用、法律史研究为法律教义学服务——前者的问题意识会受到现行法的影响,问题的解决则以后者为落脚点。易言之,本文库绝无意成为一座博物馆或一块纪念碑。所谓"一切历史都是当代史"、历史书写受"效果历史意识"支配的命题,均可为此种基本立场提供认识论上的支撑。其法律理论上的基础则在于:现行法的内容不是从石头缝里蹦出来的,而是从昨天一直演进到今天的产物。法律制度乃像语言一样的复杂现象,哪里有什么立法者能凭空将其建构出来?诚如萨维尼所言:最重要的是应当认识到当前与过往的生机勃勃的相互联系;否则,我们只能认识到当前法状态的外在表象,而不能把握住其内在本质。

问题在于,我们如何把握这种生机勃勃的相互联系?

一、法律往事重提的实践理由

法律教义学"从某些未加检验就当作真实的、先予的前提出发”①,是一门安于体制内的、有封闭倾向的学问。但法律教义学者终究不是“明希豪森男爵”,不能抓着自己的头发进行自我拯救。现代法与现代法学之正当性、科学性危机的诊断与消解,尚须进入法律史才能得到经验层面的切实观照;没有法律史根据的法哲学批判,只会是形而上的玄谈。

遥想当年,基希尔曼冒天下之大不韪发表雄文《论作为科学的法学的无价值性》,其在法学界激起的巨浪今天仍未消退。如果不否认法学主要是以价值为导向的实践性学问,后笛卡尔时代以自然科学为原型的法学范式难逃走进死胡同的宿命。什么构成前此时代被接受的正当裁判规范,彼时的裁判者、解释者又如何获得正当法?新的正当法模式、法学范式完全可以从历史传统中汲取营养。也就是说,通过与不同历史时期的法相比较,作为当前教义学前提的法典法本身产生、适用的特质能得到强烈凸显,从而,其在法哲学外亦能得到反思。

当下的中国,撇开与意识形态密切关联的政治法领域不论,立法层面的现代法规范可谓基本齐备,法律教义学得以成为主流的法学研究范式。相形之下,对立法继受之母法及其法律史研究却呈现相当程度的萎缩,似乎从此,现行中国法成为完全自给自足的研究对象。诚然,体系化、合理化现行法,以服务于司法裁判作业,为司法裁判“等置”制定法规范与案件事实做准备,是法律学者的重要使命。然而,现行立法、法学的继受属性,乃我国法律学者面临的基本事实:一百多年前,为解决“治外法权”问题,我国引进欧陆法制;改革开放后,以“与国际接轨”“全球化”为口号,我们重整旗鼓、再续变法弦歌。自始在外力刺激下的立法继受,已然决定其先天发育的不足;即便是后天的理论与实践滋养膨胀了我们在制度和理论上的自信,也无法割裂继受的历史性。因此,本文库的旨趣,一方面鼓励以继受母体为主要对象的法律史和比较法研究,另一方面更为强调在历史关联中观照现行中国法的正当性和科学性,凸显其产生和适用的特质。

---

① 〔德〕阿图尔·考夫曼、温弗里德·哈斯默尔主编:《当代法哲学和法律理论导论》,郑永流译,法律出版社2002年版,第4页。

二、作为“绝对自然法”的罗马法?

古罗马人乃实践理性园地里的天才民族,在从公元前5世纪到公元6世纪的一千多年里,他们发展出一套完善的法律语言系统——诉、债、契约、所有权、遗嘱等,借此我们得以从法律角度释读、调整社会经济事实。能与之相媲美的,大约只有古希腊人在哲学领域的成就。

与古罗马法不同,作为其后续发展,中世纪继受意义上的罗马法有其自身的特质。这种肇端于优士丁尼《市民法大全》之学术性发现的罗马法继受,乃以法学的学术架构、方法为目标建构的,因此法学只在它自己划定的范围、以自己的解释内涵来接受罗马法。[①] 但是,中世纪法律家在欧洲贯彻着一种确信:罗马法具有普世且超越时代的正确性,理性本身在《市民法大全》中化为文字,乃“记述之理性”(*ratio scripta*)。由此,罗马法虽然区别于凭着理性认识到的、建立在自然基础之上的近现代自然法,但它事实上已获得一种“绝对自然法”的地位。在中世纪盛期,这种权威性植基于罗马理念,即罗马帝国在救赎史上是基督徒的法律社会本身(一致性观念),当代世界与罗马法律家的世界根本上是同一的;普世帝国的权力崩溃后,代之而起的则是人文主义法学的确信:“我们这个时代文明的标准,早在古代即已确定。”[②]

随着民族国家的兴起,现代的罗马法学家虽仍借用“共同罗马法”(*ius romanum commune*)一词来强调罗马法对所有的人都是开放的,但他们已谦逊地意识到,共同的罗马法只是潜在地对不同的民族有效,也就是说,其有效性取决于各民族国家是否将其采用为自己的法(diritto proprio)。于是,罗马法体系只是作为保护对共同法以及自有法的运用能够得以继续发展的一种工具,或者是基于其作为“人类共

---

① 参见〔德〕弗朗茨·维亚克尔:《近代私法史——以德意志的发展为观察重点》(上册),陈爱娥、黄建辉译,上海三联书店2006年版,第108、109页。

② 同上书,第36页以下。

同遗产”的角色,作为各种制度要素的交汇点和对接点而发挥其功能。[①] 本文库所谓的罗马法,正是在这种意义上展开的。

三、走向自有法与共同法的辩证关系模式

共同法或普通法(*ius commune*),在历史上特指12世纪罗马法原始文献被重新发现,至18世纪自然法法典编纂期间,以罗马法和教会法为基础、在欧陆具有共同效力的法律和法学。[②] 降至当代,经由重新诠释,共同法概念复为欧盟和拉丁美洲私法统一运动提供法律文化上的正当性[③];在实在法文本上,现行《魁北克民法典》在序编中即明确该法典明示或默示地规定了共同法(*jus commune*),它构成其他法的基础[④];在司法实践层面,学者在欧洲法院的诸多判例中发现了罗马法和

---

① 参见意大利著名罗马法学家桑德罗·斯奇巴尼为《罗马法与共同法》辑刊(法律出版社)所作序言(黄美玲译)。

② 参见网络词典 Wikipedia“jus commune”词条,http://en. wikipedia. org/wiki/Jus_commune。关于欧洲共同法或普通法更详细的阐述,请参见〔美〕H·J. 伯尔曼、约·雷德:《罗马法和欧洲普通法》,陈健译,载《研究生法学》1996年第1期。

③ 在欧洲,代表性的观点可参见:Reinhard Zimmermann, Roman Law and the Harmonization of Private Law in Europe, in *Towards a European Civil Code*, 4th ed., Arthur Hartkamp et al, eds., Kluwer Law International, 2011。关于新共同法的集中评论,可参见 R. C. 范·卡内冈:《欧洲法:过去与未来——二千年来的统一性与多样性》,史大晓译,清华大学出版社2005年版,第32页以下。在拉美,有学者提出作为共同法或曰普通法(*ius commune*)的拉丁美洲法这一概念,认为罗马法曾是世界范围内的普通法,而在历史上作为欧陆普通法重要法源的罗马法,应该成为认定和构建一个真正的拉丁美洲法的基础;该法不仅要在国际法院的层面,而且也要在国内法院的层面得到适用。参见〔秘鲁〕埃尔维拉·门德斯·张:《作为拉丁美洲一体化进程中统一因素的罗马法:对普通法的反思》,徐涤宇译,载杨振山、〔意〕桑德罗·斯奇巴尼主编:《罗马法·中国法与民法法典化——物权和债权之研究》,中国政法大学出版社2001年版。

④ 其原文为:“The Civil Code comprises a body of rules which, in all matters within the letter, spirit or object of its provisions, lays down the *jus commune*, expressly or by implication. In these matters, the Code is the foundation of all other laws, although other laws may complement the Code or make exceptions to it.”

共同法,以及在此基础上形成和发展的欧洲民法的一般原则。[①] 这种借助法的历史渊源展开的逻辑,表达的仍然是一种法的普世主义(universalism)理念:共同法超乎各民族或各法域的固有法之上,具有普世且超越时代的正确性,代表着法的理想状态。

在结识意大利 Trento 大学 Diego Quaglioni 教授和法律史大家 Paolo Grossi[②] 教授之前,我也一直认为,共同法是普世的,它凌驾于各法域自己的法之上。但二位教授非常严肃地指出了我对共同法的认识误区:在中世纪其实有两个层次的法共生共存,即自有法(*iura propria*)与共同法(*ius commune*)。其中,*iura propria* 是复数的,而 *ius commune* 是单数的,易言之,自有法具有多样性,如封建法、王室法、庄园法、城市法、行会法,等等,共同法则是统一的。虽然共同法被视为面对所有人、所有问题的解决手段,但自有法优先于共同法得到适用,共同法仅具有补充适用的效力。因为依据中世纪的法律观,越小范围法域之法越优先于较大范围法域之法。[③] 复数的自有法与普遍的共同法处于紧密的辩证关系中:它们都是法,相互之间并没有高低之别,没有法源等级差异。

在今天主权国家的框架下,谦抑的共同法与自有法辩证关系模式仍具有借鉴意义。法的地方性差异应被尊重和关注;在"地方性知识"有缺漏的情况下,在历史的和比较的基础上获得的共同法可以完善和补充自有法。这颇类似当事人缔结的合同条款与有名合同之任意性规范的适用关系:当事人的意思表示具体而个别化,它优先于制定法中有名合同的规定而被适用;后者通用于同类型的合同,其功能仅在于补充当事人意思表示的不足。

---

① 参见〔德〕罗尔夫·克努特尔:《罗马普通法和罗马法对欧洲联盟法院的影响》,米健译,载《外国法译评》1998 年第 1 期。关于欧洲法官在新共同法中的角色和作用,可参见〔法〕米海依尔·戴尔玛斯-马蒂:《欧洲法官在共同法复兴中的作用——含义及局限性》,张莉译,载《法学家》1999 年第 4 期。

② 斯人为"新欧洲法律史"的代表人物,关于以他为首的意大利该学派的介绍,请参见梁治平先生为葡萄牙学者叶士朋教授的著作《欧洲法学史导论》(吕平义、苏健译,中国政法大学出版社 1998 年版)所作序言以及该书第 23 页以下。

③ 参见前引维亚克尔书,第 116 页。

四、本文库的任务

因此，毋宁说，本文库致力于对立法继受之母法、法学作“历史深描”，特别是对大陆法系源头的罗马法、共同法，其结构、功能、价值前提与推理方法予以深挖，主张将之作为现行法解释适用时的补充，以完成中国的“现代运用”。并且，本文库冠名为“罗马法与共同法”，并不是要将之奉为现行法正当与否的检验标准，作为超乎其上的典范，而是倡导面向社会交往实际和法的地方性差异，发挥罗马法和共同法为“地方性知识”拾遗补缺的功能。所以，我们不仅欢迎关于罗马法、共同法之前世今生的研究，而且也愿意为面向中国问题、建立在法的地方性差异基础上的比较研究提供平台。

徐涤宇

2013年9月24日

目　录

下　　编
物权法领域公私法接轨的具体制度

绪　论

一、问题的源起

（一）私法自治与国家管制的调和：法律规范的分工合作

私法自治与国家管制是两种对立的理念。[①] 一般认为，私法自治是指在私法领域，每个人得依自我意志处分其私法事务。[②] 我国台湾地区学者曾世雄教授则从整个社会资源分配的角度认为，私法自治是对生活资源得丧变更的个人安排。[③] 根据这种观念，个人自主意志对于私权利的支配具有法律效力。[④] 与之相对，国家管制的理念，或者源于国家因市场失灵而参与或干预市场行为，或者源于国家须对公共利益进行界定。国家管制主要发生在公法领域，行政机关通过法律授权，对某些市场行为进行限制和干预，主要涉及对市场主体进行民事活动的具体规范方式，实质上是法律规范的强制性问题。

自20世纪以来，科学技术日新月异，生产力迅猛发展，导致整个社会发生巨大变化，规范社会秩序的法律也随之受到巨大冲击。比如，在现代民法中，私法自治仍为民法的基础理念，其内涵虽仍未发生本质变化，但在技术层面上，此时的私法自治已与传统民法中的私法自治有了很大不同。如今的私法自治已表现出两种截然不同的趋势：

---

① 参见苏永钦：《私法自治中的国家强制——从功能法的角度看民事规范的类型与立法释法方向》，载《中外法学》2001年第1期。

② 参见李锡鹤：《论民法本位》，载《华东政法学院学报》2002年第2期。

③ 参见曾世雄：《民法总则之现在与未来》，中国政法大学出版社2001年版，第17页。

④ 参见徐涤宇、潘泊：《私法自治的变迁与民法中"人"的深化》，载《华东政法学院学报》2004年第6期。

一方面,私法自治受到国家更多的管制[①],传统的私法自治的空间在日益缩小;另一方面,在某些领域,原来限制甚至不容许私法自治的地方,私法自治却得到了承认,出现了局部的扩张。[②]

私法自治与国家管制两种理念的对立表现在法律规范上,就是任意性规范与强制性规范的分工与合作。[③] 任意性规范,即通过约定可以排除或变更的规范。[④] 由于民法属于私法,而私法以私法自治为圭臬,在私法领域,当事人法律关系的形成以及私法对社会生活的调整主要由任意性规范完成。体现在实在法上,私法自治应当是法律上的自治与自由,但是法律上的自由与自治并不是绝对的。《中华人民共和国民法通则》(以下简称《民法通则》)第6条规定,"民事活动必须遵守法律,法律没有规定的,应当遵守国家政策";第58条规定:"下列民事行为无效:……(五)违反法律或者社会公共利益的……"《中华人民共和国物权法》(以下简称《物权法》)第7条规定:"物权的取得和行使,应当遵守法律,尊重社会公德,不得损害公共利益和他人合法权益。"第9条第1款规定:"不动产物权的设立、变更、转让和消灭,经依法登记,发生效力;未经登记,不发生效力,但法律另有规定的除外。"合同法也有类似的内容。民事活动必须符合法定的要求,而法定的要求是多样的。所以,"当事人的意思自由只是在国家设定的高低

---

① 其实,严格说来,国家在私法关系的形成到消灭过程中,从来就不是旁观者,只是在不同时期,其强制的程度、目的和效果不尽相同而已。参见苏永钦:《走入新世纪的私法自治》,中国政法大学出版社2002年版,第3—4页。

② 这种局部扩张在现代物权法领域表现为物权法定的缓和、物权转向以用益为中心、物权边缘的模糊化。参见徐涤宇、潘泊:《私法自治的变迁与民法中"人"的深化》,载《华东政法学院学报》2004年第6期。

③ 一般认为,任意性规范与强制性规范是根据民法规范对法律行为的效力的不同影响划分而来的。但是新近的研究表明,在任意性规范与强制性规范之间,还存在许多"中间地带",有的学者认为,这些中间地带包括三种,即倡导性规范、授权第三人的规范和半强制性规范。也有学者认为,中间地带应包括授权一方当事人的规范、授权特定第三人的规范、半强制性规范(参见钟瑞栋:《民法中的强制性规范——公法与私法"接轨"的规范配置问题》,法律出版社2009年版,第22—23页)。但不管怎么划分,不管有没有中间地带或者中间地带是什么,都表现的是私法自治与国家管制的博弈。因此,为了简化论述,我们仅以任意性规范与强制性规范为研究内容。

④ 参见〔德〕卡尔·拉伦茨:《德国民法通论》(上册),王晓晔等译,法律出版社2003年版,第42页。

不同的栅栏中流动,私法自治的领域,事实上自始充满了各种国家强制”。[①]

国家强制其实就是通过强制性法律规范来限制私法自治。强制性规范使市场主体的自由受到一定限制,但是这种限制并不都以改变市场行为为目的,而是以实现一定经济政策、满足国家或社会公共利益为目的。所以,可以说,强制性规范体现了国家通过法律对市场主体活动自由的强制。然而多数情况下,强制性规范又从另一个角度支撑了私法自治,比如规定民事法律关系的效力要件、民事主体的权利能力与行为能力,以及从技术角度规定权利义务的法律类型、如何进行法律解释。虽然这些规范必须遵守,但这不同于“仅供参考”的任意性规范,市场主体还是有“为”与“不为”的自由,立法者没有强制必须“为”或“不为”的目的。这些强制性规范由裁判机关在裁判时主动适用,与其说是管制市场行为,不如说是为市场行为提供一套自治性的、规范游戏的技术规则。所以,这种技术性的强制性规范的强制性,并不会从根本上抵触私法自治的理念。在这个意义上可以说,私法自治与国家管制不但不对立,还可能成为管制的辅助工具。正如我国台湾地区学者苏永钦教授所指出的:“许多特别民法本身,就是国家管制的辅助工具或替代,足见现代的私法自治与国家管制从来就不是壁垒分明,而是枝繁叶茂。广义的民法,已经越来越难勾勒出它的图像了。”[②]因此,强制性规范与任意性规范的分工合作,相辅相成,共同为市场主体营造了一个强硬而又柔软的法律空间。

(二) 私法与公法的渗透融合:公私法的接轨

私法自治与国家管制的调和,还呼应了私法与公法相互渗透的趋势,从规范的技术层面看,即为公法和私法的接轨问题。

公法和私法的划分滥觞于罗马法,并在欧洲大陆国家得以承续和发展。规范国家与个人关系的公法,与规范个人之间关系的私法,本来各有其领域,并且在理念的形成、概念的使用以及制度的发展上各有其脉络,本该不会有规范冲突问题。“历来主张公法和私法在性质上有划然的区分,以公法为权利与服从关系的法,私法为对等者关系

---

① 苏永钦:《私法自治中的国家强制——从功能法的角度看民事规范的类型与立法释法方向》,载《中外法学》2001 年第 1 期。

② 同上注。

的法的学说，把公法和私法划分为截然不同的两个系统，以为公法的法律关系，在内容上全部都是公法的，不但没有私法的要素夹杂其中，即其发生变更和消灭的原因亦都是公法的；同样，对于私法的法律关系，亦以为是整个法系存于私法的分野，毫无公法的要素夹杂其间。"①但现代化的发展，同时带动了公领域和私领域的扩张，公法与私法之间呈现的不只是反映左右意识形态的波段式拉锯，而且是越来越多的交错和融合。作为管制与自治工具的公私法规范，还因为两种理念的辩证发展相互工具化，乃至相互提供"避难所"。②

20 世纪初以来，社会经济发生了巨大变化，自由放任主义的弊端日益显现，私法绝对自由的变革也成了必然；与此同时，国家对经济进行宏观调控的力度增强，公法不断介入传统的私法领域，几个世纪以来法律确认的不受公法干涉的私人权利纷纷受到公法的限制，尤以所有权最为显著，主要体现为对所有权绝对的修正、对契约自由的限制以及无过错责任原则的创设等。到 20 世纪后半期，伴随着经济全球化浪潮，西方国家转而掀起了一场以放松管制、降低成本、提高效率为主旨的社会公共改革运动，表现在法治领域，就是在传统的公法领域引进了大量的私法手段，如行政合同、行政指导的广泛推行。我国著名行政法学者罗豪才先生曾准确地指出："行政合同和行政指导作为一种非强制的行政管理方式，体现了私法对公法的渗透。"③对于公法引入平等协商、合作互利的私法精神而显现出的某种私法元素，美国行政法学家阿夫瑞德·卡曼教授在《面向新世纪的美国行政法》一文中作了专门的论述。他认为，公法的这些变化是在全球化背景下发生的，全球化进程正在以新的方式改变着美国行政法，并将最终发展成为一种新的行政法模式。④

---

① 〔日〕美浓部达吉：《公法与私法》，黄冯明译，中国政法大学出版社 2003 年版，第 149—150 页。

② 参见苏永钦：《从动态法规范体系的角度看公私法的调和——以民法的转介条款和宪法的整合机制为中心》，载苏永钦：《民事立法与公私法的接轨》，北京大学出版社 2005 年版，第 74 页。

③ 罗豪才：《现代行政法制的发展趋势》，载《国家行政学院学报》2001 年第 5 期。

④ 参见〔美〕阿弗瑞德·卡曼：《面向新世纪的美国行政法》，袁曙宏译，载袁曙宏：《社会变革中的行政法治》，法律出版社 2001 年版，第 598—618 页。

民法所规范的私人行为，虽然在具体的法律关系中是特定人之间的权利义务，无涉私人与国家之间的权利义务，但如果私人之间创设的权利义务关系或权利的行使，有违国家基于特定政策考量所作的管制，在这种情况下，如果只依相关公法发生诸如罚款、吊销执照之类的公法效果，而民事关系完全不受影响，甚至还可以申请法院强制执行违法行为所生的民事权利，则当然不利于国家管制的贯彻，对国家法制更有左手打右手的矛盾。所以，民事法律关系不可避免要受到公法的调整。然而，另一方面，民事法律关系如果全面受到公法关系的影响，又未必真正符合宪法的意旨。① 社会公共利益一般来说高于个人利益，这一点放在哪个国家或地区可能都不会有太大的异议。问题是，有时候表面上仅属个人的利益，实际涉及的可能是制度性的保障，如财产所有权的保障、交易的安全。大大小小的公法规定或个别的指令，是否只要有所违反，就可以排除所有权的行使？比如在违反建筑法的建筑内进行的营业行为，违反公平交易法所为的差别取价，该契约是否全部无效？如此，会不会使市场经济的一些重要机制失灵，甚至瓦解市场经济所依赖的系统信任？这时候民法是不是在辅助管制之外，也被期待成为制衡国家权力、保障人民权利的重要工具？除了权衡公法与私法互相交错影响的度的问题，找到其转化调和机制是关键。②

（三）物权法领域的公私法接轨

我们知道，按照大陆法系传统，公法、私法犹如楚河汉界，公法原理与私法原理完全不同：前者贯彻“法无规定即禁止”，后者奉行“法无禁止即可行”；法制史上，两者拥有不同的发展路径。伴随着国际上新自由主义的回潮，国内经济体制向市场经济转型，市民社会虽然开始在中国缓慢形成，政治国家与市民社会面向在社会主义中国却是相互渗透、相互耦合，两者间十分清晰的界限自始不存在。相应的，因各自理念的发展，公法与私法亦相互吸收对方的有效成分。于是，公私法的交错及由此产生的接轨、整合问题日益复杂，尤其是在民法物权

---

① 参见苏永钦：《民事立法者的角色——从公私法的接轨工程谈起》，载苏永钦：《民事立法与公私法的接轨》，北京大学出版社 2005 年版，第 28—29 页。

② 参见夏青：《公私法接轨视角下公序良俗原则研究》，湖南大学 2009 年硕士学位论文。

领域。现代社会，面对复杂的社会关系，国家开始以公共利益为由积极介入物权领域，私法不再是“纯粹的自治”了。例如，我国《物权法》第30条就利用“合法建造”一词排除了违法建筑依建造事实行为取得物权的可能性，本属于私法范畴的建筑物物权自动取得规则也承担了公法的“管制”职能。[①] 我们当然承认国家为更好地实现特定且重大的公共利益，有必要对私权领域进行合理干涉，依法限制主体的一些权利和自由。正如苏永钦教授所言：“国家在私法关系的形成到消灭过程中，从来就不是一个旁观者，从民法典到外于民法典的民事规范，国家的强制处处可见，只是强制的性格、目的和效果不尽相同而已，对于私法自治与国家强制的关系，实际上经因国家角色从单纯的经济秩序的维护者、仲裁者，演变为结果取向的干预者与积极的市场干预者。”[②]

由于物权法固有的法的属性，与一国经济体制紧密关联，在私法传统极为淡薄的中国，涉及物权法领域的法律文件中私法与公法规范并存的现象非常普遍。从中国的立法情况来看，中国《物权法》已于2007年制定和施行，我们可以发现，《物权法》中大量存在着就物权归属和利用的管理问题、物权的限制问题以及物权的公法保护等问题而采用强制性规范。这些规定本身即表明，《物权法》在内容构成上已不单纯仅限于私法上的内容。如果我们置这些规定于不顾，仅从简单的私法逻辑定性物权法（即认为物权法是民法，民法是私法，得出物权法是私法）而将这些规定排斥于物权法领域之外，这显然是幼稚的。鉴于此，我们有必要从公私法接轨的视角对《物权法》进行解读和研究。因为在物权问题上，就其法律关系而言，可归入私法关系和公法关系两类：除因物权的归属和利用而产生的民事关系外，在对物权的保护、归属确认和利用的规制方面所涉及的则是公法关系，这种公法关系包括行政关系和司法关系（法院对民事争议的裁决，即为国家审判权的行使，本质上也应属于公法关系范畴）。[③]

如果那种简单地在私法领域拒绝公法的做法已属不可能，又如何

---

① 参见鲁珊珊：《违法建筑之私法问题研究》，湖南大学2011年硕士学位论文。

② 苏永钦：《私法自治中的国家强制》，中国法制出版社2005年版，第2页。

③ 参见杨解君：《物权法不应被笼统地视为私法》，载《法学》2007年第7期。

在物权法领域实现公私法接轨，使它们体系化、正当化并相互工具化呢？本研究取决于该问题意识，即如何在物权法中合理引入公法义务，又保障其与意思自治相统一，换言之，找到两者连通的“管道”，是本研究的重中之重。

二、研究现状与研究内容

（一）国内外研究现状

公私法接轨的问题在国外早已引起学者的研究：美浓部达吉、狄骥于19世纪初开始关注所谓的“私法公法化”或“所有权社会化”之一般理论①；20世纪中后期，德、法民法学者在分析物权制度时，浓墨论述公法在私域的扩张及规范效力转换问题，公法学者也开始借鉴物权概念。梅迪库斯、拉伦茨等民法学者都在其各自的民法总论著作中论及了公法与私法、强制性规定与任意性规定在民法中的融合关系。②

从笔者所查阅的资料范围来看，无论是国外还是国内，均没有对物权法中的公私法接轨问题进行专门研究的论著。与“公私法接轨”主题相关的著作仅有3本，分别为苏永钦教授于2005年10月出版的《民事立法与公私法的接轨》、钟瑞栋博士于2009年8月出版的《民法中的强制性规范——公法与私法“接轨”的规范配置问题》以及许中缘博士于2010年9月出版的《民法强行性规范研究》。在中国知网中以关键词“公私法接轨”检索，只显示出1篇题指“公私法接轨”的论文，而且仅是以公私法接轨为视角研究公序良俗原则的硕士论文。对于物权法领域中公私法接轨问题的研究，在我国基本上还处于待开垦的阶段。但是，与此相关的诸如“公法私法化”“私法公法化”等研究，还是不在少数，这为物权法领域中公私法接轨问题的研究打下了坚实的基础。

我国的研究大都限于公私法二元对立向公私法融合转变等基础

① 参见〔日〕美浓部达吉：《公法与私法》，黄冯明译，中国政法大学出版社2002年版；〔法〕莱昂·狄骥：《〈拿破仑法典〉以来私法的普通变迁》，徐砥平译，中国政法大学出版社2003年版。

② 参见〔德〕迪特尔·梅迪库斯：《德国民法总论》，邵建东译，法律出版社2001年版，第4—14页；〔德〕卡尔·拉伦茨：《德国民法通论》（上册），王晓晔等译，法律出版社2003年版，第41—44页。

理论问题,对公私法接轨的具体方式等内容并未进行深入分析。依据政治国家与市民社会的分野,传统民法学者紧守私法自治原理,对公法抱有怵惕之心,鲜有分析公私法关系者,其中大部分是"私法优位"论者,遑论公私法接轨或公私法相互工具化之问题。时至今日,对该问题旁敲侧击者有之,在我国台湾地区以苏永钦教授为代表。① 苏永钦教授以民事立法者的角色对公私法的接轨问题进行了开创性的研究,这对本课题的研究有基础性的启发和帮助。但其立论乃基于我国台湾地区的法规范,所涉范围多为债法或民法总则,且处于公私法接轨的基本范畴层面,对物权法领域的公私法接轨未见具体分析。王泽鉴先生提出"如何合理调和自由与限制,是每一个物权法面临的重大课题"②,但没有论及调和或者接轨的法技术问题。

我国大陆学者对民法规范研究较为突出的是王轶教授,他在《论物权法的规范配置》一文中论述了物权法的规范类型以及不同类型物权法律规范之间的相互关系。③ 崔建远教授曾论及若干物权的公私权属性问题(如对所有权蜕变的质疑、准物权问题),但其目的在于私权构造,而无涉公私法接轨问题。杨解君教授从公私法关联的角度,对物权法的规范对象、法律关系性质、法律任务、法律渊源、法律规范、法律内容以及法律实施等多个方面加以分析,认为在物权法领域存在着广泛的公私法交错问题,应以严谨的态度,打破公私法互不越界的传统认知局限,将物权法作为一部融合了公私法规范的综合法加以看待。④ 吕忠梅教授基于环境政策的需要,提出了环境物权的概念,试图探讨中国物权法应如何构建环境保护的有关制度问题,但欠缺对物权法领域公私法接轨的系统关注。公法学者借鉴私法概念构建诸如公物法之类的制度⑤更为积极,但主要是出于改造传统公法之单向目的,意旨并非在于探讨公私法的接轨。

---

① 从现有资料来看,"公私法接轨"最早是苏永钦教授的提法,其著有多篇论文都是围绕这一主题进行研究的,参见苏永钦:《民事立法与公私法的接轨》,北京大学出版社 2005 年版。

② 王泽鉴:《物权法上的自由与限制》(一),载 http://www.old.civillaw.com.cn/article/default.asp? id=11691,访问日期:2011 年 1 月 5 日。

③ 参见王轶:《论物权法的规范配置》,载《中国法学》2007 年第 6 期。

④ 参见杨解君:《物权法不应被笼统地视为私法》,载《法学》2007 年第 7 期。

⑤ 参见肖泽晟:《公物法研究》,法律出版社 2009 年版。

值得注意的是两部论及公私法接轨的法技术问题的专著。钟瑞栋博士在论著《民法中的强制性规范——公法与私法"接轨"的规范配置问题》中,提出公法与私法的"接轨"是一项浩大、繁杂的系统工程,规范的设计与配置是这一工程中的核心技术,强制性规范则担当着"顶梁柱"的作用,规范设计和配置的技术含量,在很大程度上是靠强制性规范的合理配置来体现的。他认为,只有对强制性规范进行妥当的设计与安排,才能科学地界分私法自治的合理空间,完成公法与私法成功"接轨"的艰巨任务,实现私法自治与国家管制的双重目标。① 钟瑞栋博士的研究对于民法的公私法接轨的构建提供了技术上的指导。但其研究的起点是整个民法范畴,属于基础理论的研究,对于这种强制性的规范在物权法如何体现、怎样具体设置没有涉及。对民法的公私法接轨提供技术贡献的还有许中缘博士的著作《民法强行性规范研究》,他认为,民法强行性规范作为连接公法与私法的纽带,是公私交融在民法中的表现。② 他从公法与私法的关系,对民法强行性规范的理论作一般分析,揭示强行性规范的司法技术、立法技术。虽然许中缘博士在研究中提到了对《物权法》中公法性强行性规范的考量③,以及强行性规范在《物权法》中的体现④,但其主要也是对整个民法范畴的基础研究,而对物权法领域仍缺乏专门性、系统性研究。

(二)本研究的内容结构

本研究将依据公私法关系的一般原理,界定有关物权的公私法规范的界限,厘清物权制度在不同层次上的法律构造及其意义。据此,我们希望为公私法的体系化、合理化在物权法领域的实现,提供有说服力的论据。此种关于公私法体系的融通性的研究,将导向对公私法关系的一种更加积极的理解,也是对化解近代私法危机的一种有益尝试。在实践中,针对《物权法》及其他被公法工具化的物权制度,有效界定其规范属性和转化机制,完全可以为司法实践、相关立法提供指导。

---

① 参见钟瑞栋:《民法中的强制性规范——公法与私法"接轨"的规范配置问题》,法律出版社 2009 年版,第 6 页。

② 参见许中缘:《民法强行性规范研究》,法律出版社 2010 年版,第 1 页。

③ 同上书,第 261—264 页。

④ 同上书,第 278—280 页。

为此，本书需要依次解决以下三个问题：（1）运用公法对私法权能的界定功能、民法转介条款的规范转化功能、宪法的整合机制，尝试建立物权法领域公私法整合的一般理论。（2）运用公私法区分的基本理论，对《物权法》和其他有关物权制度的公私法文本进行实证分析，界定其性质，发现可能的公私法转化机制。（3）反思现行法中公私法规范的配置和衔接问题，进一步完善和补充公私法协调的物权制度。

三、研究的路径与方法

（一）方法论上的研究路径

德国学者韦伯在《以学术为志业》一文中，对法学作了以下描述：

> 根据法学思想的原则，人们制定了精确的法典，它部分地受到逻辑力量的限制，部分地受到传统中既定法律规范的限制，当某些合法的规则和某些解释方法被认为有约束性时，法律思考就出现了。是否应当有法，以及人们是否应当恰当建立这些法律规范——这些问题是法学回答不了的。它只能声称：如果人们希望有这种结果，根据我们的法律思想规范，这种规范是达到这一目的的合适手段。①

韦伯的上述论断提出了一个基本的法学方法论的研究路径问题：根据法律的研究路径与关于法律的研究路径。这个问题对于法学的学术研究具有重大意义。因此，我们首先提出本文的研究路径问题——解释论与立法论。解释论是指根据法律的研究路径，而立法论是指关于法律的研究路径。② 在上述两种路径中，法律所处的地位是不同的：在解释论中，法律是研究的根据；而在立法论中，法律是研究的客体。换句话说，解释论的思考是一个“是”与“不是”的问题，而立法论是一个“应当”与“不应当”的问题。前者是以法律为逻辑起点的推理，而后者则是对法的正当性与合理性的评判。所以，我们在进行

---

① 〔德〕马克斯·韦伯：《社会科学方法论》，杨富斌译，华夏出版社1999年版，第19—20页。

② 当然，韦伯这里所说的“法学”，是指解释论。因为韦伯说哪些应当有法，以及人们是否应当恰当遵守这些法律规范等问题，法学是回答不了的。这些问题都是关于法律的研究，要靠立法论予以解决。

法学研究时,要注意解释论与立法论的差异[①],强调二者服务于不同的目的,研究亦应采用不同的方法。[②]

基于以上考虑,本书在研究中,首先提出物权法领域公私法接轨的一般理论构成,进而分别从解释论与立法论的路径,一方面,通过解释既存的物权法规范而形成的公私法接轨现状,以一种法实证的立场,整理实在法素材,其目的在于正确地理解和适用物权法规范。物权法由于其多属强行性规定,比起债法更多地受到公法的限制。显而易见的是,由于19世纪晚期以来公法的发达,现代物权法在方方面面都受到了来自公法的侵蚀。另一方面,围绕如何设计出合理的物权法规范或者如何改进既有的物权法规范而探寻物权法领域公私法接轨的最佳方式,以一种立法者的立场,思考应然法范畴,其目的在于指导或者影响物权立法实践。

(二)各种具体研究方法的说明

方法在一定程度上可以视为思考问题的路径,也是获得一个合理且正当的结论的前提,但是方法的选择应当符合待解决问题的论证目的和研究需要。因此,本研究根据论证的需要而选择了至少如下适当的方法,当然,有时下述方法是交叉或者联合运用的。

1. 历史分析的方法

当面对研究对象展开思考时,所要做的基本工作就是分析对象如何产生、经历了怎样的发展阶段,在不同的发展过程中,具有何样的不同特点,进而揭示研究对象在自我发展中的事实情况。对物权法领域公私法接轨的考察也需要这个过程。通过对历史发展的回顾,探究物权法领域公私法接轨的正当性基础和法律技术,归纳出一般性的规律,并作出相应的预测。历史分析的方法主要用于分析公私法在理念形成和概念、制度发展上的历史脉络,总结物权法领域公私法调和的国内外经验。

2. 比较法的方法

"比较乃是思维本身的一项特征,是人类认识和理解世界的基本

---

① 较早提倡区分解释论与立法论的学者,如崔建远:《无权处分辩》,载《法学研究》2003年第1期。

② 在物权法的研究中对这项区分的代表性应用,如崔建远:《从解释论看物权行为与中国民法》,载《比较法研究》2004年第2期;崔建远:《从立法论看物权行为与中国民法》,载《政治与法律》2004年第2期。

手段。”[①]在法学研究领域，比较法的方法得到广泛运用。在本书的研究中，比较法的方法也是一种主要的方法。由于各国之间政治、经济、文化、历史传统等背景的差异，反映在法律制度上也都有不同，特别是具有强烈固有法属性的物权法。本研究将突破传统的比较法方法，而更为关注不同法律体系看待和处理共同问题的特殊方式，尤其是区分资本主义国家与传统社会主义国家，在物权法领域公私法接轨问题上的特殊态度和处理方式。

3. 实证分析的方法

纯粹的理论研究固然重要，但理论如果不与实践相结合，理论研究就会失去支撑，迷失方向，最终将一无是处。正确处理理论与实践的关系，利用理论指导实践，运用经验事实的观察和分析来建立和检验理论，是法学研究的基本要求，因为法学本身就是一门实践性的学科。运用实证分析的方法研究某个法学问题，从文本入手绝对是不可或缺的手段之一，通过对实在法文本进行文义、目的以及价值等方面的探讨，才能进一步理顺研究对象的特征，把握其变化发展，探究出其意义脉络，从而为自己的论述寻找理论依据和逻辑支撑。公私法规范在物权法领域的实际存在和互动情况，公私法接轨如何在立法中得到实现，以及现实社会中涉及公私法规范的各类物权纠纷如何进行处理，都需要具体的、实证的分析，因此，实证分析方法应该成为部门法学研究的主要方法之一，本研究自然也不例外。我们将针对物权法、宪法、行政法和其他有关物权的实在法进行规范实证分析，在物权法领域实现公私法的融贯。当然，实证分析的方法在本研究中并不停留在解释论的层面上，也就是说，本研究并不限于对各种实在法律制度的实证分析，它还将在此基础上，通过逻辑分析的方法，试图为相关物权法制度的改造提供合乎逻辑的公私法接轨方案，以期在立法论上有所作为。

4. 法教义学的方法

法教义学(Rechtsdogmatik)是一个在欧陆盛行的术语，在德国甚为流行，日本、我国台湾地区学者译为“法释义学”，我国大陆学者舒国滢教授在《法律论证理论》一书中译为“法教义学”，其研究核心在于

---

① 梁治平:《法律的文化解释》，载梁治平编:《法律的文化解释》，生活·读书·新知三联书店 1994 年版，第 36 页。

法秩序之内的思考、体系化的思考。[①] 关于法教义学有两种最基本的观点,一种观点认为,是指针对特定的法律领域,依照现行有效的法律规范和个案裁判阐明其规范内涵,并整理归纳出原理、原则以方便法律适用、法律塑造,甚至法律改革的一种学问。它最基本的界定是,在传统的法律部门划分之下,针对特定的法律领域,而且针对的是现行有效的法律文本,最终的目标是为了法律适用,但是它的直接目标是阐明规范内涵。法教义学在这个意义上说,与法解释学很大层面上是相同的。另一种观点认为,是研究特定法律体系或此系统的法律命题语句的实在法理论。在特定的法律体系中,首先界定的是宪法问题还是民法问题。法律命题语句主要是一种规范实证主义的分析方法,它主要研究的是一种法律命题,并通过语句表达出来。其实两种观点是从不同的角度对法教义学的解释,前者是把它的一些操作方法、目标很清楚地表达出来,后者是一种更学理性的观点。作为一个法律人,之所以要强调法教义学的方法,就是因为其紧扣时代法,紧扣现行有效的法,然后通过专业法解释的思考方法,目标是进行法律适用、法律塑造,乃易于法律改革,它最终能够获得一种确定性,在法律专业知识中能够达成一种共识,形成通说。[②] 因此,我们将注重运用法教义学对物权法领域的实在法或者有效法律文本进行描述,分析和归纳公私法接轨和整合的技术问题,最终的目标是为了方便法律适用、法律塑造,甚至是一种法律改革。

---

① 参见〔德〕罗伯特·阿列克西:《法律论证理论》,舒国滢译,中国法制出版社 2002 年版,第 310—317 页。

② 参见徐涤宇:《法律文本中所有权之类型的法教义学分析——兼谈中国民法学的知识转型》,载 http://www.privatelaw.com.cn/Web_P/N_Show/?PID=7223,访问日期:2016 年 5 月 9 日。

上　　编

物权法领域公私法接轨的基本理论

第一章　公私法接轨视角下的物权立法

公、私法的划分肇始于古罗马时代。沃森的研究表明，虽然在罗马人的观念中就有了公法与私法的区分意识，但公私法的严格区分主要还是一个近代现象。[①] 这条区分界限是由评论，以及对优士丁尼《法学阶梯》所作的注释而为后来的法律确定的。由于法学家重视它们导致复杂的因素侵入民法；由于公法有不同的根基，不是从罗马法派生出来的，这条界限将永久存在。19 世纪，在以法、德为代表的法典编纂和法制改革过程中，公、私法的划分得到广泛运用。19 世纪末，当法学家开始认真研究现存的法律规范和制度时，公、私法的划分就成了他们重新建构法律制度的基础。公、私法划分不断演进和发展的历史，使这种划分产生了极大的权威，并与大陆法系各自的文化交融在一起，这样，法学家们在几个世纪中所创造和发展的公法、私法概念，就成为基本的、必要的和明确的概念了。[②] 美浓部达吉认为："现代的国法，是以区别其全部为公法或私法为当然前提的，对于国家的一切制定法规，若不究明该规定属于公法还是私法，而欲明了其效果与内容，盖不可能。"[③]

---

① 参见〔美〕艾伦·沃森：《民法法系的演变及形成》，李静冰、姚新华译，中国政法大学出版社 1992 年版，第 206 页以下。

② 参见〔美〕约翰·亨利·梅利曼：《大陆法系》（第二版），顾培东、禄正平译，法律出版社 2004 年版，第 97 页。

③ 〔日〕美浓部达吉：《公法与私法》，黄冯明译，中国政法大学出版社 2002 年版，第 3 页。

第一节 “物权法公法化”理论检讨

一、公私法关系的范式界定

罗马人在构建其法律体系时，将法律划分为政治国家的法与市民社会的法，前者称为公法，其主角是权力，其运作依赖威权，依赖命令与服从，其内容体现为政治管理、公共秩序以及国家利益；后者则是私法，它以权利为核心，以私人平等和自治为基本理念，其内容体现为私人利益的调谐。“罗马法视私人平等和自治为终极关怀，对于权力猖獗怀抱高度的怵惕之心，以至于试图用公法私法的‘楚河汉界’去隔阻，天真之余，备极严肃。”①正是在这一意义上，公法、私法的概念具有经典的说明性价值。两者形成了不同的规范领域，有着不同的救济方式与具有根本性差异的支配性原理。

范式的公私法关系体现为两者分离的模式：即因各自规范对象的不同，两者并不会发生法律效果面的夹缠。公法的典型功能被认为系防控国家权力对公民权利的入侵，并保障权力的分立与制衡。宪法的基本权利规定，旨在保障人民，免予遭受国家权力滥用的侵害。因此基本权利是一种消极权利，是一种防卫权，用来对抗国家的侵犯。依此，国家的权力行使须受节制。宪法基本权利的规定，完全针对国家而设，于私人之间无任何效力可言。② 政府侵犯公民的权利与自由必须严格受依法行政的约束，只有在法有明文的前提下方能有所作为。行政在国家内部的任务，只是靠警察维持社会现状的治安而已，除此之外，对于社会发展，行政并无积极功能。对于人民权利的限制与国家权力行使的依据，皆需通过立法者的法律方得为之，是为法律保留原则。国家强调所谓的实证主义，国会及地方议会通过明白的立法界定人民的权利义务范围，从而授权行政权力，同时，也有限制行政权力

---

① 张俊浩主编：《民法学原理》（修订第三版）（上册），中国政法大学出版社2000年版，第8—9页。

② 参见陈新民：《宪法基本权利及对第三人效力理论》，载陈新民：《德国公法学基础理论》（上册），山东人民出版社2001年版，第288页。

滥用的深意。[①] 不管违反宪法还是行政法，当然不会直接在私法领地上产生效果。美浓部达吉的论述堪称精到[②]：国家干预私人在社会中的行动，使其负作为或不作为这回事，是把私人的生活行动当做事实来观察，而命令或禁止其在事实上做某种行为的；所以违反命令或禁止，是违反对国家的义务，国家得以罚则科之以公法上的制裁。至于某种行为在私人间发生何种法律效果的问题，却与公法规范无涉，所以纵然违反命令或禁止的行为，若从民法的见地看来无伤公序良俗，则仍不失为私法上有效的法律行为。

私法的典型功能主要是为市民自治提供“游戏规则”或者制度框架。其中构成主体的任意规则在于补强私人自治的不足，为法官提供裁判规则；而少量的强制规范，则从消极意义上，为市民行为不可逾越的底线。“法定的民事规定，其功能或者只是在节省交易成本，或指导交易，而不具有强制性，或者虽具有强制性，但功能亦在于建立交易的基本结构，为裁判者提供裁判争议的依据，不在影响人们的行为。故人民如果针对强制性的权限规范，以不行使的方式实质上加以调整，仍不抵触私法自治的理念。只有数量极少的民法条文性质上属于强行规定，以改变人民行为为目的。民事生活中绝大多数的行为规范都来源于刑法或行政法，间接经由民法上的转介条款而来。”[③]

然而，如何判断相应的法律规范的属性究竟属于私法还是公法，已成为法律理论上一个聚讼盈庭的论题域。关于公法与私法的界分标准，历来也是众说纷纭，莫衷一是[④]，笔者现对几种最具代表性的传统界分标准进行简要评述：

---

① 参见陈新民：《德国行政法学的先驱者》，载陈新民：《德国公法学基础理论》（上册），山东人民出版社 2001 年版，第 119 页。

② 参见〔日〕美浓部达吉：《公法与私法》，黄冯明译，中国政法大学出版社 2002 年版，第 139 页。

③ 苏永钦：《私法自治中的国家强制》，载苏永钦：《走入新世纪的私法自治》，中国政法大学出版社 2001 年版，第 20 页。

④ 关于公私法的界分标准，瑞士学者荷灵加（Hollinger）于 1904 年在其学位论文《公法与私法的区别标准》中举出 17 种，法国学者华尔兹（Walz）于 1928 年在其就职演讲《关于公法的本质》中举出 12 种不同学说。参见〔日〕美浓部达吉：《公法与私法》，黄冯明译，中国政法大学出版社 2002 年版，第 23 页。

1. 利益说

该学说是公、私法划分最早、影响力也最为久远的一种学说，由古罗马法学家乌尔比安首倡，赞同者颇多。乌尔比安认为，“规定国家公务的为公法，规定个人利益的为私法”[①]，后人在不同时期予以发扬，但其核心思想未变。现代利益说的学者认为，凡旨在维护公共利益的法为公法，凡旨在维护私人利益的法为私法。利益说从法律的实质内容或目的出发，将整个法律规范体系分为两大块，以公益为目的者为公法，以私益为目的者为私法。利益说从法是利益的表现这一特征出发界分公法和私法，具有很强的解释力。

然而，随着社会发展以及法律自身的进步，公共利益和私人利益有时难以区分，公私两种利益在实际生活中往往交缠在一起，很难找到一条泾渭分明的界限。公共利益是以私人利益为出发点和归宿，纯粹抽象的公共利益是不存在的；个人对私人利益的追求也有边界，只有不损害他人及社会公共利益时才受法律的保护。[②] 因此，事实上，我们甚至根本不可能找出一种单纯的“公共利益”或者单纯的“私人利益”的法律。[③] 国家固然是公益的保护者，同时却亦是私益的保护者。保护个人的生命财产、自由和安全，也是国家的重要任务之一，故在公法中，也有不少是以保护个人的利益为主要目的而存在的。[④] 比如，现行《中华人民共和国宪法》（以下简称《宪法》）第 13 条关于公民私有财产权保护的规定，另外《中华人民共和国行政复议法》（以下简称《行政复议法》）、《中华人民共和国行政诉讼法》（以下简称《行政诉讼法》）都有保护公民个人财产等合法权益的内容。《行政复议法》第 6 条对复议范围所列举的 11 项、《行政诉讼法》第 11 条对行政诉讼受案范围所列举的 8 项，几乎每一项都涉及保护公民个人财产。同样的，私法中也有规定保护公共利益的内容。比如，《民法通则》中不得侵犯

---

① 周枏：《罗马法原论》（上册），商务印书馆 1994 年版，第 92 页。

② 参见孙国华、杨思斌：《公私法的划分与法的内在结构》，载《法制与社会发展》2004 年第 4 期。

③ 参见易继明：《将私法作为一个整体的学问》，载易继明编：《私法》第 1 辑第 2 卷，北京大学出版社 2002 年版。

④ 参见〔日〕美浓部达吉：《公法与私法》，黄冯明译，中国政法大学出版社 2002 年版，第 29—30 页。

公共利益的规定,《中华人民共和国婚姻法》中计划生育的规定[①],《中华人民共和国合同法》(以下简称《合同法》)中合同无效条款的规定等。事实上,作为国家的法律,不可能仅仅为保护某一种特殊利益而存在,更多情况下是对多方利益的通盘考虑。面对这种复杂局面,为了更好地解释利益说,有学者对利益说进行了修正,认为利益说应理解为:私法对两种利益不加区别,而公法则将公共利益置于更高地位。但是,由于现代利益关系的复杂性、多变性,何种利益属于公共利益,何种利益应处于更高的地位等问题仍然不易回答,利益说的缺陷仍然难以克服。[②]

2. 主体说

该学说由德国学者耶律内克首倡,在日本和法国也颇为流行。主体说认为,公法和私法界分的标准,是因公法和私法的参加主体不同。根据该学说,如果某个公权载体正是以公权载体的身份参与法律关系,则存在公法关系。司法实务通常亦采类似看法。如德国联邦最高法院认为,具有决定性意义的是,要看参与人相互之间是否处于一种隶属性质的公权关系之中;并且要看公权载体是应用了归属于它的公法上的法律规范,还是它应用了对每个人都适用的法律规定。[③] 主体说从公法和私法的法律关系主体不同的角度,对公法和私法进行重新鉴定,较利益说而言,界分的力度似乎更强。

但是,该学说在公私法融合趋势中遇到了难题:无法解释公法私法化中国家以私人身份参加私法关系的现象,也无法解释私法公法化中私法主体在一定程度上行使着公法上的权力。日本著名法学家美浓部达吉赞同主体说,并对其进行了修正。他认为,在原有主体说的基础上,国家或者公共团体必须满足三个条件才能成为私法主体:第一,法律关系是单纯的经济关系;第二,国家不居于支配者的地位而发动优越的意思力时;第三,国家服从私法的规律在公益上不致发生不

---

① 生育权本为私权,但法律要求对生育进行计划,则主要体现的是国家的公共利益,因此,笔者认为计划生育所体现的既包括公共利益,又包括私人利益,且以公共利益为主。

② 参见孙国华、杨思斌:《公私法的划分与法的内在结构》,载《法制与社会发展》2004 年第 4 期。

③ 参见〔德〕迪特尔·梅迪库斯:《德国民法总论》,邵建东译,法律出版社 2001 年版,第 12 页。

适当的理由时。[①] 这种修正在一定程度上对主体说的明确缺陷进行了弥补。但是,这三个条件在实际生活中如何认定,又是一个非常棘手的问题。

主体说还派生出强行法说,即认为公法是强行法,其法律关系不能由当事人任意变更,法律由国家机关依职权强制执行;私法是任意法,这种法律关系可以由当事人双方通过协议加以改变。[②] 但是,在有些公法关系中,私人也可以与国家或公共团体协商改变公法关系,例如行政合同,故强行法说也难以站住脚。

所以,就主体说而言,一个不可避免的情况是,国家可以作为私法上的主体,同其他法人一样可以享有物权等私法上的权利。这是因为,国家在与国民间结成某种关系时,并不总是以权力机关的面目出现。如国家从私人处购买或承租一座房屋时,与私人之间购买或承租房屋时并没有什么两样。因此,简单地从主体角度分析,并不能充分揭示公法和私法的界限。[③]

3. 意思说

意思说将公法和私法的区别标准求之于法律关系的性质之差异,认为公法关系是权力者与服从者之间的关系,体现的是一种不平等的意思关系;而私法关系是对等者之间的关系,体现的是一种平等的意思关系。意思说由日本学者美浓部达吉提出[④],以德国学者拉班德为代表,也被称为"权力服从说"。[⑤] 意思说从法律是一种意志体现的角度进行分析,既正视国家权力的存在,也主张尊重个人的独立意志,该学说为公私法的界分提供了新的思路。[⑥]

但是,意思说的缺陷也非常明显:第一,法律关系很难以平等和

---

① 参见〔日〕美浓部达吉:《公法与私法》,黄冯明译,中国政法大学出版社2002年版,第43页。

② 参见孙国华、杨思斌:《公私法的划分与法的内在结构》,载《法制与社会发展》2004年第4期。

③ 参见梅夏英:《财产权构造的基础分析》,人民法院出版社2002年版,第124—125页。

④ 参见〔日〕美浓部达吉:《公法与私法》,黄冯明译,中国政法大学出版社2002年版,第26页。

⑤ 参见孙国华、杨思斌:《公私法的划分与法的内在结构》,载《法制与社会发展》2004年第4期。

⑥ 参见王继军:《公法与私法的现代诠释》,法律出版社2008年版,第17页。

不平等来简单区分,现实中的法律关系也并非只有这两类。在社会生活中,除了国家和个人以外,还有大量的社会中间层组织[①],如公益团体、行业协会等,依据该学说的标准,调整社会中间层的法律很难划归公法或私法。第二,公法关系并非完全都是服从关系,例如对于两个平级的国家机构而言,不存在上下之分,而是一种平等协商的关系。第三,私法关系也并不都是平等关系,例如在亲属法中的亲子关系,公司法中法人与其成员的关系等,都有相当多的管理与服从关系,但调整这种关系的亲属法和公司法并不因此成为公法。

4. 综合说

由于单一标准存在种种缺陷,而且公私法的发展趋势是公法私法化和私法公法化,使得公法和私法更加难以从单一角度加以界分,综合说便应运而生。法国学者沃林认为:“公法实际上是调整公共机构和被统治者,即以国家为一方并以个人为另一方的法律,但并非公共机构和个人之间一切法律关系都包括在内。事实上,并非所有这些关系都由公法调整,它仅调整公共机构在行使其命令权时的那些关系。”[②]这种观点实际上是将主体说和意思说结合起来了。而有的学者主张进一步将各学说的观点加以统筹,为公法和私法的界分提供一个精确的标准。从主体看,公法主体中至少有一方为国家,而私法主体双方均为社会成员;从法律关系内容上看,公法涉及国家及公共利益,而私法则关于个人利益;从调整方面看,公法以权力服从为本,而私法则以权利平等为本。[③] 目前我国多数高校使用的法理学教材认为:凡涉及公共权力、公共关系、公共利益和上下服从关系、管理关系、强制关系的法即为公法,而凡属个人利益、个人权利、自由选择、平权关系的法即为私法。[④] 显然,这种观点是综合了利益说、主体说、意思

① 关于社会中间层组织的研究,参见王全兴、管斌:《社会中间层主体研究》,载漆多俊主编:《经济法论丛》第 5 卷,中国方正出版社 2001 年版。

② 孙国华、杨思斌:《公私法的划分与法的内在结构》,载《法制与社会发展》2004 年第 4 期。

③ 参见郑德光:《公私法划分理论争议探究》,载《韶关学院学报》(社会科学版)2001 年第 7 期。

④ 参见张文显主编:《法理学》,高等教育出版社、北京大学出版社 1999 年版,第 56—57 页。

说等主张而形成的一种折中学说。但也有学者对该学说的批评是极为尖锐的:“它兼顾了多种学说的合理性,是一种有较强解释力的观点,但问题也在这里,即上述各种单一根据的缺陷也被综合进来。此外,综合说由于其根据的多元性,使得公私法划分的根据更加模糊和不确定。”①

上文对学界最为流行、影响力最强的四种传统学说进行了分析,但这并不是全部学者观点。学界不断提出新的界分标准,又不断受到批评和反思,尤其是在现代社会,公法与私法的逐步接轨,导致对公法与私法的界分标准更加莫衷一是。对于公私法的界分标准,笔者认为,采用何种学说并不是问题的根本,重要的是把握各种学说提出的理由和思路,在此基础上或许可以为我们更深刻地认识公私法提供知识的支持。分析各种学说,此时不难发现,这些学说都是不同时期的学者根据当时的社会发展状况,从法律所反映的某方面实质出发进行考察的,因为社会是不断变化发展的,所以这些标准难免随着时间的推移而遭质疑。正如当代许多学者所指出的,在判断什么属于公法或私法时,必须注意分析“历史上的原因”。将某项具体的法律制度或法律关系归属于公法或私法,或者使公法和私法在许多方面相互交错,有时必须从历史的原因中作出解释。② 例如,在德国,联邦铁路虽然属于国有,但被归属于私法,原因是许多铁路作为股份公司产生于自由主义时代;而邮政一直被归属于公法的范畴,虽然现在邮政通常是以私法主体的身份同顾客打交道,但是邮政产生于专制主义时期,是皇帝以及帝国各阶层享有的经济特权的体现。③

因此,公法和私法的区分,不是根据单纯的理论的区分,而是现实的国法上的区分,而现实的国法系由各种芜杂的思想之结果集结而成的,用任何单一的标准去区分两者,都不能适合现实的国法。若只以某单一的标准而试图区分两者,无论其所用的是何种标准,结果都必

① 孙国华、杨思斌:《公私法的划分与法的内在结构》,载《法制与社会发展》2004 年第 4 期。

② 参见〔德〕卡尔·拉伦茨:《德国民法通论》(上册),王晓晔等译,法律出版社 2003 年版,第 7 页;〔德〕迪特尔·梅迪库斯:《德国民法总论》,邵建东译,法律出版社 2001 年版,第 13 页。

③ 参见〔德〕迪特尔·梅迪库斯:《德国民法总论》,邵建东译,法律出版社 2001 年版,第 13 页。

然归于失败。笔者认为,公法与私法的界分标准在于两个方面:一是根据主体进行界分。只有主体确定了,才能大概了解适用何种法律,保护何种利益,调整何种关系。二是根据法律第一次保护的利益进行界分。以利益说对主体说进行补充,可以完整地区分出公法与私法。

公法与私法的界分标准在于主体和法律第一次保护的利益。因此,私法可定义为法律关系双方为平等关系的私主体,并且第一次保护的利益为私益的法律。公法则可以定义为法律关系,双方至少有一方为公主体,并且第一次保护的利益为公益的法律。对于国家而言,法律的作用在于两个方面:规范作用和社会作用。而公法无疑是社会作用的最好载体,公法具有统治人民的工具作用,而保持稳定是维持一国统治的根本。因而公法的价值其实就是利用法律以维护国家国体和政体的稳定。正是对公法品格及公法存在价值的认识,才会在现实需要之下,在私法领域之内引入公法条文,即公私法接轨。

如前所述,法律制度的基本分类既然是公法和私法,对于一项法律文本,应确认其归属于公法范畴还是私法范畴,方能准确地加以规定或者适用。应由公法调整的,错误地纳入私法规范,或者将应由私法调整的,错误归入公法规范,都是严重的立法错位,前者将导致国家利益或公共利益虚化,后者则势必导致公权力侵蚀私人空间。①

二、"物权法公法化"的表现:"最完全法律"

公私法接轨理论的说服力是相对于传统的公私法截然二分模式与内接公法直接进入公法模式而言的,因此,要正当化物权法与公法接轨模式,首先就要分析"内接模式"的危险性。因为,如果公法直接进入私法的理论与实践在法律价值与法律技术面上具有重大的不妥当性,作为当前的一种强势理论,自没有在这种实践之外,探求公私法接轨模式的必要性。"物权法公法化"的理论与实践的这种重大的不妥当性,首先表现在对整个私法概念、价值与方法的巨大冲击上。持这种取向的学者中,有主张统一公私法典范,或把私法分殊化者,也有主张仅通过某种匡正,改变其解释方法,不需根本推翻私法典范者。②

---

① 参见龙卫球:《民法基础与超越》,北京大学出版社 2010 年版,第 6 页。

② 参见苏永钦:《私法自治中的经济理性》,中国人民大学出版社 2003 年版,第 33 页。

具体到物权法领域，这种物权法社会化或公法化的典型表现即反映在所谓的所有权社会化方面。[①] 财产所有权的社会化或“内部限制”，被认为是与近代民法不同的现代民法的集中表现之一。“按照现代民法思想，认为财产所有权应受一定的限制，认为财产所有权具有社会性。基于这样的思想，各国对土地所有权和使用权设有公法规制措施，对重要生活物资实行统制，在民法上要求权利的行使应遵循诚实信用原则，禁止权利滥用。”[②]所谓权利行使的“内部限制”，为“物权法公法化”的主要表现，以《德国魏玛宪法》第 153 条规定所有权负有义务为滥觞。

德国学者则用“所有权的社会义务”来概括[③]：在《德国魏玛宪法》中，立法者就已将所有权负有义务这一思想提升到宪法地位的基本原则。从这里可以反映出人们对所有权，尤其是对土地所有权和生产资料所有权的理解发生了变化。《德国基本法》第 14 条第 2 款规定：“所有权负有义务。行使所有权应同时服务于公共利益。”用联邦宪法法院的话来说，这条规定表明法律制度“抛弃了那种个人利益无论如何都应高于集体利益的所有权制度”。《德国基本法》第 14 条第 1 款所保障的所有权有一定界限，这一界限由法律的总体确定，它们再对所有权的内容作具体规定。宪法所保障的所有权的核心是其私有性与处分权，但是，这一核心并不排除因公共利益需要而将其个别使用方式或处分可能性从一般的处分权中分离出来。如《德国水管理法》原则上剥夺了所有权人对地下水的处分。征用是国家对个人所有权的干涉，目的是剥夺所有权人根据《德国基本法》第 14 条第 1 款应享有的某种法律地位。今天所有权的内容要比以前狭窄得多。生产资料所有权的法律构成由公法规定的并不少于由私法规定的。今天根据不同的客体及其承担的社会功能，所有权的内容和权利人享有的权限

---

① 参见〔日〕美浓部达吉：《公法与私法》，黄冯明译，中国政法大学出版社 2002 年版，第 235 页以下。

② 梁慧星：《从近代民法到现代民法法学思潮》，载梁慧星主编：《从近代民法到现代民法》，中国法制出版社 2000 年版，第 184 页；对所有权绝对原则的限制被认为是社会本位立法的典型体现之一。参见梁慧星：《民法总论》（第三版），法律出版社 2007 年版，第 42 页。

③ 参见〔德〕卡尔·拉伦茨：《德国民法通论》（上册），王晓晔等译，法律出版社 2003 年版，第 86—87 页。

范围也是各不相同的。从法律技术的具体方面言之,笔者认为,“物权法公法化”即将私法规则径直作了“最完全法律”解释。

首先,在法律理论上,根据制裁方式或者法律效果的不同,依次将禁止法律行为的规范区分为:最完全法律,指其违反将受刑事制裁且行为亦归于无效的法律;完全法律,指违反时产生行为无效者;次完全法律,指违反时仅行为人受刑事制裁,行为效力不受影响者;不完全法律,指违反时完全无制裁者。虽然“物权法公法化”的现象主要在于所有权权能限制方面,但是,在当事人违法行使所有权时,同样会有一个行使行为究竟发生何种效果的问题。在“物权法公法化”的观点下,行使行为不仅全无私法上的效力,而且会受到公法上的制裁。“依据国家权力而行的经济生活之调整,不单为调整个人相互之间的法律关系之秩序,且直接使该项法律的关系成为个人与国家间的关系的场合;换言之,即不单使违法限制之个人相互的法律关系为无效,且进一步以国家权力科违反者以公法上的制裁,而依这种制裁的手段去强制其遵守的场合,私法便发生了公法化。”①其对传统公私法二分模式的突破,于此可以得到比较精细的体现。

其次,在法律理论上,还有所谓对强行法的再划分②:强行法得为效力规定与取缔规定。前者着重在违反行为的法律行为的价值,以否认其法律行为为规范意旨;后者着重在违反行为的事实行为价值,以禁止其行为为规范意旨。强行规定究竟属于效力规定还是取缔规定,应探究规范意旨而加以断定。可以认为,非以为违法行为之法律行为为无效,不能达其立法目的者,为效力规定;可认为仅在防止法律行为事实上之行为的,为取缔规定。然而,民法中的强制规范几无真正的禁止规范,多见的毋宁为处分界限的规范③——强制法中,凡属界定私法上形成与处分权利义务界限的规范(赋权规范)。在后者并无真正的违反问题,法律行为违反处分界限规范,并非无效,而是根本不生效力,若经有权者的许可,始可生效。而公法中多为“强行规定”。准此,“物权法公法化”的论点实质上要求在私法领域中配置“强行规定”,

---

①〔日〕美浓部达吉:《公法与私法》,黄冯明译,中国政法大学出版社 2002 年版,第 235 页。

② 参见史尚宽:《民法总论》,中国政法大学出版社 2000 年版,第 330 页。

③ 参见苏永钦:《私法自治中的经济理性》,中国人民大学出版社 2003 年版,第 36 页、第 42 页。

以贯彻特定的公法政策目标。其对具有“目的独立”或“政策中立”属性的原生民法以任意规范与赋权规范为主要规范手段的方式，构成规范技术上的超越。

三、“物权法公法化”的危险性

殊不知社会公益有真假之分，“内部限制”很容易成为借社会公益之名剥夺个人权利的理论依据。[①] 这种法律技术认为，权利本身包含义务，权利应为社会的目的而行使，混淆权利与义务、私法与公法的界限，最后发展成为对个人利益和个人权利的彻底否定。学说上提倡对权利的“内部限制”，目的在于实行公益优先的原则，必要时牺牲个人利益以维护社会公益。

实际上，整个现代民法体系仍需要借由私法自治理念来获得价值与技术面的正当性[②]，其经济意义可以上溯至亚当・斯密的国富论，伦理内涵则蕴含于康德批判哲学中的自由意志。随着经济学中的新自由主义的逐渐发展，反映在民法学说上，市民法的传统理念又受到重新评价与肯认。西方的国家干预经济政策，并未出现奇迹。国有化运动半途而废，靠赤字预算支撑的福利主义，徒使政府债台高筑，不但经济增长速度大大降低，而且老大难的社会问题丛生如棘，积重难返。在此种情况下，新自由主义思潮获得了迅速发展。该学说重新评价市场制度，认为西方社会面临的问题，与其说是市场制度的失灵，不如说是政治制度的失败。因此，其认为，只有恢复对市场的信心，消除影响市场运作的人为因素，尤其是权力过分干预的因素，并且按照市场规则去改革政治，才是解决问题的根本出路。该学说反映在民法学上，就是重新肯认一度遭怀疑的民法传统理论的文化价值，尤其是财产私有和意思自治的文化价值。[③]

作为其中著例的契约自由原则，即于 20 世纪 80 年代以来全面复

---

① 参见梁慧星:《民法总论》(第三版)，法律出版社 2007 年版，第 257 页。

② 参见苏永钦:《走入新世纪的私法自治》，中国政法大学出版社 2001 年版，第 3 页。

③ 参见张俊浩主编:《民法学原理》(修订第三版)(上册)，中国政法大学出版社 2000 年版，第 37 页。

兴。[1] 如果说在1870年到1980年间自由选择地位的衰落是合同自由重要性衰落的原因之一，必须认识到，在过去的15年里已经作出了艰辛的努力去复兴自由选择的领域。同时大量的自由市场制度经济功效复苏，法律和经济原则之间的关系也更加重要(特别是在美国)。这个工作导致了对一百多年来一直处于控制地位的法律规范与思想的重新审查，而且向一些以合同自由重要性衰落为基础的假设进行了挑战。所有这些，意味着合同自由的衰落已经终止，合同自由再次受到欢迎。

而所谓社会正义引发的对传统私法价值理念、体系与方法的冲击，由于社会正义概念本身的可疑——其是否超越了正义这一用语在适用性方面的限度，而需要慎之又慎地处理。否则，多元开放社会的型塑只会成为空洞的口号。这是因为，法律规范借以获得有效性的正义，是人的行为的属性，其对自生自发过程的结果并不具有适用性。[2] 严格地说，唯有人的行为才能称为正义的或不正义的。一个纯粹的事实或者一种任何人都无法改变的状态，有可能是好的或坏的，但却不可能是正义的或不正义的。把正义这一用语适用于人的行动以外或者支配人之行动的规则以外的种种情势，乃是一种范畴性的错误。所谓的社会的正义或分配的正义在自生自发秩序中确实是毫无意义的，而只是在一个组织中才会有意义。而且，正是人们普遍相信社会正义概念的有效性，才使所有的当代社会都愈来愈努力地把某种报酬模式强加给各自的市场秩序；此外，对社会正义有效性的这种笃信无疑，还具有一种特殊的自我加速或自我强化的取向：个人或群体的地位越是变得依附于政府行动，他们就会坚持要求政府去实现某种可以得到他们认可的正义分配方案；而政府越是竭尽全力去实现某种前设的可欲的分配模式，它们也就越会把不同的个人和群体的地位置于它们的掌控之中。只要人们对社会正义的这种笃信支配了政治行动，这个过程就必定会以一种渐进的方式愈来愈趋近于一种全权性体制。简言之，在开放多元社会里，社会正义是一种破坏性力量。实际上，在自由人

---

① 参见〔英〕P. S. 阿蒂亚：《合同法导论》，赵旭东等译，法律出版社2002年版，第26页。

② 参见〔英〕弗里德利希·冯·哈耶克：《法律、立法与自由》(第二、三卷)，邓正来、张守东、李静冰译，中国大百科全书出版社2000年版，第50页、第124页。

组成的社会中,从严格的意义上说,社会正义的概念乃是空洞且毫无意义的。

"物权法公法化"是对公私法二分的实质突破,是对法律双重生命性进行整体改造的危险试验。诚如哈耶克所言,"如果我们想充分利用那些只是以传统规则的形式传递下来的经验,我们为改进某些特定规则而做的批判和努力,就必须在一给定价值的框架内展开。""我们始终只能根据整体来对该整体的某个部分进行检视,而这个整体正是我们无力完全重构而且其大部分内容亦是我们必须不加检讨便予以接受的那个整体。"①即我们始终只能够对某个给定整体的某些部分进行修正或改进,但却永远不可能对这个整体作出全新设计。

本节的研究表明,流俗意义上所谓的"物权法公法化",在法律技术上表现为"最完全法律"的特征,径直将公法规范与私法效果关联。从强制性规范类型化的角度,"物权法公法化"在法律技术方面的错误在于,它混淆了效力规定与取缔规定的完全不同的规范意旨。这种法律技术上的混乱,实质上突破了范式的公私法关系模式,对公私法体系功能作了"胡子眉毛一把抓"的解释,难以在现代法律体系下获得法价值理念层面的正当性,实在不足为训。而考虑到中国"礼法文化"的背景,这种混淆的实践后果就尤为恶劣。民法科学上的对法律传统负责的分析与梳理,有正本清源的效果。

第二节　公法理念的变迁与物权立法的任务

一、近现代公法理念的变迁与私法的发展

传统公法概念的产生与公私法二元划分的理论传统密切关联。如前所述,古罗马法学家乌尔比安在首次将罗马法划分为公法与私法时,最早提出了公法的概念。尽管公法概念肇始于此,但它并没有形成系统的公法理念和理论,与发达的罗马私法相比未免相形见绌。②

---

① 〔英〕弗里德利希·冯·哈耶克:《法律、立法与自由》(第二、三卷),邓正来、张守东、李静冰译,中国大百科全书出版社2000年版,第35页。

② 参见肖金明:《公法观念变迁与中国特色公法体系建设》,载《河南社会科学》2010年第5期。

尽管公法概念的出现并没有形成有效制约皇权专制的公法观念与公法制度[①]，但是公法概念和公私法二元划分的观念，却有效界定了私权保护的领域，使得作为自由商品经济主体的私人利益得到了尊重和保护，促进了自由竞争和商品经济的发展繁荣。

近代公法理念的产生与资产阶级革命、宪政运动发展密切关联。伴随着生产力的进步和商品经济的发展，资产阶级阶层产生并逐渐形成利益共同体，为摆脱封建王权对自身财产和自由权益的压榨，谋求政治表达权利和政治参与权利，拓展商品经济继续繁荣发展的空间，资产阶级革命、反对专制王权、建立民主政体成为18、19世纪时发展的主题。[②] 在这一时期，公法理念的核心是宪政思想和宪政制度，以限制权力作为基本目标，借此保障市民社会经济自由发展。在这种宪法理念的影响和塑造下，作为公法的宪法和作为私法的民法呈现出较为清晰的面向，前者着眼于国家权力的构筑、公民权利的保障以及二者间关系的协调；后者着眼于私人间关系的调整，纵向和横向的线条清晰，民法呈现出所谓"纯粹民法"的特色。[③]

现代公法理念的变化与国家职能的转变、责任政府理论密切关联。从19世纪末期开始，自由资本主义过渡到垄断资本主义阶段，自由放任政策逐渐失灵，市场出现各种问题；自由竞争和资本主义剥削制度所必然导致的社会两极贫富分化，致使阶级矛盾激化，工人运动蓬勃兴起，资本主义国家面临严重的经济危机和社会危机。传统的宪政理念逐渐发生了重大变化，福利国家、给付行政开始成为新时代宪政理念的主轴。相应的，国家形态也开始由传统的、以消极防御为使命的"夜警国家"，转变为以积极服务为诉求的"社会国家"。宪法文本由单纯的权力限制充实为权力限制与权利保障并重，公民权利体系由单薄的政治权利丰富为政治权利、经济和社会文化权利的合体，公

---

① 帝国时期的罗马社会，君主的权力逐步扩大，专制王权取代共和政治，国家的大政方针主要由皇帝制定。而所谓的公法，实际上是专制王权实施社会统治的工具，根本谈不上限制权力。参见王继军：《公法与私法的现代诠释》，法律出版社2008年版，第10页。

② 参见肖金明：《公法观念变迁与中国特色公法体系建设》，载《河南社会科学》2010年第5期。

③ 参见刘志刚：《立宪主义语境下宪法与民法的关系》，复旦大学出版社2009年版，第115页。

民权利的实现方式由国家消极姿态转变为国家积极承担责任，在经济和社会文化权利方面尤为明显。在行政法方面，秩序行政不再是行政法的核心内容，给付行政开始成为行政法的主体内容。[①] 在新的社会情势面前，私法再想像先前那样，保住其"纯粹民法"的面向，已然是一厢情愿，根本不具有实现的可能性，它必须担负起时代赋予其的新使命，实现自身任务的结构性转变。

二、公私法接轨视角下各国物权立法考察

因在公私法区分问题上的态度截然不同，资本主义国家与传统社会主义国家在物权立法上处理公私法接轨问题的方式也大不相同，因此，有必要从比较法的角度，考察资本主义国家与传统社会主义国家的物权立法，以关注不同法律体系解决共同问题的特殊方式。

尽管西方资本主义国家由于法律历史传统等方面的差异而形成了大陆法系与英美法系，但整体而言，资本主义国家的民法，自《拿破仑法典》(《法国民法典》)以来，基本上都是从自由市民自治的假设出发，与后来逐渐完备的人权清单中的营业自由、契约自由、财产权、人格权等，可以说理念同源，因此不问发生先后或位阶上下，在法体系上十分和谐。而通常不直接见于宪法规定的市场经济体制，反而被解释为落实这些人权的"制度性保障"。[②]

1. 大陆法系国家的物权立法

前面提到公私法的界分，是古罗马以来大陆法系对法律所作的基本分类。在大陆法系的传统里，虽然在公法和私法的划分标准上存在着不同的主张，但是在对具体法律的归类上基本一致，民法和商法通常归入私法范畴，而宪法、行政法、刑法等则通常被归入公法范畴。具体到物权法领域，因其属于民法而归入私法范畴当无异议，但大陆法系国家在处理这个问题时，注意到了公法的因素。

在德国法上，物权法是由以下四种法律组成的：

(1) 物权实体法，即有关物权的实体权利以及这些权利的取得、

---

① 参见肖金明：《公法观念变迁与中国特色公法体系建设》，载《河南社会科学》2010 年第 5 期。

② 参见苏永钦：《民事立法者的角色——从公私法的接轨工程谈起》，载苏永钦：《民事立法与公私法的接轨》，北京大学出版社 2005 年版，第 7 页。

移转、变更及废止的实体条件的法律规范。它当然是物权制度最重要的内容。

（2）物权程序法，即有关物权依据什么样的程序设立、移转、变更和废止的规范。因德国民法坚持物权的公示原则，形式要件对物权的效力有直接的决定作用，所以物权的程序法成为德国物权法的重要组成部分。

（3）强制执行法，它指的是在关于强制执行法院的民事诉讼判决的法律规范中涉及物权关系的规范，其主要内容是《德国民事诉讼法》关于强制执行的规定。

（4）公法中的物权法规范。这一部分规范中，最重要的是《德国基本法》对物权的规定，尤其是《德国基本法》第14条关于所有权的规定。它不仅仅是对物权法，而且对整个民法、对其他的法律部门都有十分重要的意义。[①]

这四种法律，第一种一般是私法规范，后三种多为公法规范。在这样的体系下，公私法相互补充、相互配合，共同为德国物权法服务。

《法国民法典》仅在个别条文中使用了物权（droits réels）的概念。法典第二卷的标题是“财产及所有权的各种变更”，该卷共分四编，标题分别是：“财产的分类”“所有权”“用益权、使用权与居住权”“役权”或“地役权”；后几种权利是所有权的分解权利。所以，法国的物权立法是围绕“les biens”（财产）而展开的，法国物权法其实应称为法国财产法更为准确，以至于我国在物权法制定过程中曾出现过应该制定物权法还是财产法的论战。[②] 法国著名学者弗朗索瓦·泰雷和菲利普·森勒尔指出：“公法在财产方面所占有的越来越重要的地位（对所有权的限制、国有化、法定役权）……一开始作为私法概念来设计的‘概括财产’（le patrimoine，整体财产），也成了公法方面的术语，《法国国家遗产法典》就是一个证据，2004年2月20日法令（ordonnance）是该法典立法部分的法源。广而言之，在财产方面，公法与私法的相互补充表现得尤其明显。”[③]

---

① 参见孙宪忠：《德国当代物权法》，法律出版社1997年版，第43页。

② 参见尹田：《法国物权法》（第2版），法律出版社2009年版，“再版序言”第2—3页。

③ 〔法〕弗朗索瓦·泰雷、菲利普·森勒尔：《法国财产法》（上卷），罗结珍译，中国法制出版社2008年版，第2页。

2. 英美法系国家的物权立法

长期以来,法学界流行着这样一种观点:公私法的划分并不是具有普适性的法律分类方法,而只是大陆法系国家法律的分类,英美法系并没有公私法划分的传统。其实,这是对公私法划分的误解。公私法的划分是一个国家和地区法律的内部结构问题,一个国家或地区的法律不管其外在表现形式(即法的形式渊源)多么零乱,它的内部结构总是会分为有内在联系的不同部分,这种不同的部分最基本的就是分为相互联系的两个群体:公法和私法。无论英美法的渊源如何,公私法的内部结构仍是存在的。①

以英国的财产法为例,自 19 世纪以来,议会开始打破由普通法、衡平法和原有的制定法所维持的财产自治的局面,具体体现在公共健康、住房供给和贫民窟清理、城乡规划、强制购买和税制等方面。调整这些政府干预财产关系的法律(判例、法规和原则等),就是用集中的方法调整财产关系,属于公法。② 英国的法学家也看到了这个问题,如 F. H. 劳森、B. 拉登指出:"在英国,如果将公法完全置于财产之外,就可能对目前的财产的地位得到一个虚假的印象,与过去只单一地关注财产法本身相比,财产法律家现在已更多地关心公法。律师们在创立财产问题时,要花许多的力气寻找公法是否在物的使用上强加了棘手的限制。"③

在美国,通过判例或法典、法规而体现出来的财产法,虽然几乎不存在大陆法系的所有权,尤其是绝对所有权的概念,但其认为财产权由一束权利构成,主要包括排他权、转让权、占有使用权,等等。同时它认为,财产权必然受到限制,只有符合社会所接受的理由,财产权才能够存在。从某种意义上说,可以把财产法视为调和个体所有人与整个社会的各自不同的目标的手段。社会对于土地的自由转让、土地产权的稳定性、有效利用土地以及其他相关政策问题的关注,有时重于

---

① 参见孙国华、杨思斌:《公私法的划分与法的内在结构》,载《法制与社会发展》2004 年第 4 期。

② 同上注。

③ 〔英〕F. H. 劳森、B. 拉登:《财产法》,施天涛等译,中国大百科全书出版社 1998 年版,第 117 页。

所有人的个人愿望。[①] 所以,美国财产法还含有土地利用控制的内容(主要包括分区规划和国家征收法律制度),而这在大陆法系国家,一般不属于物权法而属于行政法的内容。

3. 传统社会主义国家的物权立法

传统社会主义国家的民事立法从一开始就反对私法的价值取向,反对仿效资本主义民法。对此,列宁曾有过经典名言:“我们不承认任何‘私法’,在我们看来,经济领域中的一切都属于公法范围,而不是私法范围。”[②]苏联科学院国家与法研究所所长维克多·M. 特西契西茨等认为:“列宁的话被这样解释:在社会主义国家中不仅没有私法,也没有传统意义的公法。在以生产资料公有制为基础的社会条件下,不存在私人利益与公共利益的对抗,社会主义法取消公、私法的划分,不是因为公法取代了私法,而是因为这种划分失去了存在的基础。”[③]可见,社会主义国家反对私法的逻辑前提是:社会主义建立在公有制基础之上,不存在任何私有制,缺乏公私法划分的基础。

在物权法的理论构建上,传统社会主义民法理论的一个基本点,是把财产权制度与生产资料所有制直接联系起来,认为财产权制度是由一定社会生产资料所有制决定的,并为一定社会的生产资料所有制服务,这也是马克思主义关于上层建筑与经济基础之间决定与被决定关系原理最直接的表述。按照这一理论,传统社会主义民法上的财产权制度及其理论具有不同于大陆法系民法物权制度及其理论的特点,而最突出的特点是,民法基本法已经不使用物权这一科学概念,立法中没有了物权编,只有所有权这一种物权权利。[④] 与宣布私有财产神圣不可侵犯的原则相反,1923 年《苏俄民法典》,确立了社会主义公有制的物权法基本原则,把维护公有制的财产作为物权法的主要宗旨,与近代大陆法系民法精神大异其趣。《苏俄民法典》把所有权区分为国家所有权、合作社所有权和个人所有权,所有权与所有制概念混二

---

① 参见[美]约翰·G. 斯普兰克林:《美国财产法精解》(第 2 版),钟书峰译,北京大学出版社 2009 年版,第 4 页。

② 列宁:《列宁全集》(第 36 卷),人民出版社 1959 年版,第 587 页。

③ 刘楠:《论公、私法二元结构与中国市场经济》,载梁慧星主编:《民商法论丛》(第 4 卷),法律出版社 1996 年版,第 54 页。

④ 参见孙宪忠:《中国物权法总论》(第 2 版),法律出版社 2009 年版,第 192 页。

为一,是为物权主体三分法之滥觞。[①]

传统社会主义国家特别是苏联,不承认公法与私法的区分,不承认民众个人利益的独立性,不承认民间社会或者民法社会的存在,不承认社会基本经济关系中的交易行为,所以民法整体发挥的作用十分有限。[②] 在市场经济社会里,物权法是交易关系的法律基础,但是在苏联,由于经济关系中已经没有交易,所以仅有的一些物权法规范在体系上几乎湮没于强大的公法之中。

三、我国物权法立法中关于公私法关系的立场

(一) 现代物权立法的立场和任务

公私法界分的源起及其历史演进,充分体现了公法与私法界分是客观存在的。这在一般的大陆法系国家不会有异议,但在传统社会主义国家却不同,在这里,公法得以极大彰显,私法则被贴上私有制的标签。从废除"六法全书"一直到 1986 年《民法通则》颁布,我国不存在调整商品经济关系的基本法律。通过社会主义公有化改造和人民公社的建立,我国在很长时间内不允许私人之间的商品交易。这种全盘肯认公法、否认私法的论调,已经被实践证明是错误的了。我国《物权法》在制定过程中,争议很大的一点在于物权法草案的核心条款是否违宪,在于私有财产神圣不可侵犯与公有财产神圣不可侵犯的对立。2005 年 8 月 12 日,北京大学法学院巩献田教授在网上发表公开信:《一部违背宪法和背离社会主义基本原则的〈物权法(草案)〉——为宪法第 12 条和 86 年〈民法通则〉第 73 条的废除写的公开信》。他认为:"《草案》对宪法和《民法通则》核心条款的废除是违宪的。""社会主义宪法同资本主义宪法的一个根本的区别,就是表现在如何对待私有制问题上","'社会主义的公共财产神圣不可侵犯'就成了宪法的社会主义最本质的特征之一"。而起草人认为,在个人权利和国家权力的关系上,前者永远处于弱势地位,个人权利最容易遭受国家行政

---

① 参见左平良、胡勇:《论公有制对我国物权制度构建的影响》,载《湘潭师范学院学报》(社会科学版)2007 年第 3 期。

② 参见孙宪忠:《中国物权法总论》(第 2 版),法律出版社 2009 年版,第 191—192 页。

权力的侵害。因此，主张加大对个人权利的保护力度。[①]

这实际上是私益与公益孰先孰后的问题，在这种角度上，也就是公法与私法的问题，我们首先要明白的是这样一部关系国计民生的法律，在条文中，是否能够排除公法的影响呢？显然不能。在市场经济条件下，宏观调控已成为国民经济健康、持续、快速、和谐发展的重要手段。而且从上文中可以知道公私法接轨的合理性以及必要性，这证明了公法与私法在实践上是可以兼容的。虽然我国并不存在资本主义的固有矛盾，但作为社会主义国家，宏观调控手段更显重要。单纯否认公法在私法领域的影响，只能造成形而上学的低级错误。而且，公法的生命在于限制公权力。从限制公权力的不合理行使以保护私人利益上看，公法确为私法的必要补充。仅仅依靠私法规范私主体之间的行为或许能在市民社会保护好私人利益，但在政府介入经济的今天，我们不难想象缺乏束缚的公权力会对私主体造成何种伤害。因此，对于物权法领域排除公法的主张，在理论和实践中都是走不通的。而且，我国人民民主专政的社会主义国家性质，要求我国的物权法不能是传统的资本主义的物权法。基于保护人民平等基础的社会公共利益的需要，公法必然要进驻物权法，而且相较于资本主义的国家垄断，我国的公法干预应当更为深入。

物权是权利人直接支配物并得排除他人干涉的权利，其本质为对物的支配权。虽然物权法确定的物权法定原则体现了物权法对权利人某种意志自由的剥夺，但是不能否认的是，它破除了等级制、人身依附关系等对土地的束缚，赋予了物权特别是土地所有权独立和自由的属性。物权人在法定范围内，可以对特定物自由地占有、使用、收益或处分，任何人非经物权人同意，均不得侵入或干涉。由此可见，对物的排他性支配是物权的自由属性的体现之一。除此之外，物权的自由属性还体现于它在整个权利体系中的地位，英国学者 RichardPipes 指出："没有自由，某种形式的财产权是可能的，而没有财产权，自由却是不

---

① 关于《物权法（草案）》是否违宪的大讨论，中国民商法律网"物权法与中国社会主义和谐社会建设理论研讨会"专题刊登了一组文章，集中体现一些学者的观点。参见 http://www.old.civillaw.com.cn/special.asp?id=14，访问日期：2016 年 5 月 15 日。

可想象的。”①

在现代社会,对物权的侵犯来自多种力量,主要有刑事犯罪行为、行政违法行为、民事侵权行为等。现代法治国家无不从公私法各方面为物权提供全面的保护,包括宪法保护、刑法保护、行政法保护及民法保护。但从理论上看,为物权提供细致、专业的界定和保护的,当属物权法。我们知道,物权法在民法中的地位非常特殊,处于基础和核心的地位。因为只有在物权法对财产关系确定后,才能进行财产的交易、继承和专有。也就是说,只有把物权法处理好,合同法才能确保财产交易的自愿公平,继承法才能做到遗产继承的公平合理,知识产权法才能解决知识专有的正当合理。通过物权立法勾画出物权法的逻辑路线,使人们能够准确而全面地把握物权法的脉络,省却许多在散乱的法律文件、司法解释和判例中寻找物权法律的麻烦;通过物权立法表述物权法的价值取向,使人们能够深刻而周详地了解物权法的内在含义,可以避免许多因法律符号不相一致而生的误解和混乱。② 可以说,这是物权立法的基本使命,它体现了社会对一部统一财产基本法的期盼和希冀。

我国物权立法的基本立场和任务在《物权法》第 1 条即开宗明义地作出了说明:“为了维护国家基本经济制度,维护社会主义市场经济秩序,明确物的归属,发挥物的效用,保护权利人的物权,根据宪法,制定本法。”这反映了立法者在体认物权法所担负的宪法使命的前提下,通过立法技术层面的操作,实现“追求私法自治”和“践行宪法任务”的完美结合。诚然,宪法的任务在直观层面上主要由公法来承担,但是,在公私法接轨的时代背景下,民法不可能离开公法而独自存在,更何况,民法为了弥补自身自治条件的不足,往往需要有意识地引进一些行政管制甚至刑事制裁规范,以加速自治条件的完善。公司法、保险法、著作权法等法律中有许多这样的例子,物权法也是如此。通览现行宪法的文本,可以发现,宪法典中一方面确立了物权得以存在的市场经济基础,另一方面却也确立了许多不容置疑的原则,诸如土地

---

① Richard Pipes: Property and Freedom, New York: Alfred A. Knopf, 1999. 8. 转引自王学辉、邓蔚:《物权的行政法保护与规制》,载《现代法学》2006 年第 2 期。

② 参见胡吕银:《论物权立法的价值——兼评物权立法的新一轮争论》,载《河南省政法管理干部学院学报》2007 年第 2 期。

不得私有、公有制占主导地位等,而且,宪法中的“人权保障”等条款还附加给立法者以积极行动的宪法使命。如是这些,都需要民事立法者将践行宪法任务的公法管线引入物权法的规则体系之内,并赋予其在私法层面的意义。①

事实上,现代物权立法的一个重要任务就在于在追求“私法自治”的永恒主旨下,合理构筑管制性规范与自治性规范之间的关系,为前者在后者之中的进驻预设好相应的管道,这不仅是私法自治得以存在的空间基础,而且也是实现公法(特别是宪法)任务的制度平台。正如苏永钦教授所指出的:“在一些与财产权有关的立法中,立法者不能只从民事的角度出发,也不能只从行政管理的角度出发,两者各有其独立意义,不能偏废却又相互为用,立法者必须在同一部法律里把这两种规范作政策理念上和规范技术上的缝合。”②

(二) 物权法制定的合宪性争论

在我国物权法的制定过程中,围绕物权法与宪法的关系,展开了很多讨论,其中心问题乃是物权法是否违宪。自 2005 年 7 月 10 日,《物权法(草案)》向社会公布征求意见以后,法学界对于该草案,展开了热烈的讨论。但囿于学科间的藩篱,法律人紧守自己一亩三分地的缘故,起初参与讨论该草案的,大多是民法学者,而其他法学科的学者,包括宪法学者、行政法学者,则很少有对此发表评论者。不过,随着北京大学法学院巩献田教授在给国家最高权力机关的信中指责《物权法(草案)》违宪,并将该信件公布于网上,2006 年 2 月,《南方周末》刊发了《一封信挡住〈物权法草案〉》一文及其相关访谈,由此引发了学界关于物权法之于宪法问题的争论。③ 因此,了解《物权法》制定过程中的这些争论,应有助于我们理解此后正式出台的《物权法》文本中涉及的宪法问题。在这次物权法的宪法问题之争中,主要包括如下问题:

1. 关于物权法的制定根据问题

起初,草案并未写入“根据宪法制定本法”。批评者抓住此点,认

---

① 参见刘志刚:《立宪主义语境下宪法与民法的关系》,复旦大学出版社 2009 年版,第 117 页。

② 苏永钦:《民事立法者的角色——从公私法的接轨工程谈起》,载苏永钦:《民事立法与公私法的接轨》,北京大学出版社 2005 年版,第 10 页。

③ 参见汤耀国:《物权法细节背后的大是大非》,载《瞭望》杂志 2007 年第 10 期。

为物权法作为私法,强调自治,在草案中不写入“根据宪法制定本法”,有摆脱宪法框架制约的倾向。这种意见导致人们对以民法专家为主的起草者能否正确把握和处理物权法与宪法的关系的担心。不过,此种争论,其实是非实质性的,也无关宏旨。因为,在我国,制定法律的依据是宪法,这是毋庸置疑的。然而,在我国的立法实践中,似乎形成了一种惯例,即凡是制定法律,都会在该法律的开篇便言明,本法乃是依宪法制定。但即便如此,不写入“根据宪法制定本法”也不能就此想当然地认为,物权法的制定依据不是宪法,或者物权法有跳出宪法制约的可能。只是,宪法学者普遍认为,为遵循立法实践的惯例以及法律语言形式上的统一,应加入“根据宪法制定本法”的字样。① 在这种背景下,最后颁布的《物权法》第 1 条规定:“为了维护国家基本经济制度,维护社会主义市场经济秩序,明确物的归属,发挥物的效用,保护权利人的物权,根据宪法,制定本法。”即明确了《物权法》的制定根据是宪法。

2. 关于物权平等保护的问题

应该说,《物权法(草案)》公布后,产生争议最大的就是所谓物权是否应平等保护的问题。以民法专家为主体的草案起草者,坚持民法领域内的主体平等,不同主体的物权也应平等对待。相反,宪法学者则认为,根据我国《宪法》的规定,将物权平等保护作为物权法的基本原则,并非妥当。其原因在于,我国现行《宪法》不仅在第 15 条规定了市场经济条款,还在第 6 条规定了基本经济制度条款。具体而言就是,《宪法》第 6 条规定:“中华人民共和国的社会主义经济制度的基础是生产资料的社会主义公有制,即全民所有制和劳动群众集体所有制。社会主义公有制消灭人剥削人的制度,实行各尽所能、按劳分配的原则。国家在社会主义初级阶段,坚持公有制为主体、多种所有制经济共同发展的基本经济制度,坚持按劳分配为主体、多种分配方式并存的分配制度。”《宪法》第 15 条规定:“国家实行社会主义市场经济。国家加强经济立法,完善宏观调控。国家依法禁止任何组织或者个人扰乱社会经济秩序。”不过,《宪法》规定的基本经济制度条款与市场经济条款之间,存在一种内在的矛盾,即如果按照市场经济条款,

---

① 参见童之伟:《〈物权法(草案)〉该如何通过宪法之门——评一封公开信引起的违宪与合宪之争》,载《法学》2006 年第 3 期。

则在市场经济中，就应强调主体平等、自由竞争；如果按照基本经济制度条款，为了确保公有制经济的主体地位，则不能无限制的放任自由竞争，必要时还须通过宏观调控等超市场的手段，保证不同经济形式的不同分工。也就是说，根据我国现行《宪法》的规定，基本经济制度条款与市场经济条款之间，具有一种相互补充的关系，应尽量调和它们之间的对立的一面。[①] 在这种宪法背景下，如果物权法单纯地强调物权平等保护原则，显然与此种宪法观念并不符合。此外，从《物权法（草案）》的规定来看，其实草案也并未从始至终贯彻平等保护的原则。或者说，民法学者与宪法学者最后达成的共识是，在物权法里贯彻的只是不同主体的相同物权的平等保护，而不是不同主体资格的平等保护问题。对于不同主体资格的不同保护，也反映在其后公布的《物权法》中，即在所有权章中，大量复制了宪法关于所有权的规定，即规定国家作为所有权主体，可以对哪些稀缺资源享有主体资格。[②]

3. 关于物权法中的征收征用条款

在2004年修宪后，私人财产权被规定为公民的一种宪法权利或基本权利。2004年3月14日通过的《宪法》第20条和第22条修正案分别规定："国家为了公共利益的需要，可以依照法律规定对土地实行征收或者征用并给予补偿。""国家为了公共利益的需要，可以依照法律规定对公民的私有财产实行征收或者征用并给予补偿。"这两个修正案体现了宪法保护公民私有财产权的要求，它们分别构成《宪法》第10条第3款和第13条第3款。为贯彻这些宪法条款，《物权法（草案）》第49条、第68条、第128条和第137条分别规定："为了公共利益的需要，县级以上人民政府依照法律规定的权限和程序，可以征收、征用单位、个人的不动产或者动产，但应当按照国家规定给予补偿；没有国家规定的，应当给予合理补偿。""拆迁、征收私人的不动产，应当按照国家规定给予补偿；没有国家规定的，应当给予合理补偿……""因不动产被征收、征用致使用益物权消灭或者影响用益物权行使的，应当按照国家规定给予补偿；没有国家规定的，应当给予合理补偿。"

---

① 参见童之伟：《〈物权法（草案）〉该如何通过宪法之门——评一封公开信引起的违宪与合宪之争》，载《法学》2006年第3期。

② 在物权法中大量复制宪法中有关按主体分类的所有权形式，是否妥当及其解释问题，可参见徐涤宇：《所有权的类型及其立法结构——〈物权法草案〉所有权立法之批评》，载《中外法学》2006年第1期。

“征收承包期内的土地的，应当对土地承包经营权人给予合理补偿。”宪法学者主要从两个方面对草案中的征收条款提出批评：一是如何界定公共利益，《物权法（草案）》未作任何实质性规定。不过，此项批评应属对象错误，即如何界定公共利益以及征收的程序等问题，属于行政法的问题，本不在《物权法（草案）》的规定范围。二是《物权法（草案）》规定，征收应“按国家规定”而非“按法律规定”，关于此点，随后出台的《物权法》作了相应的更改。

（三）物权立法对公权力与私权利关系的处理

在我国，公权力与私权利之间的关系容易向公权倾斜，但是这种倾斜时常并不是为了公共利益，而是为了谋私，公权成了充当谋私的幌子，即便是确为公共利益，也往往漠视私权利的存在。而在西方，虽然公权力与私权利的对话机制非常畅通，但由于有时过分强调私权，导致正当的公共利益让位于私人利益。比如，德国从汉堡到柏林的磁悬浮铁路，因为沿线居民的反对而十年不能建设，法兰克福机场也因为同样的原因而二十年未能扩建，实际上这两项建设带给德国的公共利益是显而易见的。因此，物权立法要处理好公私法接轨的问题，应在明晰公私法的界分基础上，坚持物权法作为私法的主体地位和作用，并正确处理公权力和私权利的关系，主要体现在以下几个方面：

1. 坚持公权力是实现私权利的手段

在市民社会的层面上，私权利是目的，公权力是实现和救济私权利的工具。规定民事主体享有一项民事权利，这固然重要，但还需要辅之以相应的救济方式。例如，规定公民在征收中有获得合理补偿权（私法内容），更进一步规定如何行使合理补偿权的救济方式和途径（公法手段），这样，没有获得补偿或合理补偿的，才能够实际获得救济，这才是私权之根本，也是公私法接轨的要求。

2. 坚持私权利对公权力的监督

在确定了公权是手段、私权是目的的基本理念之后，还应该实现私权利对公权力的监督。对任何一个社会来说，秩序价值尤为重要，维持秩序的公权力必不可少，业已成为社会结构的有机组成部分。但不受监督制约的公权力会无限扩张，极易蜕变为危害社会的消极力量。事实上，现阶段我国的公权力还处于强盛和支配的地位，私权利大多处于弱势和被支配的地位，立法上应当考虑到二者强弱不平衡、地位不平等的状态，对公权力的运行予以制度上的规制，构建公权与私权的对话机制，防止公权的不正当行使。

3. 完善私权法律制度的建设

在规制公权行使的同时，更要重视私权自身法律制度的建设。著名民法学家梁慧星先生就曾指出，公权与私权之间的界线，不是靠行政法确定的，而是靠私法确定的。民法典规定人民和企业享有的"私权"，如动产和不动产"物权"，是"排他性"的权利，人民和企业可以凭借自己合法拥有的"物权"，排除国家公权力的干涉！这就在物权与公权之间划定了界线！"私权"所在，"公权"所止！[①] 所以，我们更应该重视私权的完善，以真正实现私权与公权的平衡。

① 参见梁慧星：《靠什么制约公权力的滥用?》，载 http://www.iolaw.org.cn/showNews.aspx? id=5190，访问日期：2011 年 2 月 24 日。

第二章　物权法公私法接轨正当性基础

法律具有双重生命，不仅体现为它由“政治因素”与“技术因素”构成[1]；也体现为它二分为公法与私法。在近代法律科学的视域下，公私法毋宁为两个彼此独立的规范体系——公法规范垂直生活关系，私法规范水平生活关系，在法律效果方面二者互不相扰。《民法通则》第2条即规定：“中华人民共和国民法调整平等主体的公民之间、法人之间、公民与法人之间的财产关系和人身关系。”市民社会与政治国家或自生自发秩序（内部秩序）与人为的秩序（外部秩序）[2]二分的政治哲学理论，更是强化了相应法律层面的区分。然而，工业革命以后，社会不公平现象迫使国家角色、功能大幅度膨胀，反映在法律层面，即发生所谓法律社会化或私法公法化，新兴的第三法域显现，私法自治经历更迭。公私法二分的理论概括与司法实践遭遇“社会正义”的观念挑战，传统公私法关系面临调整。

如何调和公私法的价值、规范冲突，重新形成具有可接受性的公私法关系理论，成了摆在法律学者面前的首要课题。公私法接轨理论即是在如此背景下提出的、主张通过广义上的概括条款的解释运作而间接调和公私法关系的策略。与之相对应的是那种主张在法价值理念、法律技术及其司法实现等层面直接调整公私法关系、公法直接进入私法的策略。[3]

---

① 参见〔德〕弗里德利希·卡尔·冯·萨维尼：《论立法与法学的当代使命》，许章润译，中国法制出版社2001年版，第10页。

② 参见〔英〕弗里德利希·冯·哈耶克：《法律、立法与自由》（第一卷），邓正来、张守东、李静冰译，中国大百科全书出版社2000年版，第55页以下。

③ 参见苏永钦：《私法自治中的经济理性》，中国人民大学出版社2003年版，第33页。

在公私法的关系问题上，本章接续间接调和公私法关系紧张的进路，为对公私法接轨理论的积极回应。在法律技术层面，公私法接轨理论需要直面的诘问即，在传统教义与私法不直接相关的公法规范中，是否有“投射”效力于水平关系之上的必要？如果答案是肯定的，公法规范在多大范围内以及以何种方式与私法效果产生关联？在法价值理念层面，它要求我们回答：公私法接轨理论对传统公私法关系的具体革新是否妥当？它的妥当性是什么？这种妥当性与传统公私法关系理论的正当化基础相较有何突破？换言之，这种革新能否经得住“内在的批判”？[①] 对该问题给出妥帖回答乃至赢得“普泛听众”接受的不二法门为[②]：变化必须得到正当化；除非有充分的理由，既定的论断不得随意改变。“惯性”使论辩服从常规、习惯、事实，与实现其价值成为可能。同时，正是司法精神的特点之一——渴求安全与稳定——假定，符合先例、习惯、传统，即合乎法律与正义。从这个角度来看，对所有的创新皆需要出示充分的理由。因此，这项修正的法律理论本身需要对其改变作出正当化论证，否则，恐怕很难成功——赢得法院或立法者“特殊听众”的赞同，而为裁判做准备以及为它作正当化论证。本章的任务即在于此。

依据法律修辞论辩理论[③]，法律推理是实践推理的精致个案。与形式的证明不同，作为一种论辩，它要通过表明这种选择、决定或取向较之同时存在的其他的选择、决定或取向皆更为可取来说服对方、令

---

① 这种批判乃至在一个给定的规则是在系统内部展开的，而且也是根据特定规则在促进型构某种特定的行动秩序的过程中，与所有其他为人们所承认的规则是否一致，或是否相容来判断这些特定规则的。为改进某些特定规则而作的批判和努力，必须在一给定的价值框架内展开；这个给定的价值框架，就人们力图实现的即时性目的而言，必须被他们视为一种无须证明便予以接受的东西。参见〔英〕弗里德利希·冯·哈耶克：《法律、立法与自由》（第二、三卷），邓正来、张守东、李静冰译，中国大百科全书出版社2000年版，第33页。颇类似教义学论证理论中对教义学语句的体系检验。参见〔德〕罗伯特·阿列克西：《法律论证理论》，舒国滢译，中国法制出版社2002年版，第324页。

② Chaim Perelman & L. Olbrechts-Tyteca, *The New Rhetoric: A Treatise on Argumentation*, tran. by John Wilkinson & Purcell Weaver, university of Notre Dame press. 1969. p. 105.

③ 参见〔比〕Ch. 佩雷尔曼：《法律推理》，朱庆育译，载陈金钊、谢晖主编：《法律方法》第2卷，山东人民出版社2003年版。

对方信服。本章是在展开正面的论述前先行检讨,与公私法接轨模式不同的内接公法直接进入私法的体系模式的危险性;而后在细致梳理公私法接轨理论构成基础上显示,公私法接轨模式相对于传统公私法截然分离的规范体系模式,而表现出来的更强的妥当性的所在。本章的研究将表明,关于公私法关系的修正理论正当性基础,仍在于公私两个法域的区分,不同理论构成赢得“听众”接受的关键在于其对此区分“或多或少”的继受。然而,那种彻底扬弃区分(“全无”)的理论构成不能通过“一致性检测”。公私法接轨的理论构成则因为,一方面在实质上契合公私法域的区分,另一方面依附概括条款理论而获得较强的正当性。

第一节　为什么取道公私法接轨?

一、公私法接轨机制的特质

依据前文第一章第一节的分析论证,将公法规范与私法效果直接关联的技术构成,因为对范式公私法关系理论的颠覆性理解而难以被接受。公私法关系的传统教义,是否就铁桶一块,毫无改进之必要呢?果如此,公私法接轨理论也就难以立脚。因之,要证成公私法接轨理论的正当性,还必须显示该理论对应的法律机制欲解决的法律问题为传统公私法机制难以应对。而公私法接轨机制的典型特质为何呢?

根据苏永钦教授的概括,作为接轨法律技术手段的有关法律行为效力的转介条款,即《合同法》第 52 条第 5 项“违反法律、行政法规的强制性规定”的合同无效。有关民事不法行为的转介条款,如《民法通则》第 124 条规定:“违反国家保护环境防止污染的规定,污染环境造成他人损害的,应当依法承担民事责任。”只是转介了环境保护方面的法律。至于物权行使的界限,《物权法》规定物权的取得和行使,不得损害社会公共利益。他认为[①],有关物权的种类和内容、用益物权的行使,这些规定大体上已经把《物权法》和各种管制法作了概括的接驳[②],性质

① 参见苏永钦:《民事立法者的角色——从公私法的接轨工程谈起》,载苏永钦:《民事立法与公私法接轨》,北京大学出版社 2005 年版,第 29—30 页。

② 接驳的原意强调不同交通媒介之间的互相衔接,就公私法接轨的论题而言,应当说比接轨更精准。

上当然也是对民事法官的概括授权。大陆民法也走向了以概括—转介条款授权法官，引进管制性法规来控制民事行为，同时为自治保留合理空间的立法模式。本书认为，对概括—转介条款类型的广义理解，将其体系功能扩大理解为可将公法规范的政策取向间接"移植"于私法域，乃公私法接轨模式技术面的最大特质。

通过概括—转介条款的运用回应社会变迁，冲淡公私法之间的紧张，显然要比直接调整私法的概念、体系、价值与方法的策略对法律体系的冲击要小。而且，这种策略还具有减轻立法成本的功能。[①] 立法者除非特别有意地要以民事规定作为辅助管制的工具，否则要他一一检视所规范事物领域的民事关系，哪些财产权要作特别限制，哪些契约效力要予以排除，哪些行为要加重违法的责任，会造成立法上极大的负担。如果因为相关法律没有作民事效果的特别规定，即完全肯定自治的效力，又难保千变万化的市场行为在哪里严重妨害了国家的管制。所以折中之道，就是把调和的重任交给个案裁判者，让民事法官就个案事实去审视：公法规定在这里是否应转化为自治的界限，排除法律行为的效力，课以损害赔偿责任，或者限制财产权的行使？

二、同一法律体系下评价矛盾的避免

1. 现代化引出新兴法律问题

据苏永钦教授观察，因为现代化同时带动公域与私域的扩张，两者呈现交错状态，反映到法律体系上，使公私法的二元变多元，同时因理念辩证发展而相互工具化，进而产生哪些公法规范应有私法效果的问题。[②] 公私法接轨理论所要应对的正是由此种公私法交错发展而引发的现代问题。在公私法关系的传统教义里，这个法律问题并不存在，也就谈不上能够就此发展出应对的理论构成。如果我们无法退回到公私法截然二分的现代之前，积极的理论态度应当是在既定的规范体系内，就此提出改进或应对之策。

---

① 参见苏永钦：《民事立法者的角色——从公私法的接轨工程谈起》，载苏永钦：《民事立法与公私法接轨》，北京大学出版社 2005 年版，第 29 页。

② 参见苏永钦：《从动态法规范体系的角度看公私法的调和——以民法的转介条款和宪法的整合机制为中心》，载苏永钦：《民事立法与公私法接轨》，北京大学出版社 2005 年版，第 74 页。

就作为公法典型的行政法领域，学者观察到直接的行政任务可以以私法形式加以执行。① 如乡镇可以通过公营企业或者股份公司来执行供水任务。相对于公权力行政，国库行政具有私法性。它包括行政机关的经营行为、以生活供给为内容的财政补贴行为和特定情形下的行政私法或给付行政。例如，国家可以通过买卖、建筑军事基地、学校及公路，避免公权力行政时以公用征收方式取得用地。国库行政的益处在于行政主体有较大的行为自由，不像公权力行政处处必须有法律依据。而且，非用威权的方式达致行政任务，更能尊重公民的基本权利。现代行政法理念主张尽可能以私法行为取代公法行为②，鼓励以行政合同取代行政决定，就是将公权力行政视为达成国家目的的最后手段。发生争议时，适用普通民事程序，而非行政诉讼程序。

国库行政可以分为行政辅助行为、行政营利行为与行政私法行为。其中，行政私法行为已是极其明确的直接履行国家任务，也是行政权力的执行，应受到最大的限制。典型的就是行政合同。③ 行政合同现在已经被广泛认为是一个必要的与合法的管理手段。它使灵活适应特殊情况的行政成为可能，特别符合现代法治——民主行政的观念：公民不是单纯的仆从，而应当作为独立的法律主体和行政的伙伴来对待，并且与行政机关一起负起行政的责任。

梅迪库斯观察到④，自民法典制定以来，私法自治受到了重大限制。就私法的范围和内容而言，这些限制如下：在有些领域，公法对私

---

① 参见〔德〕哈特穆特·毛雷尔：《行政法学总论》，高家伟译，法律出版社2000年版，第39页。德国学者彼得·巴杜拉认为，这是一个国家任务由自由主义法治国到社会法治国的变迁中发生的相应变化。似乎有些过于简约。参见陈新民：《行政法的任务》，载陈新民：《公法学札记》，中国政法大学出版社2001年版，第94页以下。

② 参见陈新民：《中国行政法学原理》，中国政法大学出版社2002年版，第17页。

③ 伊始，奥托·迈尔坚决反对国家与公民之间的公法合同，认为在公法领域，国家与公民签订合同是不可能的，因为合同以法律主体平等为前提，而公法却以国家的优越地位而得以确定。奥托·迈尔的观点在很长一段时间内占据主流地位。参见〔德〕哈特穆特·毛雷尔：《行政法学总论》，高家伟译，法律出版社2000年版，第360—361页。

④ 参见〔德〕迪特尔·梅迪库斯：《德国民法总论》，邵建东译，法律出版社2000年版，第145页。

法的渗透已经很深入；其他一些领域变成了公法与私法的混合物；在私法，特别是债法里，强行性或单方面强行性规范的数量越来越大（如在消费信贷、房屋租赁和旅游合同领域）；许多需求，如对教育、医疗服务、水、电，只能以集体方式得以实现；一般交易条件的使用人在偏离任意法律规定时，也受到很多限制；这些限制的一部分甚至已经扩张适用到个别合同中。此外，当法院觉得法律行为的内容或其无效性不适当的时候，司法判决会倾向于就此作出矫正。最后，没有当事人意思参与形成的法律关系的范围也在扩张，如基于信赖责任形成的法律关系或基于交易安全形成的法律关系。此外，私法自治还受到个人税负和社会保险税捐的损害。

2. 民法理论谨慎回应

然而，民法典对体系的贡献，还不仅在于其对民法起的典范作用，作为法律体系的一环，民法典除了建构自治的原则外，对于国家在各领域实施的管制不能视而不见。因此立法者必须在法典内适当的地方架设通往其他法律领域的管线，甚至区隔主线、支线，从而把常态民事关系和特别的民事关系，把民事关系和前置于民事关系或以民事关系为前置事实的公法关系连接起来。否则，在没有这样的“界面规范”下，民法典的运作在整个法律体系中就会显得格格不入。[①] 因为如果不接轨民事关系，不受经济立法或宏调经济影响，甚至还可以强制执行，将不利于政策的贯彻，会出现评价矛盾。[②]

法律体系必须是无矛盾的，一有矛盾，即构成法律秩序中的“体系违反”。[③] 体系违反通常是以规范矛盾与价值判断矛盾的形态表现出来的。规范矛盾能够且必须予以排除，但价值矛盾则不尽然。[④] 规范矛盾是在数个不同的法律规范对同一个法律事实加以规范，并赋予不同的法律效果的情形下产生的。能依竞合理论予以解决的矛盾，称为“可化解的规范矛盾”；反之，则为“不可化解的规范矛盾”。规范矛盾

---

① 参见苏永钦：《民事立法者的角色——从公私法的接轨工程谈起》，载苏永钦：《民事立法与公私法接轨》，北京大学出版社2005年版，第15页。

② 同上书，第28页。

③ 体系违反属于法律漏洞之一种，即通说认为的属于法律体系上违反计划的不圆满状态。

④ 参见黄茂荣：《法学方法与现代民法》，中国政法大学出版社2001年版，第311页。

如果不能被化解，依据通说，这个矛盾牵涉到的法条便会互相把对方废止，于是，便形成一个“碰撞漏洞”。这个漏洞也就只能依法律补充的一般原则予以填补。[①] 价值判断矛盾有四种态样：碰撞式价值判断矛盾、类推适用式价值判断矛盾、目的扩张式价值判断矛盾、目的限缩式价值判断矛盾。

正义（受相同评价的事物应受相同处理）的命令要求：尽可能避免评价上的矛盾。因此，在可能的文义及其意义脉络范围内，解释者应优先采纳足以避免评价矛盾的解释。这要求我们采类推适用的方法。类推适用是指将法律对某构成要件 A 或多数彼此相类似的构成要件而赋予的规则，转用于法律所未规定的而与前述构成要件相类似的构成要件 B。转用的基础在于：两构成要件在与法律评价有关的重要观点上彼此类似，因此，二者应作相同的评价。两案件事实彼此相类似是指，两者在若干观点上一致，其余则否。有关的案件事实既不可能相同，也不可能绝对不同，它们必须恰好在法律评价的重要观点上相互一致。[②] 因此，依据本节的任务，我们需要追问的就是，作为整体的公法所规范的对象与作为整体的私法所规范的对象，是否具有这种法律评价的重要观点方面的一致性？

第二节　公私法接轨与公私法区分理论

公私法接轨理论，旨在应对由现代化而导引出的公私法犬牙交错的问题，其积极功能自不待言，然而，其究竟与传统公私法截然二分的理论构成有何同异，其究竟如何被现代民法理论体系所消化接纳？如果公私法二分的教义，因两个法域存有根本原理上的差异得以维持，公私法接轨理论构成借何来保持与该教义学语句体系的一致性，进而完成自身的正当性论辩？

---

① 我国台湾地区公法领域的“土地法”第 102 条与“民法”债编有关租赁规定即存在规范矛盾，形成碰撞漏洞。参见黄茂荣：《法学方法与现代民法》，中国政法大学出版社 2001 年版，第 314 页。

② 参见〔德〕卡尔·拉伦茨：《法学方法论》，陈爱娥译，商务印书馆 2003 年版，第 258 页。

一、私法与公法的本质性差异

一个完整的法律规范由构成要件、法律效果及把法律效果归入构成要件的效力规定构成。依目前最流行的命令说①,公法由于有公法人或国家的优越地位,故存在着凌驾于私人之上的特色。即是说,公法是一种隶属关系,如行政法、诉讼法、刑法;私法则是平等主体之间的法律关系,它是一种并列法,如民法、商法;社会法则是介乎公私法之间的法律。公法上的权利有国家对个人的权利与个人对国家的权利。

个人在公法上的权利包括基本的与自由的权利、参与的权利、正面的请求权。在公法权利、私法权利之外,还有所谓的社会权。

法人有公法与私法之别。公法法人一般被分为公法社团、公法财团与公营造物。公法团体包括地域团体——国家、乡镇、同业公会、职业协会与手工业者同业公会。公法机构有保险机构等。

根据梅迪库斯的精当概括②:私法与公法领域,其实就是决策自由的法律领域与非决策自由的法律领域。

程序上,历史原因形成的法律救济途径的多轨制,需要对公法与私法进行界分。然而,"私法与公法确实在实体上存在差异:在私法领域,占主导地位的是那些自由的、不需说明理由的决定;在公法领域,占主导地位的是那些受约束的决定"。③

私法上决策自由以私法自治与所有权人自由为支柱。私法自治在其合法的范围内,保障个人据其意志,通过法律行为构筑法律关系的可能性。它是指"各个主体依据他的意志自主地形成法律关系的原则"(弗卢梅)。④ 私法自治的工具是法律行为。法律行为是指"私人的旨在引起某种法律效果的意思表示。此种效果之所以能够发生,皆

① 参见〔德〕考夫曼:《法律哲学》,刘幸义等译,法律出版社 2000 年版,第 159 页以下。

② 参见〔德〕迪特尔·梅迪库斯:《德国民法总论》,邵建东译,法律出版社 2000 年版,第 14 页。

③ 同上书,第 7 页。

④ 同上书,第 142 页。法律行为与行政行为在法价值理念面的本质差异,及相应法律技术面的贯彻,参见朱庆育:《法律行为概念疏证》,载《中外法学》2008 年第 3 期。

因行为人希冀其发生使然。法律行为的本质,在于旨在引起法律效果的意思之实现,在于法律制度以承认该意思方式而于法律世界中实现行为人欲然的法律判断”(德国民法典《立法理由书》)。

通常情况下,私人无需说明如此决策的理由。“私法主体的动机是一种禁忌”。例外的是在禁止权利滥用的场合。否则,会导致一种无所不在的监视,进而,成为自由发展人格的基本权利的侵犯。准此,私法就是指在权利平等与意思自治的原则上调整私人关系的法律部门。①

在公法中,法律对大部分有待作出的决定已经予以了十分详细的规定。而且,行使权力必须说明理由,以便法院的审查。公法中限制决策自由的两大理由是②:第一,政府拥有权力工具,实力远在个人之上。如果法律不对政府的这种超强实力进行限制,这种权力将会变得无法容忍。第二,公法中不存在决策的后果归属于决策者的情形。

与这种区分相适应,从义务来源的角度,拉德布鲁赫将私法义务体认为是③,正常情况下乃产生于义务人的自我服从;如果一项义务产生于一个命令,而这个命令又以另一个命令为基础,那么在正常情况下,这项义务便属于公法。

由此本质差异出发,我们还可以得到如下推论:私法是“目的独立”的④,而公法则是“目的依附”的;私法是裁判法、技术法,公法是行为法、政策法⑤;私法是无须公开的⑥,而公法是必须公开的;在私法中,个人本身就是目的,所有的法律关系都只是此个人的存在或此个

---

① 参见谢怀栻:《外国民商法精要》,法律出版社 2002 年版,第 8 页。

② 参见〔德〕迪特尔·梅迪库斯:《德国民法总论》,邵建东译,法律出版社 2000 年版,第 9 页。

③ 参见〔德〕拉德布鲁赫:《法学导论》,米健、朱林译,中国大百科全书出版社 1997 年版,第 57 页。

④ 参见〔英〕弗里德利希·冯·哈耶克:《法律、立法与自由》(第二、三卷),邓正来、张守东、李静冰译,中国大百科全书出版社 2000 年版,第 19 页、第 40 页。亦参见该书第 1 卷第 70 页。

⑤ 参见苏永钦:《私法自治中的国家强制》,载苏永钦:《走入新世纪的私法自治》,中国政法大学出版社 2001 年版,第 10 页。

⑥ 参见〔德〕康德:《法的形而上学原理——权利的科学》,沈叔平译,商务印书馆 1991 年版,第 53 页、第 135 页。

人的特别情势的手段，相反在公法中，整体是目的，而个人是从属。[①]任何社会在决定如何以公法或私法形成国民生活时，对于此种区别应有清楚的认识，并建构最妥适的规范。为保障个人自由权利，应遵循有疑义时为自由的原则[②]，以私法为先，其主要理由在于个人乃自己事务的最佳判断者与照顾者[③]，个人自主决定，就其行为负责，有助于促进社会经济进步。国家必须保障私法规范有发挥其功能的条件，并排除契约自由的滥用。国家为公益或更高的价值而为干预或限制时，应有正当理由。

在中国法律教义学上，一般也认为[④]，区分公私法的意义在于，易于确定法律关系的性质，应适用何种法律规定，应采用何种救济方法或制裁手段，以及案件应由何种性质的法院或审判庭受理、裁判，应适用何种诉讼程序。而且，在“礼法文化”浸染下的中国，强调公私法的区分不仅具有重大理论意义，而且具有特别重大的实践意义。当前我们强调公私法划分，重点在于正确认识民法属于私法而不是公法，为市场经济法律体系的建立奠定坚实的理论基础。而且，承认并坚持公私法的区分，是对国家角色观念与法律观念变化的确认。公法之设，旨在间接保护实现私权。由此出发，才有可能摆正公法与私法、公权与私权、国家与人民、政府与社会、政治与经济等重大关系。所谓公与私乃是相对应的观念，以国家为公，则人民为私；以政府为公，则社会为私；以行政为公，则民事为私；以政治为公，则经济为私；以团体为公，则个体为私，并进而提倡所谓私权神圣，即人民权利、个人权利、民事权利不得侵犯，非有重大的理由并依法定程序——严格遵守比例原则与法律保留原则，不得予以限制或剥夺。提倡所谓私法自治，即在民事生活、经济生活领域，由当事人协商决定他们之间的权利义务关系，原则上国家不直接干预。只有当事人之间发生纠纷不能通过协商

---

① 参见〔德〕萨维尼：《当代罗马法体系》（第一卷），朱虎译，中国法制出版社2010年版，第23—24页。

② 参见王泽鉴：《民法概要》，中国政法大学出版社2003年版，第4页。

③ 哈耶克所持的“真个人主义”理论给出了更精致的解释：“个人主义真正以为凭的并不是所谓的每个人都是自己利益的最佳判断者，而是任何人都不知道谁知道得最清楚，我们能够据以发现这一点的唯一途径是一种社会过程。在这个社会过程中，每个人都可以尝试和发现他自己所最擅长的事情。”

④ 参见梁慧星：《民法总论》（第三版），法律出版社2007年版，第34页。

解决时,国家才经当事人请求出面进行第二次干预,即由法院以中立仲裁者的身份依法对当事人之间的纠纷进行裁判。

在法律实现时,基于民事规范的多元性格,以及私法自治释放出来的活力,作为连接应然与实然的解释者,就有必要在进行法律解释时,像一个小小的立法者一样,针对各种规范的不同功能,选择适切的解释方法,使国家的管制与社会的活力以最有利的方式得到辩证结合。民事规范类型不同、体系功能不同,解释方法相应也有不同。[①] 这是法律本体论与法律方法论结合或有内容的法学的典范式思考。

对强行规定作合目的性解释的同时,要注意目的性限缩。特别民法中的强制性规范很多也有管制目的,解释者要从合目的性角度出发,决定适用的范围放大或限缩的空间。民法中的任意性规范和绝大多数强制性规范,只是单纯为支撑私法自治的运作而设,不具有任何公共政策的目的。其解释在方法上就要更强调体系的观点,以维系自治机制的顺畅与权衡价值的一致性为其主要考虑,故解释者关切意思自治、交易安全、交易便捷,乃至交易成本的降低,并尽量维持一致的评价,是十分自然的事情。在是否有管制目的不是特别明确时,解释上应"有疑义,从自治"或"有疑义,从任意"。[②] 契约的解释,应探求当事人的"真意",具有绝对主观的倾向。解释者关切的只是当事人心里要什么,私法自治的落实是从事契约解释时的关键点。

二、公私法区分于无涉本质方面的软化

诚如苏永钦教授所言[③],正因为本质不同才必须做泾渭分明的应用,在无涉本质差异之处,加以类比而尽可能采用相同的概念乃至原则、程序,反而更容易凸显其本质的差异。概念、制度的趋同或不必要差异的减少,对于两个法域的接轨当然方便不少。而在两大法域的关

---

① 参见苏永钦:《私法自治中的国家强制》,载苏永钦:《走入新世纪的私法自治》,中国政法大学出版社 2001 年版,第 36—46 页。

② 在判断法律行为是否违反禁止规定,是否具有无效效果有疑义时,则以构成违反、绝对无效为原则。参见苏永钦:《私法自治中的经济理性》,中国人民大学出版社 2003 年版,第 41 页。

③ 参见苏永钦:《从动态法规范体系的角度看公私法的调和——以民法的转介条款和宪法的整合机制为中心》,载苏永钦:《民事立法与公私法接轨》,北京大学出版社 2005 年版,第 79 页。

键处，则诚如陈新民所言，即使是在行政合同场合，行政主体仍然要受到依法行政原则的约束。“行政法并不承认有所谓的‘公法自治原则’，否则，整个行政法的体系即会崩溃。”①

宪法、行政法适用私法、借用私法条件十分严格，而且是一个形式的借用。这是因为，公法与私法有着不同的出发点与功能。公法，特别是其中最为重要的宪法和行政法，以作为主权者的国家为调整对象，功能在于确定国家权力的基础和界限。

（1）在法律效果变动的核心依据方面，行政行为或行政合同只是对法律行为的形式借鉴。朱庆育的研究表明②，虽然行政法上构建行政行为理论系借鉴法律行为理论而来，但它不过是技术模仿（如有关行为的分类、行为的无效与撤销规则）的产物，其间理念实不可同日而语。行政行为并非法律行为扩展至行政法领域的结果。它不是行政法律行为，而仅仅是行政行为。

（2）在法律效果层面的借用，如所有权概念，公法所有权具有了与私法所有权完全不同的语用逻辑与体系功能。徐涤宇教授的研究表明③，宪法的所有权规范功能主要是一种制度保障，同时作为基本人权或防御权指向政府行为。它要解决所有权应作为什么样的地位受到保障（保障条款），而国家又在何种程度上享有对这种地位的内容予以规定和限制的权限（权限条款与征用补偿条款）。作为公权利，它是各种主体取得所有权的资格。宪法上国家所有权、集体所有权与个人所有权规范的意义是，国家、集体、个人在生产资料所有权的资格方面的差异。它旨在回答“谁是财产的主人”或“谁可以成为财产的主人”。它是对公有制的保障，不明确指向具体的客体。民法上的所有权则是因具体的物为中介的人和人之间关系的体现，有具体明确指向的权利客体。物权法上有关国家所有的土地、自然资源，并非民法上的特定物，势必导致物权法上所有权概念的混乱，出现解释难题。“政治意义附加于民法典之上，将使宪法充当的角色和民法典本身充当的角色之间的区别变得模糊不清，导致‘私法规则的中立性’被遗忘。”

---

① 陈新民：《中国行政法学原理》，中国政法大学出版社2002年版，第182页。

② 参见朱庆育：《法律行为概念疏证》，载《中外法学》2008年第3期。

③ 参见徐涤宇：《所有权的类型及其立法结构——〈物权法草案〉所有权立法之批评》，载《中外法学》2006年第1期。

(3) 在法律效果的归属中心方面,公法人的概念虽然借自私法①,但其构造制度的逻辑却与私法人相距甚远。混淆这种差异,会导致实践中的困惑与误差。方流芳的系列研究表明②,从法律视角观察,中国的事业单位(私)法人化与中国证交所的会员制法人化就是纯属历史误会或向壁虚构。公立机构的组织与治理应当遵循公权力运作的机制,而不是民法。公权力是等级分明和纵向贯通的。除基层单位外,在公权力结构内的每一个单元都连接着它的上级和下级,公权力的权威建立在上下级关系上。上下级公立机构之间不是财产独立、意思自治的法人之间的关系,而是权威与服从权威的关系。当公立机构(如事业单位)不仅在法律文本中成为"法人",而且真的按照法人治理模式决策运作时,它必定要脱离公权力结构。更为重要的是,政府设立公立机构,不是要它成为法人而与自己分庭抗礼,而是要它按照自己的意志行事,公立机构采用什么形式,具有多大的自主权,这似乎应由创立公立机构的政府决定,而不是预先作"一刀切"的决定。要言之,创立公立机构的依据从来不是民法,而是国家权力,只是在特定的交易中,有时候需要把公立机构视为一个民法上的"人",承认它具有从事交易和缔结契约的能力。

当然,从公私法的区分并不能逻辑的推论出,其排除政府以私法形式活动。但是,这只有在例外情形下才是适法的,而且限于借用私法的形式③,不允许政府搞私人自治。实际上,主权性权力是主要划分标准,其根据是公私法功能的不同。"调整公共利益、统治权的掌握并且与国家相关的法律是公法。"对实践而言,公私法的区分不是标准问题,而是归类问题。难题产生在以下情形④:对具体的案件没有法律规范可以适用,或者存在着两种相互冲突的公法规范与私法规范都可

① 参见葛云松:《法人与行政主体理论的再探讨——以公法人概念为重点》,载《中国法学》2007 年第 3 期。另参见王名扬:《法国行政法》,中国政法大学出版社 1989 年版,第 30 页。

② 参见方流芳:《从法律视角看中国事业单位改革——事业单位"法人化"批判》,载《比较法研究》2007 年第 3 期。方流芳:《证券交易所的法律地位——反思"与国际惯例接轨"》,载《政法论坛》2007 年第 1 期。

③ 参见〔德〕哈特穆特·毛雷尔:《行政法学总论》,高家伟译,法律出版社 2000 年版,第 40 页。

④ 同上书,第 42 页。

以适用。

如前所述,公私法关系具有两个方面的内容,可以概括为二者的“相互工具化”。一方面,可以私法形式执行行政任务;另一方面,行政法适用时通过私法规范来补充或填补法律漏洞。必须说明的是,在这种情况下,行政法并没有走进私法领域,而仍然停留在公法领域,将以私法形式表现出来的法律规范或在私法领域形成的法律概念作为公法来适用。而且,借用的前提是法律关系具有相同特征,私法已有相关规定,而公法存在明显漏洞。工具是法律基本原则和类推的方法。

民法转介公法,或者法官援引概括条款作个案权衡,采取的是外接的模式,是一个特别而不是普遍性的判断。这种策略并不触及两个法域各自的法价值理念基础,关涉的只是法律技术面的“工具性”借鉴,从而,自始保持着与“物权法公法化”的间距。需要特别说明的是,法价值理念与法律政策为两个不同的层面。二者的区别可以类比价值与目的的语用差异。① 所谓特定的目的,乃是意指那种驱使人们采取特定行动的特定的预期结果;而所谓价值,依据我们的理解,则意指那些根据某些属性而得到界定并被普遍认为是可欲的事件的一般类型。从根本性质上言,法律(私法)或正当行为规则并不服务于具体的或特定的目的,只是服务于抽象的和一般的价值,亦即对某种类型的秩序加以维护。借此,私法与公法实质意义上的区分得以保全。两者的精神气质并不会发生根本性变迁。毋宁说,公私法接轨的视角是一个对传统公私法区分的软化,而绝不是取代。而且,只要我们维持一个多元开放社会的发展,这种区分的取消就显得不具可能性。最后,似乎也看不出我们拥有对此经历史流传而沉淀下来的法律理论进行釜底抽薪式革命的知识与能力。

关于公私法关系的修正理论正当性基础仍在于公私两个法域的区分。不同理论构成赢得“听众”接受的关键,在于其对此区分“或多或少”的继受。然而,那种彻底扬弃区分(“全无”)的理论构成不能通过“一致性检测”。公私法接轨的理论构成则因为一方面在实质上契合公私法域的区分,另一方面依附概括条款理论而获得较强的正当性。

---

① 参见〔英〕弗里德利希·冯·哈耶克:《法律、立法与自由》(第二、三卷),邓正来、张守东、李静冰译,中国大百科全书出版社2000年版,第19页。

第三节　物权立法中公私法接轨的场域和实现路径

"场域"的概念是借用了物理学概念。通过场域,物体之间发生着交互作用,接收和发射着能量,从而场域成为自然界中物体能量的混合。以此观之,社会界的法律规范亦存在着公私法互相借力、交互融合的现象。在物权法领域公法的哪些因素在什么程度上作用着物权,同时,物权的哪些方面接收着公法因素?这就是所谓的物权法公私法接轨的场域问题,其实也是物权立法如何从制度安排上处理公私权的关系问题。

一、公法之于物权法的施力场域

(一)宪法基本权利在物权法的发力

1. 作为宪法基本权利的所有权

从法哲学层面上看,黑格尔认为:所有权之所以合乎理性,并不在于满足人们的物质需要,而在于扬弃人格的纯粹主观性。人唯有存在于所有权中,才是作为理性而存在的。在他看来,"我作为自由意志在占有中成为我自己的对象,从而我初次成为现实的意志,在这方面则构成占有的真实而合法的因素,即构成所有权的规定"。[①] 也就是说,人的意志自由是通过所有权得以界定和实现的,并且每个人的创造发展和价值体现也是以所有权为基础的,所有权由此成为私法权利体系的基石和核心,进而构成宪法层面的一项基本权利。

从宪法学层面上看,一般认为,宪法主要调整两大法律关系:一是国家机关与国家机关之间的关系;二是国家与公民之间的关系,后者主要以确认公民基本权利的形式表现出来。对绝大多数国家的宪法而言,对基本权利的确认和保障,是整个宪法价值体系的核心所在。按照西方国家的宪法理论,所有权在宪法层面上被认为是公民的基本

---

① 有关黑格尔的所有权思想,参见〔德〕黑格尔:《法哲学原理》,范扬、张启泰译,商务印书馆 1961 年第 1 版,第 50—80 页。

权利,宪法以不可侵犯条款为载体保障作为基本权利的所有权。也就是说,宪法把所有权实实在在地规定了下来,其目的是提供给私人一种防御公权力对其作出的不当侵害,并可对不当侵害的实际损失获得救济的特殊权利。这样一种基本权利,直接反映了私权利和公权力之间在宪法基本秩序中的关系。而立于社会主义阵营的我国,在所有权立法上体现的意识形态,在不同历史时期的表现是不同的,这尤其反映在不同时期的宪法和配套的民事立法之中。改革开放以前,公域全面统合私域,即使存有空间极小的私域也是为了公域的目的而存在。于是,不管是宪法上的所有权,还是民事立法中的所谓所有权,基本上都属于公法的领域,其性质并无区别。改革开放以来,公域和私域的区分逐渐明朗,民法上的所有权开始恢复其私法属性,宪法的数次修正,也使宪法意义上的所有权凸显出来。宪法上的所有权除了意识形态上的制度保障意义外,也被视为一种基本人权,一种特殊的防御权。①

作为宪法基本权利的所有权的意义,实际上主要体现在对公权力的要求上。这种要求,一是公权力必须承担起对私人所有权的保障义务,这是公权力之所以存在的正当性基础。二是公权力自身不得侵犯私人所有权。“因为,如果支配那些臣民的人有权向任何私人取走其财产中他所属的部分,并随意加以使用和处置,纵然有良好和公正的法律来规定他同一般臣民之间的产权范围,一个人的财产权还是没有保障的。”②因此,现代各国所有权的宪法保障规范,大多由不可侵犯条款(或保障条款)、制约条款以及征用补偿条款三层结构构成,既有肯定(保障),又有否定(制约),还有否定之否定(征收补偿),形成了一个严密的规范结构和逻辑体系。③ 这对于物权立法的影响是显而易见的,特别是关于财产征收征用及所有权限制的物权法规定。

2. 宪法所提供的制度性保障功能

任何权利的实现都有赖于一定的制度。立法机关必须通过制定

---

① 参见徐涤宇:《所有权的类型及其立法结构——〈物权法草案〉所有权立法之批评》,载《中外法学》2006 年第 1 期。

② 〔英〕洛克:《政府论》(下篇),叶启芳、瞿菊农译,商务印书馆 1964 年版,第 87 页。

③ 参见林来梵:《从宪法规范到规范宪法——规范宪法学的一种前言》,法律出版社 2001 年版,第 206—207 页。

法律来建构制度,以进一步明确宪法上基本权利的具体内涵,保障基本权利的实现。基本权利所具备的这种积极要求立法者建立和维护制度,以促进基本权利实现的功能,就是所谓制度性保障功能,国家对此负有制度性保障的义务。① 宪法具有对公权利或基本权利特有的制度性保障功能。这种功能体现在两个方面:一是对于纳入宪法保障范围的法律制度,立法者虽然可以加以修改,但不得废弃该法律制度的基本传统与本质内容,此为消极的制度性保障;一是国家必须积极建立某些制度或法律,确保其存在,以实现宪法权利。此种制度性保障旨在敦促国家必须建构各种足以实现宪法权利的制度或法律,故名为积极的制度性保障。宪法就作为公民基本权利的所有权而言,立宪者的义务主要是实现积极的制度性保障,即国家必须遵守保障足够性原则,遵循法治规律,建立完善的私有财产制度以实现公民宪法意义上的所有权,这是一种私法制度性保障。因而,我国立法机构以平等保护物权为原则,在民法尤其是物权法领域进行的卓有成效的立法工作,正是国家对宪法之公民所有权给予积极的制度性保障这一义务的践行。

我们通常所谓的所有制,其实就是宪法所要保障的所有权的制度形式。② 对社会主义公有制的制度性保障,更多的是一种消极的公法制度性保障,它侧重的是保障既存法律制度的核心、本质部分,避免某些先存性法律制度被立法者废弃。因而,立法者不能对已纳入宪法范畴的社会主义公有制之核心与本质加以侵害,因为生产资料的社会主义公有制是社会主义基本经济制度得以存在的关键要素。在此种意义上,我国物权法坚持并重申社会主义公有制为社会主义经济制度的主体形式,在具体制度的构建上,也未触及社会主义公有制的核心和本质,故无违宪之嫌。当然,在多种所有权形式并存的社会主义初级阶段,我国《宪法》第 7 条亦规定了国家保障国有经济的巩固和发展的责任,实质上是为公有制设定了积极的制度性保障。对此,立法者必须遵守保障足够性原则,积极制定国有资产管理法以及相关的公产制

---

① Michael Sachs, *Verfassungsrecht II Grundrechte*, Berlin u. a. Springer, 2000. S. 49. Ff. 转引自张翔:《基本权利的规范建构》,高等教育出版社 2008 年版,第 114 页。

② 参见徐涤宇:《所有权的类型及其立法结构——〈物权法草案〉所有权立法之批评》,载《中外法学》2006 年第 1 期。

度,以实现国有经济的巩固和发展。

(二) 行政法对物权立法的影响

行政权是行政法的基本理论范畴,行政法的所有内容都可以从行政权上得到诠释。行政主体是实施行政权的主体,行政行为是实施行政权的行为,一言以蔽之,行政法就是为了控制行政权而产生的。行政法中的哪些内容对物权立法具有影响①,可以从行政权对物权的影响中找到答案。

1. 行政权设立物权

通过行政法上的行政登记制度,行政权可以对物权进行确认,并产生相应的法律效力。我国对不动产和特殊动产物权的设立采取强制登记制度,通过登记,在完成行政管理的同时,实现相关物权权属确认的私法效果,如《中华人民共和国城市房地产管理法》(以下简称《城市房地产管理法》)对城市房地产、《中华人民共和国道路交通安全法》对机动车的规定。还有,通过行政法上的行政许可制度,行政权可以对于土地、矿产等自然资源的开发和利用进行特别许可,而取得所谓的采矿权、取水权、渔业权等,其取得程序分别由《中华人民共和国矿产资源法》(以下简称《矿产资源法》)、《中华人民共和国水法》(以下简称《水法》)、《中华人民共和国渔业法》(以下简称《渔业法》)等行政法进行规定。

2. 行政权消灭物权

通过行政法上的征收征用制度,在特定条件下(通常是为了公共利益),行政权可以消灭物权,如《中华人民共和国土地管理法》(以下简称《土地管理法》)第2条第4款的规定。

3. 行政权限制物权

物权固然具有排他性,但是当物权与国家或社会公共利益发生冲突时,物权需要作出让步,这种让步通过法律授权行政机关在一定条件下限制物权实现。这些限制如:(1) 对某些物的所有和占有的限制,如枪支弹药、鸦片等;(2) 对某些物的生产和交易的限制,如黄金、文物等限制流通物;(3) 对城市规划建设以及土地的使用和开发的限

① 经应松年教授梳理,在《物权法》的全部247条中,至少有四十多个条文直接涉及行政机关或行政权。参见应松年:《行政权与物权之关系研究——主要以〈物权法〉文本为分析对象》,载《中国法学》2007年第5期。

制;(4) 对河海、矿产、森林、海洋等自然资源和环境保护的限制;(5) 对不动产征收、征用等方面的限制;等等。

4. 行政权保护物权

这种保护体现在用国家强制力处罚侵犯公私财物的违法行为,如《中华人民共和国治安管理处罚法》第 49 条对"侵犯财产权利的行为和处罚"作出了规定。

可见,国家为了规范和限制行政权而制定行政法,行政主体依照行政法实施的行政行为,在很多时候会同时实现这两种效果:(1) 规范行政管理的公法秩序;(2) 产生物权变动的私法效果。也就是说,物权人享有的私法上的权利和自由在被行政法保护的同时,也受到行政法的约束。

二、物权法之于公法的受力场域

(一) 物权法的调整范围

从物权法的内容来看,物归谁所有,由谁支配和利用,直接涉及社会物资的分配和全社会成员的生活生产,特别是土地等稀缺的自然资源,与国家和社会公共利益密切相关。当私人财产的自由利用与公共利益之间发生冲突时,所有权的社会功能原则的确立为宪法所保护的与社会相关的利益和价值提供保护。① 因此,物权法所调整的社会关系并非仅属私人关系,而常涉及第三人和社会公共利益,所以物权法具有公共性。这意味着,物权法一方面要维护物权人对其物的正当支配利益;另一方面也要防止物权人滥用物权,对物权进行适当限制,以谋求个人利益与社会公共利益的协调发展。② 而对于物权的限制,除了以民法上的禁止权利滥用原则、诚实信用原则和公序良俗原则进行限制之外,还大量地存在着以公法上的征收和一些行政强制措施进行的限制,后者通过立法技术亦进入物权法的调整范围。

《物权法》第 2 条第 1 款规定:"因物的归属和利用而产生的民事关系,适用本法。"这就限定了《物权法》调整的是私法上的法律关系。

---

① Cesare Salvi, Il contenuto del diritto di proprietà, Milano: Giuffrè editore, 1994, p. 67.

② 参见〔德〕曼弗雷德 · 沃尔夫:《物权法》,吴越、李大雪译,法律出版社 2002 年版,第 11—12 页。

但是,现代物权法的渊源不仅仅是《物权法》这一基本法律,因为物权法调整的不是物与物之间或者物本身的法律关系,而是调整因物的归属和利用产生的法律关系。事实上,大量的行政法律,如《矿产资源法》《土地管理法》《中华人民共和国森林法》(以下简称《森林法》)《水法》,等等,对某些特别物的归属和利用关系作出了调整,它们构建的相关物权制度,比《物权法》更为具体,操作性更强。只是这些特别物权关系,从性质上看更多地表现为公法关系,这些特别法也更多地被认为是行政法。因此,跳出仅从民事关系或私法关系的视角限制,而从公私法融合的视角来认识物权法的调整对象,就很有必要了。

(二)物权的保护

在现代社会,对物权的侵犯主要来自三个方面:一是刑事犯罪行为;二是行政违法行为;三是民事侵权行为。基于物权的重要性,现代法治国家无不从宪法、刑法、行政法、民法等为物权提供全面的保护。《物权法》开篇第1条就规定了保护权利人的物权是物权法的基本目标,进而在总则编中以专章规定"物权的保护",规定的内容除直接赋予权利人的私法保护请求权之外,还规定了相关行政主体在物权保护上负有的公法义务、权利人请求公力救济的途径、手段和方法,同时还转介和衔接了来自刑法的保护。[①] 从而使刑事责任、行政责任和民事责任的责任形式并存于物权法,对于有关权利人的利益予以保护,构成一个完整的保护手段体系。虽然相关内容在刑法、行政法和物权法等法律上也可以分别加以规定,但是并不影响这种保护体系本身的完整性。只要权利人的物权受到侵犯,就可以根据侵犯的不同程度通过上述相应手段寻求法律保护。从这个意义上讲,物权法实际上承担起了公法和私法双重工具的任务,是公私法接轨的一个典型。

三、物权法公私法接轨的制度路径

物权制度要实现公私法接轨,可主要通过两种立法途径达成其目标。一种是对传统物权类型加以外部的公法限制,例如《土地管理法》中关于建筑规划、土地征用的规定。有时,此种公法限制不仅可以服务于公法利益的实现,也可对私法利益进行保护,例如《中华人民共和国建筑法》(以下简称《建筑法》)中所包含的一些具有保护相邻关系

---

① 参见杨解君:《物权法不应被笼统地视为私法》,载《法学》2007年第7期。

的法律规定。另一种途径是从内部重构物权类型，改变其纯私权的性质，从而通过民事特别法或行政法，形成既有物权一般特征又有附属于公权力特征的所谓准物权制度。[①] 此类物权一般涉及某种特殊的自然资源，是控制和利用这些自然资源的权利，此为其私权属性的一面。然而，由于自然资源往往涉及一国的可持续发展战略目标和环境保护政策，现代国家加强了对它的控制和利用，有的建立了自然资源的国家所有制度，有的虽然许可自然资源的私有，但强化了行政管理制度。[②]

准物权附属于行政权力的基本特征，主要表现在其取得方式和权利义务的具体确定方面。一般来说，准物权的取得和变动并不按照民法典或物权法规定的物权变动的一般模式，而是依照民事特别法或行政法规定的“申请加批准”方式。至于权利义务之内容，也通过相关民事特别法或行政法的具体规定以及批准机关的文件加以确定。[③] 此外，准物权客体的特殊性，决定了其内容确定上的基本特征，并由此体现了其类型的多样化。

也就是说，由于自然资源的性质和功能各异，导致其管理内容颇有区别，加之具体管理部门职责分工不同，因而设于其上的准物权主要由民事特别法或行政法规定而被类型化。准物权之具体类型在立法上被肯认，主要是因为某类自然资源的利用权和控制权基于公共利益的需要而必须被公法限制，且这种由公法设定的义务约束必须具体化。在我国，行政法上确认的准物权主要有《矿产资源法》规定的采矿权、《森林法》规定的林业权、《水法》规定的取水权、《渔业法》规定的渔业权等。我国是实行社会主义公有制的国家，有着根深蒂固的绝对国家所有权观念，立法上准物权制度相对薄弱，因此，有必要采取经由公私法接轨的立法技术将准物权制度进入民法典或物权法的立法安排。

这样，一来可以借助制度化安排强调准物权之适用物权法一般保护规则的原则，彰显其私权属性；二来可以通过体系化安排梳理现行

---

① 关于准物权制度的系统研究，参见崔建远：《准物权研究》（第二版），法律出版社 2012 年版。

② 参见孙宪忠：《中国物权法总论》（第二版），法律出版社 2009 年版，第 112 页。

③ 同上书，第 112—113 页。

法中因多头立法而导致的规范矛盾。但是,把准物权之法律规范提升到民法典或物权基本法的高度也有其弊端,这主要体现为立法者基于可持续发展战略或环境政策的考虑,设定新的准物权类型和民法典等基本法在立法技术上的相对封闭性之间的矛盾。为解决这一矛盾,有必要在民法典或物权基本法中设定兜底条款,该条款可表述为:本法或其他法律规定的准物权,准用本法有关物权的一般规定;本法或其他法律有特别规定的,从其规定。这一兜底条款并不意味着准物权类型可以在立法上被随意创设,其背后仍然隐藏着准物权制度的价值基础:特别立法虽然可以肯认某类新型的准物权,但它必须是基于具体的、正当的公共利益的需要。① 而这些特别立法更多的是一些行政立法。

令人欣喜的是,我国物权立法做出了努力。《物权法》在第二编所有权编确立了自然资源所有权归属的原则性规定,即自然资源属于国家所有,但法律规定的属于集体所有的部分自然资源除外,进而在其第三编用益物权编关于用益物权的一般规定中,把自然资源的准物权作了原则性规定。但同时,未将准物权在用益物权编中列为各种具体的用益物权并规定于分则。这实际上反映了立法者对准物权在《物权法》中的立法安排,即在物权法中对准物权作出原则性规定,而具体规定由特别法另行作出。这里的特别法往往更多的是行政特别法,因此,准物权制度成为物权法和各特别行政法互相借力的典型制度,成为公私法接轨场域的制度路径。

以水资源为例,水是生命之源,我国《宪法》和《水法》都明确规定,水资源属于国家所有,任何组织或私人都无权将水资源据为己有。国家对水资源依法实行取水许可制度和有偿使用制度。任何组织和私人要开发、利用水资源,都要先依法获得取水权,同时交纳水资源费。这样,水资源就出现了所有权与取水权相分离的问题。开发利用水资源的组织或私人依法取得了取水权后,该组织或私人可用其借以取水的机器设备作抵押向银行贷款,获得运营资金,银行因此获得对取水机器设备的抵押权。从上述法律调整的过程中可以发现,水资源的所有权是由宪法、行政法等公法的相关规定赋予的,取水人依照法

---

① 参见徐涤宇:《物权之社会职责的正当化和具体化》,载《株洲师范高等专科学校学报》2005 年第 3 期。

定程序取得取水权,水资源费的交纳亦由公法调整;取水人取水权的行使、银行抵押权的行使,则由私法调整,整个过程公私法相得益彰。

四、物权立法的公私法接轨路径

(一) 遵照宪法框架设计物权

对于传统的公私划分的超越,使随之出现的民事权利更接近社会难题和社会需要,这在很大程度上是建立在"重新解读民法典和根据共和国宪法典制定的特别法"的基础之上。但是,这个说法需要澄清,为了避免出现模糊的、有疑问的含义,必须在民事法律渊源理论中对宪法典更全面的作用做出相当的反映。这意味着澄清了宪法和普通法律的关系以及前者对后者的优先意义。① 物权法作为调整财产归属和利用关系的基本法律,必须确认和体现一国宪法所确认的基本经济制度。一方面,物权法必须在宪法的框架内调整财产的归属与利用关系,也就是说,物权法必须采用宪法所确定的政策作为其基本规则设计和体系构建的指导思想;另一方面,物权法也必须反映一个国家的所有制关系形态。正如德国法学家鲍尔所指出的:"作为法律制度一部分的物权法,包含着人类对财务进行支配的根本规则。而该规则之构成,又取决于一个国家宪法制度所确立的基本决策。与此同时,国家的经济制度,也是建立在该基本决策之上,并将其予以具体化。"②《意大利宪法典》第 42 条第 2 款承认和保障私人所有权,《意大利民法典》第 832 条即使没有给出所有权的定义,但指出了其内容。这两个条款是历经千年发展而得到的结果,它们的提出已引起了哲学家、经济学家、政治家的很多争论。③ 当私人财产的自由利用与社会利益之间发生冲突时,所有权的社会功能原则的确立为宪法所保护的、与社会相关的利益和价值提供保护。④ 我国的物权法是宪法所确立的基本

---

① Pietro Perlingieri, *Il diritto civile nella legalità costituzionale*, Napoli: Edizioni Scientifiche Italiane, 1991, p. 189.

② 〔德〕鲍尔、施蒂尔纳:《德国物权法》(上册),张双根译,法律出版社 2004 年版,第 3 页。

③ Alberto Trabucchi, *Istituzioni di diritto civile* (*XL edizione*), Padova: CEDAM, 2001, p. 444.

④ Cesare Salvi, *Il contenuto del diritto di proprietà*, Milano: Giuffrè editore, 1994, p. 67.

经济制度在民法上的表现,也是宪法中各类财产权利保护法律规则的具体化。因此,物权法必须体现宪法的精神,符合宪法的要求。

我国《物权法》将宪法规定的社会主义公有制纳入其中,而我们知道物权法在传统上被认为是私法,因而公有制的私法规范化将对促进发展市场经济作出重大的贡献,对这种贡献,我国台湾地区学者王泽鉴教授强调有两点①:(1) 使公有财产权得依物权法享有私法上的自由(如设立用益物权),得获私法的保护(如物权请求权及占有保护请求权),并受到私法的限制(如相邻关系);有助于使公有财产(尤其土地)经由私法进入市场,发挥物尽其用的经济效能。(2) 公有权利原则上既应与私有权利同受物权法的规范,自不能认为公有权利当然具有优先于私权的效力。国家与私人订立关于物权关系的合同(如基地使用权),乃基于主体平等原则。在依法决定当事人之间的权利义务时,国家或集体经济组织不当然享有优先保护的地位。诚如《民法通则》第3条所强调:“当事人在民事活动中的地位平等。”自由与平等系民法的基本理念,也是市场经济赖以运作的基础。

(二) 对接行政法管制物权

所有权人负有义务的核心是对物权人的限制,而且,限制所有权行使与保护物权自由是一个整体的权利义务关系,这是在罗马法就开始了的。意大利法学家彭梵得在其经典巨著《罗马法教科书》中指出:“根据物的性质,所有权人对物的权利延伸到遇有限制为限。对所有权真正的限制是对享用该物的限制,这种限制独立于所有权人的意志,并服务于其他公民个人或公众的利益;因而是所有权结构所固有的。”②对所有权的限制只是为了实现所有权的社会功能,使所有权人只能在从社会一般利益角度考虑是正当的限度内享用物。③ 对私人所有权的限制一般通过公法规定,基本上也是公权力对私权利的限制,

① 参见王泽鉴:《物权法上的自由与限制》(一),载 http://www.old.civillaw.com.cn/article/default.asp? id=11691,访问日期:2016年5月5日。

② Pietro Bonfante, *Istituzioni di diritto romano*, Milano: Dott. A. Giuffè editore, 1987, p.256.

③ See Giuseppe Chinè, Andrea Zoppini, *Manuale di diritto civile*, Roma: Neldiritto edittore, 2009, p.605.

往往称为公权力的管制。[①] 公权力对市场失灵部分也就是所有权人不愿履行义务的部分施以管制，有时甚至是政府强制性地规定物权人必须行为和不得行为，并要求物权人必须服从。物权社会功能的实现，需要物权人在享受权利的同时承担相应的义务，以克服追求物权效率时物权主体恒为权利享有者的单向性。但是，限于物权立法资源和价值目标的局限，当物权法在界定物权的排他性支配之时，必须依靠物权法以外的众多法律（通常是行政法）与物权法对接，给物权人以义务的规定性。

（三）设立公法责任保护物权

在环境问题日益凸显的现代社会，经济增长与环境保护协调发展、经济建设和环境建设同步发展的社会经济发展模式、人和社会的可持续性发展成为重构当代物权法的主题词。在此价值观的影响下，各国物权法中出现的所谓林权、探矿权、采矿权、取水权、渔业权、狩猎权等物权类型，都成为前面所述具有公法性质的准物权。也就是说，一方面，它们在取得方式上不同于一般物权，非因时效、先占、法律行为而取得权利；另一方面，其内容由公法性质的特别法确定者甚多，这明显区别于围绕私益构建起来的近代物权类型。例如，许多国家都在森林法、水法、渔业法中为权利人设定了诸如禁止滥伐森林、恢复森林、水体之本体之类的公法义务，并为此设立了行政乃至刑事责任。[②] 这样，就需要包括行政法、刑法在内的公法与私法共同完成保护物权的任务。

对物权的公法保护，主要包括权利保护程序和对物权之行政变更或撤销的限制及补偿两方面。前一问题主要是通过行政程序制度强化对物权的保护，如行政复议、行政损害赔偿、行政诉讼制度等。后一问题则是指某些物权，例如渔业权、狩猎权等，虽依行政许可而被创设，但其一经设立，即成为私法上的财产权。因此，对这些物权加以行政变更或撤销，须基于公共利益的目的。而对此等变更或撤销予以限

---

① 管制，其实是一个经济学上的概念，它是指由行政机构制定并执行的直接干预市场配置机制或间接改变企业和消费者的供需决策的一般规则或特殊行为。参见〔美〕丹尼尔·F. 史普博：《管制与市场》，余晖等译，上海三联书店、上海人民出版社1999年版，第45页。

② 参见徐涤宇：《环境观念的变迁和物权制度的重构》，载《法学》2003年第9期。

制和补偿，自然也属于征收补偿的范围。也就是说，在享有渔业权的情况下，公权力机关为公共利益的目的，依法变更或剥夺渔业权人的财产或具财产价值的法律地位，须就被征收人所受的损失给予替代性的、弥补性的补偿。[①]

---

① 参见徐涤宇：《我国渔业权立法的对策和建议》，载吕忠梅主编：《环境资源法论丛》（第4卷），法律出版社2004年版。

第三章　物权法公私法接轨的法律技术

公私法接轨的问题,有技术的侧面,也有实体与程序的侧面。[①] 公私法接轨的技术问题,指的是“前置”于民法的行政管制规定,以及以民事关系为“基础”的行政管制规定如何与民法衔接的问题。以司法者视角或“内在视角”来观察,就是公法规范影响多少物权法效果,及其更重要的是如何才是正当的技术关联方式。唯有个案式外接式的假借概括条款方案,方能成为物权法公私法接轨的正当法律技术手段。“转介条款都赋予民事法官就各该公法行为规范所保护的法益、追求的政策目的、与该规范涉及的个人自由的法益,以及私法自治本身的理念价值仔细权衡的职责,性质上为不待当事人主张的法律适用问题。”[②]转介的功能在于减轻立法者的负担,分散地由法官从审判实务逐一个案裁判而适当接轨。民事法官可以援用的包括法律、行政法规、地方自治规范,乃至行政处分。

在民法上对权利行使的“外部限制”[③]即其适例。其乃指在承认并保障权利的不可侵犯性、权利行使的自由性的前提下,以公法措施适当限制权利的不可侵犯性,以民法上的基本原则限制权利行使的自

---

① 苏永钦认为,在政策面,公私法也有接轨的可能,似乎走得过远;在公私法关系上,似乎切割得有些偏。参见苏永钦:《民事立法者的角色——从公私法的接轨工程谈起》,载苏永钦:《民事立法与公私法接轨》,北京大学出版社 2005 年版,第 27 页。

② 苏永钦:《从动态法规范体系的角度看公私法接轨——以民法的转介条款和宪法的整合机制为中心》,载苏永钦:《民事立法与公私法接轨》,北京大学出版社 2005 年版,第 103 页。

③ 参见梁慧星:《民法总论》(第三版),法律出版社 2007 年版,第 257 页。

由性。张俊浩正确地指出①,不得滥用权力和不得侵害公共利益、公共秩序的要求不是民事义务,而是公民或者团体作为社会的成员对公共社会所负担的义务,即所谓的“公法义务”。不过,概括—转介条款本身毋宁是空框结构,不具有具体内容,它并不能为法官提供具体的“内化的”公法义务内容。作为对法官的“空白委任状”,却可以将“公法义务”或公法政策目标间接地个案式地引致或转介到民法领地。借助如此苦心孤诣的方式,权利行使的“外部限制”机制,即可整全又妥当地协调公法与私法的评价矛盾。

本章探求公私法接轨理论在物权法领域的应用情况,旨在揭示物权法与公法接轨的具体法律技术构造,以为中国法院释法提供一种对法律传统更负责任的方向与机制。由此,一方面,在具体的应用中公私法接轨理论能得到真正理解和廓清。正如诠释学的研究所表明的,理解只有在具体的应用中方能最终实现。另一方面,物权法中有关物权类型固定与类型强制、所有权与用益物权权能及其行使边界的相应条款,在整个法律体系的面向上,能得到更契合公私法各自精神气质的解释与应用。因此,本章的任务即在于搜集《物权法》中堪为概括条款的法律规定,并进一步梗概分析,其在间接转介公法规范或行政管制法规于《物权法》领域的体系功能。此外,这些条款在概括转介的规范功能之外,又是如何发挥作为合宪性解释的民法工具的一般理论,亦是本章的主要任务之一。由此,主要通过对概括条款的不同面向上的解释操作,对公法规定或行政管制规定的政策取向,有望得以与具有“目的独立”属性的民事法规定间接个案式的调和。这样,一方面,不至于发生学者担心的公法规定与私法规定“左手打右手”的规范矛盾现象;另一方面,如此的解释操作,因为并不实质突破传统的公私法界限,依附已经在法律科学里得到广泛接受的概括条款理论而在法价值理念面,不至于发生正当性疑问。

---

① 参见张俊浩主编:《民法学原理》(修订第三版)(上册),中国政法大学出版社2000年版,第82页。

第一节　公私法接轨与概括条款理论

在公私法接轨的理论构成中,概括—转介条款是疏通公私法之间的规范矛盾、价值矛盾的主要渠道。与那种试图直接调整民法的概念体系价值与方法的思路形成鲜明对照,假借概括条款,一方面将公法上的规范引致到私法领域,发生私法关系面的效果,即发生引致条款的功能;另一方面,则是在公法规范就相应生活关系的调整有法律漏洞时,依据公法的价值理念,如比例原则,授权法官按整个法律体系的精神作利益权衡,以得出契合公私法精神的裁判。换言之,即发生概括—转介条款的功能。公私法接轨理论中的授权民事法官的概括—转介条款,与学者研究民法基本原则的体系功能得出的结论,作为对民事法官的空白委任状,具有类似性。民法基本原则亦被认为是对民事法官的一种个案授权。

借此,公私法接轨理论的正当性亦建立于概括条款理论之上。二者一荣俱荣、休戚与共。通常被认为仅具有"移植"社会自然形成的道德规范于法律领域的概括条款,能否担当"转介"公法规定或行政管制规定于私法领域的大任呢?比较法上是否有先例可循?

一、概括条款的规范构成特征

法律规则需具备以下两点特征[①]:一是其具备有效性要求,即是有拘束力的行为要求;二是其非适用于特定事件,在其地域与时间的效力范围内,对所有此类事件均有其适用性。换言之,必须具有普遍性特征。法律规范具有法律语句或法条的语言形式。法条具有规范性意义,不同于事实陈述。借着一般性描述的构成要件被赋予同样以一般方式描述的法律效果。赋予的意思是指,当构成要件所描述的案件事实发生,法律效果即相应发生。换言之,即应适用于具体事件。每次法律规范的构成要件实现时,法律效果均将发生。结合构成要件与法律效果的不是一种主张,而是一种适用命令。不过,法律通常包含

---

① 参见〔德〕卡尔·拉伦茨:《法学方法论》,陈爱娥译,商务印书馆2003年版,第132页。

的多数法条,未必都是完全法条。这些不完全的法条包括说明性法条、限制性法条、指示于参照性的法条。

观察民法基本原则等条款,我们不难发现,这些规定既不包含构成要件,也不包含法律效果方面的指示。概括条款或一般条款与不确定的法律概念相类似,如诚实信用原则、禁止权利滥用原则等,它们的外延都是开放的,但开放的不确定概念或类型式概念,如不合理、显示公平、恶意、重大事由等,至少还有可能的文义,而一般条款竟连可能的文义也没有。[①] 法律并没有为一般条款确定明确的特征,以使法官可以进行涵摄的操作。它至多只是为法官指明了一个解释的方向。至于在这个方向上法官能走多远,则由他自己去裁量。民法基本原则属于非规范性规定、不确定性规定。[②] 因此,有关民法基本原则类型的概括条款不适宜作涵摄或三段论的推理。我们可以将民法基本原则或民法伦理性原则描述为,在从事法律规范的解释时指示方向和界限,依凭其固有的信服力,可以正当化法律决定。作为实质性的法律思想,其系法律理念在具体历史阶段的表现,并借助立法者和司法者而得以具体化。有些法律援助得以制定法化,有些则可以由法定规整其意义脉络,借整体类推或回归法律理由的方式得之。关键的是,法律原则与法律理念的意义关联。一如前述,法律原则并不是一种非常一般的法律规范,无一例外的须被具体化。

与法律规则的适用不同,法律原则只能以或多或少的程度被实现。概括条款与类型式概念都具有开放性特征,法官须经评价地加以补充,始能被适用于具体案件。就此,须于个案中,依价值判断予以具体化。它们可以被称为须价值补充的规范概念。在法学方法论上,其被认为属于"法内漏洞"。[③] 因为这种"法内漏洞"的漏洞性格,并没有因为它被授权法院填补而被否定。在这种情形,法院面对的问题本质上是一样的。它与"法外漏洞"的唯一差异,只是法院已被特别地授权补充法内漏洞,而这个授权的有无,在法律适用上几乎没有意义:因为

---

① 参见梁慧星:《民法解释学》,中国政法大学出版社 1995 年版,第 293 页。

② 参见徐国栋:《民法基本原则解释——成文法局限性之克服》(增补本),中国政法大学出版社 2001 年版,第 17—29 页。

③ 参见黄茂荣:《法学方法与现代民法》,中国政法大学出版社 2001 年版,第 297 页。相同见解,参见梁慧星:《民法解释学》,中国政法大学出版社 1995 年版,第 296 页。

在禁止作法外漏洞补充的场合,“法内漏洞之补充”的授权同样会被禁止。而在法外漏洞之补充原则上被允许的地方,法院对这种漏洞之补充的权限,却是一般地被授予了。

二、对概括条款体系的地位、功能、类型的再认识

作为概括条款典型的基本原则是模糊性的规则,它没有预先假定任何确定的、具体的事实要件,也没有赋予确定的、具体的法律后果。作为其中著例的诚实信用原则,实质在于授予法官以自由裁量权的“空白委任状”。它的内容极为概括抽象,乃属一白纸规定。其特征在于内涵和外延的不确定性,它是概括的、抽象的、无色透明的。它所涵盖的范围极大,远远超过其他一般条款。诚实信用原则是未形成的法律,是“空白委任状”。现代法典正是通过这种“空白委任状”,授予法官以自由裁量权,使之应对各种新情况、新问题。这种不确定规定导源于这样的事实:立法者考虑到法律不能包含诸多难以预料的情况,不得不把补充和发展法律的部分权力授予司法者,以概括条款的方式把相当大的自由裁量权交给法官。诚实信用原则意味着承认制定法的局限性,承认司法活动的能动性与创造性。① 关于以基本原则为典型的概括条款,一般认为有解释评价法律行为、解释补充法律的基本功能。法院于审判案件时,从现行法不能获得裁判的依据时,说明现行法存在法律漏洞。这时法院应该进行漏洞补充。换言之,在现行法缺乏具体法律规范时,法院可以直接适用民法基本原则进行裁判。而在有具体法律规范的时候,则应避免向一般条款逃避。这时因为诚实信用原则是民法最高指导原则之一,在一定程度上,现行法规定可以视为诚实信用等的具体化。立法者依据诚实信用原则,斟酌各种典型事态作利益衡量与价值判断,厘定构成要件与法律效果,形成具体法律规范,因此,法院释法时应优先适用作为基本原则具体化的具体规范。此外,关于特定案型,无法律规定或有法律漏洞时,如果能以类推适用等方法予以补充,则应以类推适用等方法补充法律漏洞,不得适用概括条款。

---

① 参见徐国栋:《民法基本原则解释——成文法局限性之克服》(增补本),中国政法大学出版社 2001 年版,第 384 页。

法律教义学上一般认为[①],具有授权条款性质的民法基本原则,只包括诚实信用原则、公序良俗原则、权利禁止滥用原则。其他如平等原则、公平原则、合同自由原则等,不具有授权条款的性质。诚实信用原则、公序良俗原则、禁止权利滥用原则等,原本只是市场经济里的道德准则,它要求市场经济的参与者以一个"诚实商人""诚实劳动者"的身份去进行经济行为。经由制定法予以确认实证化,它们成为以道德为内容的法律原则。它们是道德的法律技术化。

1. 比较法上概括条款功能变迁的启示

然而,如果我们把视域稍稍拉宽,在比较法上,学者观察到现代德国实务中的公序良俗条款与诚实信用条款,即分别发生质变和扩张。[②]在德国民法上,不管是控制法律行为效力的还是科以侵权责任的公序良俗条款,原来也只是具有把市民社会生活中自然形成的道德规范"移植"到私法关系上的功能,德国实务的发展更使其具有了"转化"和"委任立法"的功能,即由法官自国家形成的公法规范中抽释出一定的公共政策取向,甚至依社会需要独立作有限度的造法。诚实信用条款原来也纯粹着眼于当事人之间的"对等正义"或"交换正义"[③],受到实证法的发展影响,最明显的是所谓的基本权利的第三人效力理论,使公法关系上的某些基本价值通过诚实信用条款"投射"到私法关系中。

同时,特别具有启发意义的是,"禁止或保护法规"的量变。[④]《德国民法典》第 134 条与第 823 条第 2 款的原始功能,是使强制或禁止的行为规范通过效力的否定,或(违法)侵权责任的科处而更具实效且显得法律秩序评价的一贯。不过德国民法立法者所设想的行为规范原以刑法为主,随着干预性的经济社会法规不断膨胀,通过适当解释使这两个条款发挥转介公共功能,使私法生活也被大幅调整,在适用

---

① 参见梁慧星:《民法总论》(第三版),法律出版社 2007 年版,第 45 页注释 59。

② 参见苏永钦:《私法自治中的经济理性》,中国人民大学出版社 2003 年版,第 34 页。

③ 交换正义是(民法)法律行为的属性,与之相对,公法行为的属性为分配正义。

④ 参见苏永钦:《私法自治中的经济理性》,中国人民大学出版社 2003 年版,第 34 页。

的比例上,这类法规早已取代刑法的地位。

2. 概括条款类型体系的发展

就中国现行法而言,诚实信用条款、公序良俗条款已经被实证法化,消极控制法律行为效力的禁止规定于《民法通则》和《合同法》上的立法例已如上述。如果我们肯认现代化引导出的公私法交错发展而提出的公法规范与私法效果的问题为真,如果我们不否认体系违反的避免乃形式正义的当然要求,公法规范对生活事实的评价就势必会或多或少影响到私法关系。如果我们能够排除物权法直接公法化的规范模式,物权法与公法接轨的法律技术化重任恐怕无疑会落到概括条款的身上。

准此,法律教义学上惯常所认为的概括条款的体系功能,将更新为不仅外接市民社会进化而成的道德规范,而且,政治国家形成的公法规范也将通过其遁入私法之中。而概括条款的类型也将不限于民法基本原则,主要是其中的授权性基本原则,而与不确定概念,如与违法相结合的内容不确定"禁止规定"同样会被收入麾下。从而,概括条款将会基于决定功能的概念而形成全新的类型体系:依其功能究竟是外接道德规范还是公法规范而呈现出类型差异。由于其基本功能系授予法官的"空白委任状",法官只会于具体个案中进行权衡评价,不会对传统公私法二分理论构成普遍突破,从而,能够在传统的法律理论体系下获得其正当性。超越这种外接模式与个案权衡模式,物权法与公法接轨的理论就会因适用越界而断难被正当化论辩,也就难以被法院接受而成为审判时的理论指针。

具体而言,我国《民法通则》第 58 条第 5 项所规定的违反社会公共利益法律行为无效的条款,通常仅认为具有把社会中进化形成的道德规范移植到私法领域的功能。实际上,比较法研究报告提示我们①,其具有转化与委任立法的功能,即由法官就国家形成的公法规范中抽释出一定的公共政策取向,甚至依社会需要独立作有限度的造法。

《民法通则》第 4 条规定的诚实信用原则等,通常还能借所谓的基本权利的间接第三人效力,成为合宪性解释所依凭的实证法依据,使公法关系上某些基本价值通过诚实信用原则投射到私法关系上。在

① 参见苏永钦:《私法自治中的经济理性》,中国人民大学出版社 2003 年版,第 34 页。

法学方法论中，合宪性解释阐述的正是这个道理。在德国法律实务中，具体的应用早已不是什么新鲜事物。“（诚实信用）这条规定在1948年以后具有了一项新的功能，即在使《德国基本法》的价值判断借以能够在民法中得到反映的一般条款中，诚实信用条款处于第一位置。”①

此外，《民法通则》第58条第5项所规定的违法法律行为无效的条款，《合同法》第52条第5项限缩为“违反法律和行政法规的强制性规定”的合同无效，通过“强制性规定”的解释空间，依比较法解释，亦应认为具有转介公法规范于私法关系的功能。

至于财产权行使的界限，《物权法》规定物权的取得和行使不得损害社会公共利益。有关物权的种类和内容、用益物权的行使，这些规定大体上已经把物权法和各种管制法作了概括的接驳，性质上当然也是对民事法官的概括授权。

中国现行民法似乎也不自觉地走向以转介条款授权法官，引进管制性法规来控制民事行为，同时为自治保留合理空间的立法模式。在法律教义学上，需要就具体的接轨机制的构造进行细致的分析解释，以为法院进行相应操作提供较自觉、较合乎体系的理论准备。

第二节　《物权法》中的概括条款类型

《物权法》中能起到概括转介作用的条款大致可以其内容分为两大类，一为关于物权法定原则的规定；二为有关物权，尤其是所有权与用益物权取得与行使方面的规定。苏永钦认为②，这些规定大体上已经把物权法和各种管制法规作了概括的接驳，性质上当然也属于对民事法官的概括授权。

---

① 〔德〕迪特尔·梅迪库斯：《德国民法总论》，邵建东译，法律出版社2000年版，第120页。

② 参见苏永钦：《民事立法者的角色——从公私法的接轨工程谈起》，载苏永钦：《民事立法与公私法接轨》，北京大学出版社2005年版，第29页。虽然该文苏永钦分析的对象为物权法草案，不过，《物权法》仍然就此作了极为类似的规定。其分析结论亦应具有适用性。

一、概括—转介条款与引致条款、指示参照性条款

分析《物权法》的概括转介条款,首先要对其与无内容的单纯引致条款与指示参照性条款作出区分,以明示其体系功能在公私法接轨方面的重大意义。法律规则具有法律语句即法条的语言形式,它是具有规范性意义的陈述。与其他任何语句相同,法条也是语词与语词的组合。借此,以一般方式描述的构成要件被赋予同样以一般方式描述的法律效果。完全法条即均具备这样的语言结构。不过,法律通常包含多数法条,未必都是完全法条。不完全法条在法学方法论上被归纳为说明性法条(包括说明性法条与填补性法条)、限制性法条、指示参照性法条与作为指示参照的法定拟制性法条。法条会在它的构成要件指示参照另一法条。构成要件的法律效果常常在参照其他法律规范之后,才能得到确定。这样的法条即参照指示性法条。指示参照是立法技术避免重复的手段。如《德国民法典》第 823 条第 2 项即借着规定“违反以保护他人为目的的法律者,亦负同一义务”,而所谓同一义务的内容,只有参照该条第 1 项的规定方能得以确定,其法律效果实际上为“负有向该他人赔偿因此而发生的损害的义务”。[①] 无内容的引致条款与指示参照性法条的含义比较接近,本身并不就构成要件规定具体法律效果,只是单纯起一个引致到某一具体条款的作用。司法者要就所引致的具体条款而作裁判。而概括—转介条款则与二者有根本差异,属于需要法官超越个别立法而作独立的价值权衡,使私法与公法得到更为精致的配合,其操作远比指示参照法条或引致条款复杂,具有对法官授权的性质、需要法官作价值补充的条款。如《德国民法典》第 134 条规定:“除基于法律发生其他效果外,违反法律禁止规定的法律行为无效。”法律行为“违反”法律即为一有待价值补充的概括转介条款。法规直接禁止的恒为事实行为。何时构成“违反”,需要就禁止法规所要保护的法益与法律行为所体现的法益作权衡。通过有意识的司法创造建立一套精致的法律行为控制标准,使私法自治的原始理想与国家对社会、经济进行的种种干预得到最佳的配合。

---

① 〔德〕卡尔·拉伦茨:《法学方法论》,陈爱娥译,商务印书馆 2003 年版,第 141 页;《德国民法典》(第 2 版):陈卫佐译注,法律出版社 2006 年版,第 306 页。

二、有关物权法定的概括—转介条款

有关物权法定,《物权法》第 5 条规定:物权的种类和内容,由法律规定。自反面解释,如果违背法律规定,设定与法定相抵触的物权内容与种类,其行为效力如何呢?似乎并不能直接得出在物权法领域必然无效的结论。[①] 就此,解释者首先要分析本条款的性质,然后才能作恰当的判断。所谓"法律规定",其效力如何?物权法定主义之规范功能,在于借助强制性规范来限制当事人法律关系之形成自由。不宁唯是,法律规范必定指向某种法律效果,所以,仅仅规定某种行为受到禁止,该规范至少是不完整的,它还必须显示:如果规范被违反,所涉行为效力如何?就规范意旨而言,当事人既然不得自行创设物权,此类行为是否就不能发生物权创设之效力,换句话说,当事人自行创设物权之行为在物权法是否必然无效呢?如果我们将该条作概括转介条款的解释,答案就恐怕不是唯一的。至少,在公私法接轨的视域下,法官有就该条款作出价值权衡的解释空间。

三、有关物权取得与行使界限的概括—转介条款

有关物权取得和行使的界限,《物权法》第 7 条规定:"物权的取得和行使,应当遵守法律,尊重社会公德,不得损害社会公共利益和他人合法权益。"《物权法》第 8 条规定:"其他相关法律对物权另有特别规定的,依照其规定。"

有关所有权的权能与界限,《物权法》第 39 条规定:"所有权人对自己的不动产或者动产,依法享有占有、使用、收益和处分的权利。"《物权法》第 85 条规定:"法律、法规对处理相邻关系有规定的,依照其规定……"第 89 条规定:"建造建筑物,不得违反国家有关工程建设标准,妨碍相邻建筑物的通风、采光和日照。"第 90 条规定:"不动产权利人不得违反国家规定弃置固体废物,排放大气污染物、水污染物、噪声、光、电磁波辐射等有害物质。"

有关用益物权的权能与行使界限,《物权法》第 117 条规定:"用益

---

① 就《物权法(草案)》相同规定作出的不同解释。认为违背物权法定自由创设物权的行为,在物权法领域必然无效的结论。参见朱庆育:《物权立法与法律理论——评〈物权法草案〉第一章》,载《中外法学》2006 年第 1 期。

物权人对他人所有的不动产或者动产，依法享有占有、使用和收益的权利。”第120条规定：“用益物权人行使权利，应当遵守法律有关保护和合理开发利用资源的规定。所有权人不得干涉用益物权人行使权利。”

同样的，如果我们将上述条款作概括转介条款解释，当就公法规定或行政管制规定的政策取向与物权行使自由的价值作一权衡，不能武断地认为违反任何具有政策目标的公法规定的物权行使行为，均应受“一刀切”的否定评价。

第三节　物权法领域公私法接轨的制度工具

一、宪法之于物权法领域：宪法的垂直整合机制

宪法与民法的关系，从规范实证主义的角度而言，宪法乃是根本法，民法是下位法。不过从历史动态的角度看，在近现代宪法产生之前，民法尤其是近现代的民法典实际上扮演了宪法所应当具有的作用。[①] 20世纪以来，随着宪政的发展以及社会法治国理念的深入人心，宪法不仅仅只是一种“政制法”，其核心内容还包括“基本权利法”。宪法所宣扬的特定社会的基本价值，是各下位法都应遵循的标准。如果各下位法的规范目的或规范价值均可上溯至宪法的基本价值的话，各下位法所具体化的宪法价值，在宪法中应具有相互依存并可相互调和的可能。在这种意义上，当我们探讨公私法接轨的问题，或者更具体地说物权法领域的公私法接轨问题时，我们可将公法、私法具有融合性的规范所体现的规范目的或规范价值，都上升至宪法层面，并由此在宪法中整合公私法接轨的问题。将下位法中的接轨问题提升到宪法层面来解释，这是一种从下到上的研究过程。如果我们从上到下地看待这个问题，以宪法来垂直整合公私法接轨的问题，宪法的价值观念将渗透进各下位法。就物权法的公私法接轨问题而言，它将渗透进行政法、民法里面。对于行政法而言，此种宪法观念的渗透，

① 参见薛军：《“民法—宪法”关系的演变与民法的转型》，载《中国法学》2010年第1期。

自无问题。然而，对于民法而言，宪法观念的渗透，是否会改变民法的价值中立的属性？不过，对于此等问题，民法中立性，早已被学说以及法律实践所突破，或者说民法的中立性只是一种相对的中立，而非绝对的中立性。作为法秩序的一部分的民法，也应当符合并反映宪法所确定的基本价值。①

因此，以宪法来垂直整合公私法接轨中的问题，“此一过程绝对不只是单向的由上而下，‘宪法’的整合必然会吸收下位阶法令所反映的社会事实，因此所谓整合，也不是单纯规范之间的磨合，实际上必然经过规范与事实间的诠释循环，当公法和私法都盯住同一社会事实去规范时，只有充分掌握事实的本质与规律者，才能适当地发现及调和公私法间的价值冲突。故‘宪法’整合机制的适当运作，即可形成以‘宪法’为轴心，而使各公私法域不断输入新社会事实于‘宪法’，而又渐渐统一于‘宪法’价值秩序的动态法规范体系”。②就物权法领域的公私法接轨问题而言，宪法的垂直整合将如何实现？其可行途径有哪些？按照苏永钦的归纳，宪法对公私法的垂直整合包括三种机制，即公私法规的违宪审查，人权规定的第三人效力和保障人权的法律解释。三种整合机制都从宪法的统摄性价值秩序出发，来调和公私法接轨的问题。不过，这三种整合机制涉及公私法接轨问题的方方面面，其中有些用来支撑私法自治原则，如宪法中规定的自由权等。③

具体就物权法领域中的公私法接轨问题，我们将主要考察宪法确定的价值秩序如何整合财产权中的公私法接轨问题。如前述，宪法规定了财产权的三重结构，即保障条款、限制条款和征收补偿条款，所以当我们处理物权法领域的公私法接轨问题，并以宪法来垂直整合公私法问题时，就必然会上升到宪法规定的财产权的问题。也就是说，宪法规定的财产权结构所体现的基本价值，如何在具体的公私法中予以贯彻的问题。

---

① 参见薛军：《两种市场观念与两种民法模式》，载《法制与社会发展》2008年第5期。

② 苏永钦：《民事立法与公私法的接轨》，北京大学出版社2005年版，第114—115页。

③ 同上书，第105页。

二、行政法之于物权法领域:私有财产权的水平转介条款

行政法作为“实施的宪法”,是宪法的具体化形式。“行政机关与行政相对人的关系是行政法所关注的最基本的社会关系,同时也是宪法调整的最基本社会关系即国家与公民关系的一个侧面,对该社会应然状态的探究以及对其具体制度的设计,构成了整个宪法(学)史和行政法(学)史的主题。在这个意义上,行政法确立的所有法律制度与规范国家与公民关系的宪政框架一脉相承。”①作为具体化的宪法,行政法主要是通过民法中的水平转介条款进入私域,这不同于宪法对公私法接轨问题的垂直整合机制。

本章的分析表明,不论立法者是否自觉,在《物权法》文本中不乏可以客观解释为概括—转介公法规范的法律条款,并成为对法官的“空白委任状”。它们不是简单地指示参照性条款,亦非单纯地对公法规定作引致的条款,如果法院予以恰当适用,它们有望成为化解公法政策取向与私法评价规范矛盾、价值矛盾的强力法律技术工具。根据其规范内容,这些条款可以概括为有关物权法规定的概括—转介条款,与有关物权取得与行使界限的概括—转介条款。同时,传统意义上通过授权性概括条款而作合宪性解释的方法,不管在公法域抑或私法域的应用,法官朝向宪法的法律解释操作,亦可以起到调和公私法紧张关系的作用。只是,这些条款的应用边界,当在不伤及公私法领域的各自根本性原理范围内。否则,非但起不到化解两个法域紧张关系的作用,反之,只会导致公私法适用面向的错乱。法学方法论上避免向一般条款或概括条款逃避的禁令,仍具有当然的适用。这表明,尤其是假借概括—转介条款作公私法接轨的应用操作,一方面固然功能强大;另一方面,也对法律适用提出了非常高的要求。操作不慎,恐怕致使公私法“玉石俱焚”。这就要求先行的法律理论在进行“内在的一致性检测”之余,还要做好细致的案型归纳工作。

---

① 董炯:《国家、公民与行政法——一个国家—社会的角度》,北京大学出版社2001年版,第13页。

下　　编

物权法领域公私法接轨的具体制度

现今公私法交融发展、相互影响的趋势，对物权的显著性或者说革命性的影响，集中体现在所有权制度与用益物权制度中。传统物权法制度中的所有权，往往同个人主义相连，并侧重对所有权人利益的保护，因而在一定程度上对与公众有关的利益，即社会利益或公共利益，考虑欠周。随着经济交往的频繁，人类活动范围逐步扩大，活动方式多样，法律规范在应对现代社会频繁变动的情势时，在继续坚持所有权的内核或者说基本内容时，还强调对社会利益的兼顾。即是说，在对待所有权问题上，出现了一个重要的变化——社会利益必须得到考虑。这样就必然会出现当所有权原来所欲保护的个人利益和与特殊的个人利益不一致的公共利益发生冲突时，如何来评价这种利益冲突以及如何建立冲突的规则，这些都是现代社会发展提出的问题。对于他物权制度中的用益物权而言，其存在也是建立在他人所有权的基础之上，非借助（利用）他人所有权无法实现其权利内容。例如，当供役地的所有权受到源于公共利益的干预，对地役权而言也必须忍受这种干涉，无疑此种变迁给地役权制度带来了全新的因素，导致地役权也呈现出一些新的特征，同时这也是当今社会强调照顾集体利益的发展趋势对地役权的要求。因此，本编将就所有权、用益物权及地役权制度如何在公私法融合的情况下构建各自的制度，如何建立起兼顾私人（个体）利益和社会利益的机制，以发挥不动产物权和动产物权的最大效能，进行分析和探讨。此外，由于不动产物权所涉及的征收和违法建筑的私法调整问题亦具有强烈的公私法接轨色彩，故也在此加以探讨。

第四章　公私法接轨视角下的所有权制度

第一节　所有权的法律构造与立法类型

一、所有权的法律构造

（一）所有权的权能说

就历来所有权的模糊定义或者立法定义而言，所有权的内部构造，即是指所有权能够带给所有人利益而表现所有人与他人之间法律关系的权能。因所有权的效益，体现在外部形式上，便是带给所有人利益或者以货币等形式表现出来的财富，故所有人能通过何种方式达到这项目的，这些方式自然就成为所有权的权能。就此点而言，所有权的法律构造是指为实现所有权而体现的诸项权能。

早在法国大革命之后的 1793 年的法国《人权和公民权利宣言》中，就将所有权规定为："享受和随意支配自己的财物、自己的收益、自己的劳动和勤勉的果实的权利。"享有（享受，或占有）和支配即是所有权实现的方式，当然享有或支配都是为了实现所有权的目的，即给所有人带来利益。从欧陆法典化以来陆续产生的诸民法典来看，享有（占有）和使用构成实现所有权的主要方式（主要权能）。因为所有权的目的乃是决定物的存在状况，而每一个目的之实现都可通过不同方式。[①] 故此，在交易日益频繁和复杂化的社会中，尤其是在现代市场经济高度发展的情形下，所有人为实现自己的利益而通过对物的支配力

---

① 参见麻昌华、黎栋：《所有权及其内部结构论》，载《法商研究》1996 年第 1 期。

来形成对客体的处分，只要能够使得所有人获得收益，能够实现所有权所承载的扩展个体活动空间的终极目的，所有权即是得到了实现，而不管这种效力是通过何种方式显现出来，或者说是以何种“权能”表征出来。换言之，只是将所有权的权能仅仅归结于几项权能，完全不能体现所有权的功用和价值。一切通过对该客体的处分、能够表征所有人利益，旨在为所有人提供开展财产领域的自由活动的所有权行使方式，都应属于所有权法律构造的范畴。

如果按照《民法通则》中的规定，将所有权的权能只规定为“占有、使用、收益、处分”区区四项，则远远不够来准确表达抽象化的而具广泛意蕴的所有权。我国民事立法上的这一点，业已受到法学界的广泛批评。《物权法》也是如此规定。因此，所有权的权能说，对于所有权制度的内部构造而言，终归是挂万漏一，因为按照所有权作为支配物的“潜在的一般支配力”来说，立法者永远都无法穷尽其为实现所有权人的利益而衍生出的权能，从而意图通过例举法来勾勒所有权的法律构造，是不科学的，应该得到民法学的摒弃。因为，民法典原本就是理性法的产物，法律规范所抽象的，本就是当时立法者对社会生活和法律生活的理性把握。

（二）所有权的属性说

抛开所有权的“权能说”，从另外一个方面来看，如果考察所有权本身所具有的属性，即分析所有权在当代社会承担的功能，我们也可以认为，产生不同功能的所有权的不同属性也是所有权的法律构造。故此，辨认所有权的本质就成为我们认识其法律构造的当然任务。

1. 所有权之私法属性

财产权不仅仅体现个人需要，而且作为维护个人尊严的人权性象征，并在18世纪以及以后的两个世纪得到了充分的反映。为反抗宗主国英国的殖民统治，美国人民最先开始了为争取自己的自由和财产权利不受暴政侵犯的革命斗争。1776年的《独立宣言》(Declaration of Independence)中称：“我们认为下面这些权利是不言而喻的：生命权，财产权以及追求幸福的权利。”1792年的美国宪法前十条修正案（俗称“权利法案”）中的第14条也申明了对个人财产的确认和保护。随着近代资产阶级革命的胜利——最典型的是1789年法国大革命的完成，以及罗素所说的在19世纪以来“浪漫主义运动”席卷世界各个学科领域（政治、哲学、科学、文艺等）的深刻影响，法律制度的构建成为掌握政治实权的新兴资产阶级最关心的内容。其中,财产权是他们朝夕牵挂的话题。法国大革命一结束,最先通过国民会议颁布了《人权和公民权利宣言》(简称《人权宣言》),第2条就明白宣称:“任何政治结合的目的都在于保存自然的和不可让与的人权。这些权利就是自由权、财产权、安全权和反抗压迫权。”自由,是作为首先的权利或者说人权得到肯定;其次就是财产权,因为《人权宣言》可以说是在一种处理国家和公民的关系上而显现其作用的,它就是一个政治性的纲领性文件,从保障人民的基本权利出发,构建社会的各种关系,属于政治法的内容。国家或政府都不得无视这种“不可转让的”基本人权的存在,而肆意侵犯之。

如果说对个人财产所有权的宪法意义上的保护是一种根本上的规定,在19世纪出现的两部伟大的民法典对私有财产的保护则把对私人财产权的保护落到了实处。1804年的《法国民法典》,为对抗封建专制和贵族的特权对个人所有权建立起严格的保护。历经23年而在1896年通过的《德国民法典》是在继承罗马法对物的分类基础上,以私法自治为精神建构起保障个人财产自由的民法体系。所有权在其中占据了极为重要的地位。

这些宪法层面的或民法层面的对财产所有的规定,使得对财产所有权的保护开始形成一个较全面的网络。从整个世界历史的历程来看,所有权为个人所有这种趋势,在人类文明发展中所起到的作用,不亚于英国1215年《自由大宪章》(Magna Carta)对国王权力的限制所产生的影响。这些情况表明,个人财产权获得普遍尊重和保护,即,所有权作为一种私人性质的财产权利存在,是其能在后来的法律发展和文明进步中发挥重大作用的基本前提。如果我们忽略这个前提的重要性,对所有权在今日之变迁的解释和理解只会导向一个混乱的黑暗胡同。

个人所有权是新兴资产阶级获取财富、寻求其财富得到承认,并进而推动社会文明的手段。不论是18世纪初美国人民为争取自己的独立和幸福,获得“上帝的荣耀”,还是法国第三等级联合农民起来反对封建王朝的统治,都是为了保护自己在过去的生活中累积到的财产。因为在殖民统治王朝或封建国王的统治下,宗主国或国王随意征税,往往就是一个命令或突发奇想的法令,就可以拿走属于别人的财产。这无疑是那些努力争取到财富的新兴资产阶级的最大噩梦!正如恩格斯所说的对“单个人的财富”的追逐,也成为新兴资产阶级寻求财富的不竭的动力。如果没有国家法律对财产的保护,在商业贸易中兴起的资产阶级之利益将无从寻得稳定性,其占有和拥有财产的积极性也必定受挫。马克思说:“把人和社会连接起来的唯一纽带是天然必然性,是需要和私人利益,是对他们财产和利己主义个人的保护。”①无法想象如果没有为自己个人财富谋求保护,资产阶级的革命还能获得成功,并制定出影响后世社会发展的法律制度,不管这样的法律是表现为政治性宣言的形式,还是表现为体系化、形式理性的民法典形式。

个人所有权使得个人意志获得现实世界的定在,并建立起个人在世界中的主体地位,即人能够认识到自己人格的存在。正如上面黑格尔论证所有权私属性时谈到的,人能够成为区别物而作为具有自由意志的理性的存在,是因为人能把自己的意志体现于外在的、无人格的、自我否定的物中。物是作为主体性的人意志体现的、绝对外在的东西。它无法拥有自己的人格,不能意识到自己意志的存在,不具有人格,这是人具有认识自己主体人格的能力之反面观照。在人的自由的外部领域,物以个人所有权的方式,能够表征人格的定在。这样,通过所有权的三个运行环节,单个的人就能以作为具有人格的主体,而缔结自己的社会(法律)关系,建立起“我”在自然界的主体地位,而非像物一样的是自我否定的绝对外在的东西。“人”认识到自己人格的存在,意识到唯有自己才是主体性的存在,是关于人与自然界中其他的物之认知的莫大进步。

2. 所有权之公法属性

所有权在作为个人自我实现人格而体现其私法属性的同时,另一面的属性就是它的公法属性。所有权具有公法属性,并为兼顾社会公共利益和推行国家政策起到了作用。不管在如同亨利·梅因爵士(Sir Henry Maine,1822—1888)所认为的原始社会的“村落共产制”中,还是后来国家的正式出现,作为与公民个人的对立物——国家必须拥有一定的财产从而才有可能完成其管理职能。财产所有权不仅是个人的私有的东西,同时国家作为一个抽象的政治概念之存在,也可以拥

① 〔德〕马克思:《论犹太人问题》,载《马克思恩格斯全集》(第1卷),人民出版社1964年版,第55页。

有财产。遍观启蒙运动以来的法律发展史，各国民法典都规定了国家可以拥有财产，只是区别的程度有所不同。例如，法国法上区分国有公有财产和国有公共财产，在法国甚至市政府也能通过（较长）时效取得个人所有权；德国法上称公物；意大利法上区分了国家公共财产和国有财产，1942 年的《意大利民法典》专门规定了国家公共财产和国有财产的行使和处分规则，以此区别于调整私人所有权的法律规范。现代国家，或为完成自身的政治职能，或为调控经济生活的运行，或为社会政策上的需要，已经越来越依赖所有权达成上述目标，典型表现就是一国进行的私有化运动[①]与国有企业的地位得到加强。

卢梭在论述人类为何要作为一个社会共同体存在而脱离野蛮状态时认为，社会契约的建立，必得需要社会的每一个人都让出自己一切权利来组成一个政治共同体。私有财产权也是在形成总意识时被放弃了。主权者的命令是绝对正确的，永远正确的，人都能“被迫自由”。也正是因为卢梭的这种观点，让后世学者看到了其致命的危险，因为这种契约结成的共同体导向的是专制的政体，为追求自由而完全牺牲了平等和个人的单独意志。公共幸福的寻求，也必得借助主权者手中的财产来实现。所有权脱离了单纯的个人拥有和使用，为寻求社会利益和公共福祉，国家动用财产权这种工具来完成自身的政治职能。正是在这种现实的情况下，为构建财产权在公私领域的完整体系，对国家占有的这种财产权进行规范而使其最终在公众利益的前提下运转，有学者提出“行政法上的物权”这样的名词，认为其不同于民法上的物权，欲将具有公属性的所有权归入公法调整对象之下，用公法规范对国家占有的财产（不论是公共财产还是国有财产）关系进行调整，排斥私法规则对它们的调整。[②] 我们知道，在黑格尔那里，个人

---

① 参见张双根、田士永、王洪亮主编：《中德私法研究》（第五卷），北京大学出版社 2009 年版，第 68—72 页。

② 笔者认为，此种观点是不足取的，国家作为主体拥有财产是毋庸置疑的事实，但是这种财产不必是行政法的物权，这些财产也并非皆受公法的调整。既然国家拥有财产，适用私法的规则对这种关系进行调整完全没有问题，至于其另外的一些基本法律关系大可交给公法去规定和调整。参见刘丽萍：《行政法上的物权初探》，载《政法论坛》2006 年第 3 期。对国家财产应适用何种调整规则的更多论述，参见崔建远：《所有权的蜕变？》，载《河北省政法管理干部学院学报》2005 年第 3 期。

所有权构成自由意志的、并能与意志分离的绝对外在领域,可以表示主体人格的定在。但是个人必须通过家庭,结成市民社会,最后归结为国家——最高理念的存在。所以国家拥有财产是不足为奇的,甚至国家在必要时对个人所有权的终极干涉,即宪法所说的"征收",个人也应正面回应国家的这种要求。我们可以说这是因为现代社会公共利益的重要性占据了优势地位,然而,我们又怎么能轻易否定黑格尔对近代政治体制中个人和国家关系的洞见?鼓励个人对国家利益的牺牲精神是黑格尔哲学体系的国家政治思想中最鲜明的特征,而他这种观点,后来也深刻影响了德国很多著名的学者。

在现代国家下,所有权公法属性存在多种表现方式。可以是只服务于公共利益的客体,如公共道路或城市基础设施,也可以是政府或政府指定的具有经营资质经营的法人或自然人占有的财产,此种情形下的财产同私人所拥有的财产别无二致,完全可适用民法规范来进行调整,更有甚者指出,"应该区分国家的公法人格和私法人格,在行政体制外分离国家所有权与行政权,使国家所有权的行使成为非行政性的经济行为,从而还原国家所有权的私权性质"。①

虽然将国家所有权解读为完全的私权性质,还存在商榷的余地,但是在国家所有权体现为国有财产的情形,适用私法规则进行调整,应是符合私法调整对象的法理的。它不仅表现为服务于社会利益的那部分财产能够成为国有财产,即使那些用于经营的财产在某些情形下,也可以成为国有财产,这是所有权之公法属性的表现方式。尽管调整后者适用民法规范,但这和所有权具有的公属性并不相左。所有权公法属性体现的是所有权作为一种财产法律制度对人类生活产生的影响,它不仅能服务于个人,保证个人财产交易的自由空间,而且为了促进现代团体生活的公共福祉,所有权还必须承担起社会性义务。所有权社会义务性的重要性和实际地位,在很大程度上取决于对主要用于平衡个人相互间利益的私法规范。使得这种社会义务就是指所有权得以公有财产或国有财产的形式表现出来,发挥其增进社会公共利益的作用。

3. 所有权兼具公私法属性

就经过漫长世纪从理念上的到实证法上的所有权之历程来看,所

---

① 黄军:《论国家所有权的私权性》,载《湖北社会科学》2007 年第 9 期。

有权的本质也是影响人们对其认识的原因。因为对所有权本质认识的不同,会导致在实证法上对所有权制度不同的规定。虽然我们可以说,所有权作为主体实现自己利益的一种方式也许不会改变,比如所有人可以通过占有或者出租等方式来实现自己的利益诉求和个人意志,然而却不妨碍立法者基于社会管理或国家管制的原因,通过建立其一些公法的规则消融甚至瓦解所有权本质的规定性。此外,所有权在公私法接轨的背景下,其实现私法自治的根本属性,已经遭到国家管制和社会管理的严重挑战。毫无疑问,如何认识及应对这种全新情况,确立合理而有效率的现代所有权制度,已经成为民事立法者无法回避的重大课题,同时也是民法学者应有的历史担当。所有权本就是一个演变发展的法律制度,如此也符合法的发展规律。如果人们截取法制史的某段历史时期来看,就会发现人类的法律自诞生以来就一直处在变化之中——只是有时变化大些,有时变化小些;有时变化剧烈,有时变化细微。

对所有权本质的认识,并不是从法律制度出现时起就确立起来的。如果这样,也违背了作为人类社会规范之一的法所具备的发展的特征。因此,所有权的法律属性,也并非从一开始就是固定的,它在漫长的人类物权法制史的长河中,经历了一些截然相异的社会情势,也势必有着不同的特征,并形塑今天或者今后一个时期的模样。关于所有权的法律构造之变迁,从人们使用的一些词语上就可以大致了解到其不同的内涵。“所有权自由”“所有权不受侵犯”代表的是一种所有权绝对的观念,其反映的也是个人主义思潮;而诸如“所有权社会化”“所有权应受限制”反映的则是对所有权进行绝对保护的一种纠正,意味着对于曾经享有近似主权效力的所有权,其效力的绝对性如果不是那么彻底,至少也应当得到限制或削弱。而这一主题的展开,就是在公私法相互渗透的情况下。

毫无疑问,所有权作为个体人格之外部定在,是延伸个人活动空间的私法手段。它扮演的首先是满足所有人通过物而追求个人利益的角色,并且在利益的背后,财产所有权给予人们的还有心理的稳定和安宁。就这一点来说,所有权的私法属性是显而易见的。近代以来的自然法学家,对宣传所有权在理念中的存在,对所有权最终在欧陆的法典中确立,做出了莫大的贡献。比如,为个人财产的正当性与合理性奠定基础的卓越学者约翰·洛克(John Locke),就将个人财产的拥有作为一种自然权利,财产权同生命权、自由权等处在同一地位不得任意分割。洛克在不遗余力论述财产对人民以及国家的重要性时说道:“人类结合成国家,把自己置于政治之下,其伟大的主要目标是保全他们的财产。”①纵观迄今的人类法律史,制度的形成并非如耀眼的流星突然划过天际,它需要理念的突破,需要一个从理念发力到制度奠基的过程,而通常情况下,这个过程还需要花上很长的时间。

所有权在作为个体发展人格而体现私法属性的同时,另一属性就是它的公法属性。经济史的研究表明,国家从它出现的那一刻起,就一直没有停止参与私法关系的烟起烟灭。它从来不是一个旁观者,而只是在不同的阶段,在参与私法关系过程中表现出的角色有所不同而已。比如刚开始的时候是参与者,后来变成维护者、管理者,到了当代又兼具管理者与服务者的特征。这一点也佐证了民法所有权制度必然会同整个国家的政治体制发生关系,比如说所有权与宪法的关系。近代国家的出现,其作为与公民个人的对立物——用近代启蒙思想家的话来说,国家是“一种必要的恶”,因为它靠着暴力的国家机器形成对整个社会的管理和支配——为完成其相应职责,也必须拥有一定的财产,因此财产所有权不仅能作为个体所有权之对象,同时国家作为一个抽象的政治概念之存在也可以拥有财产。此外,即使是作为个人所有权的主体,在现代国家管理秩序和社会政策下,也会表现出某些无法支配权利客体的情形,这表现为国家政策的介入和干预。

最典型的例子就表现在国家因为公共利益需要——例如,改善某地区的交通状况,提升城市化水平等——对个人房屋所有权或其他财产所有权行使的限制。比如要求房屋之所有权人在特定期限前搬迁出特定区域,不得在预定之区域进行建筑活动或者其他相关行为。现代社会里最明显的就是征收和征用。征收构成对个人所有权行使的完全排斥而对被征收人予以补偿;征用则是在某一特定时间或情形下限制个人所有权的行使,相较于征收,征用并不产生征收人的补偿责任,而仅仅在被征收人的财物发生损毁、灭失时,才产生赔偿责任。

---

① 〔英〕罗素:《西方哲学史》(下卷),马元德译,商务印书馆1997年版,第164页。

二、所有权的立法类型

（一）所有权的一般分类

所有权就其类型而言，一般按照不同的标准可以分为不同的类型。

1. 不动产所有权和动产所有权

以客体为标准，可以将所有权划分为不动产所有权和动产所有权。这是最基本的，同时也是最学理化的分类。因为能够成为民法调整对象的物，根据其自然属性，要么是如同土地、河流、森林等不可移动或者移动会明显减少其经济价值的物，要么就是如同电脑、面包等在物理位置上能为权利主体所移动的物。此种分类，从本质上反映了所有权在私法范畴内的性质，抛弃了权利主体的特殊性——不因姓公姓私而有所偏袒——有利于在处理私法纠纷时对案件的齐平化处理，并符合公平正义的目标，从而受到近现代私法学者的青睐。在本世纪第一个十年，我国制定《物权法》之初，在全国人民代表大会常务委员会法制工作委员会（以下简称全国人大常委会法工委）委托中国社会科学院的梁慧星教授起草的《物权法（草案）》中，梁教授对物权的分类即是以物之属性为标准，区分了不动产所有权与动产所有权，应该说这是一种具有理论上的适切性的对物的分类。① 然而，其建议未得到立法机关的支持。

2. 个人所有权（私人所有权）、集体所有权和国家所有权

以权利主体为标准，可以划分为个人所有权（私人所有权）、集体所有权和国家所有权。个人所有权是公民个人作为所有权的主体，集体所有权是集体经济组织作为所有权的主体，国家所有权则是国家作为所有权的主体。实际上在近现代民法中，个人所有权构成所有权制度的主要部分和核心内容。由于后面两种类型的所有权主体都是一种抽象和虚拟的存在，因此这两种所有权的行使方式，与个人所有权相比显有不同，往往还需要履行一些程序性的要件。在实行生产资料社会主义公有制的我国，根据《物权法》第45条第2款、第55条、第57条及其他相关规定，此种“国家所有的财产”由中央人民政府，即国务

① 参见梁慧星主编：《中华人民共和国民法典草案建议稿附理由：物权编》，法律出版社2004年版，第157—169页。

院代表国家行使。具体来说,代表国家履行所有权人主体地位的是国务院下设的各级国有资产管理委员会(简称国资委)。按照现行规定和政策,各级“国资委”实际履行出资人的责任,以确保国有资产的保值增值。从我国立法的变迁来看,以所有制的名称代替所有权的概念,在理论上和实践中遭遇到无法摆脱的困境。① 实际上按照权利主体为标准区分所有权,只是赋予权利主体对相关财产的一种取得资格,与真正意义上的民法所有权并不同。

3. 单一所有权和共有所有权(共同所有权)

按照所有权是由一人占有,还是由数人共有的标准,可将所有权分为单一所有权和共有所有权(共同所有权)。对民法上的物来说,由某一主体单独占有、支配本是物权法律关系的常态,然而自罗马法时代起就存在着共同所有权,并且随着经济发展和交易的复杂化,共同所有权也广泛见于社会生活并发挥着不可估量的作用。在共同所有权内部,根据各共有人共有方式的不同,区分为按份共有和共同共有。按份共有和共同共有区分的意义在于,各共有人对于共有物拥有不同的处分权能。在共同共有的情形下,没有取得全体共有人的同意,不得处分共有物。

另外,也有人提出以公有制或私有制为标准的所有权划分,并指出我国《物权法》所规定的“国家所有权和集体所有权、私人所有权”即属此类。② 所有制可区分全民所有制、集体所有制和个体所有制,这种划分主要是以经济制度为区分标准。这种经济制度的划分,表现在法律层面,便是国家所有权、集体所有权与个人所有权的划分。与其说是按照所有制不同,不如说是按照主体的不同作出的这种分类。因此所谓的所有制,并非是法律上划分所有权的适当标准,此种分类并不具有法律意义。

---

① 法制史上所有制关系的发展过程表明,我国所有权概念的重要性逐步降低,直到被普遍所有权的概念所取代。参见梁治平:《超越所有制的所有权》,见 http://www.old.civillaw.com.cn/article/default.asp? id = 24143,访问日期:2010 年 10 月 9 日。

② 参见韩光明:《所有权:整个物权制度的基础》,见 http://www.ycwb.com/ycwb/2007-07/15/content_1550008.htm,访问日期:2010 年 10 月 9 日。

（二）宪法所有权与私法所有权之区分*

1. 宪法上所有权和私法上所有权区分之由来

黑格尔曾言："所有权所以合乎理性，不在于满足需要，而在于扬弃人格的纯粹主观性。人唯有在所有权中才是作为理性而存在的。"亦即，"人为了作为理念而存在，必须给它的自由以外部的领域"。[①]以此观之，人格自由经由所有权得以彰显和界定，社会成员个人人格的自我实现和发展实以所有权为基础，所有权由此构成近现代民法权利体系的核心，进而成为宪法层面的一项基本人权。

在法国法中，宪法上的所有权和民法上的所有权并未得到有效区分。在其《人权宣言》中，所有权被表述为一项天赋人权，被置于与自由同等的地位。其民法典的编纂者也确认所有权是一项天赋人权，并在法典中确定了所有权神圣不可侵犯的原则。[②] 正是基于此种原因，《法国民法典》甚至规定了所有权的公法效力，其显例就是《法国民法典》第 545 条涉及国家征用的规定。

在德国，由《德国魏玛宪法》第 153 条到《德国基本法》第 14 条关于"所有权保障"的条款，在黑格尔哲学思想的基础上，经由联邦宪法法院所作之司法解释，已与个人人格自由理念紧密相连。此种意义上的所有权，指应能享受《德国基本法》第 14 条，对所有权所提供之保障的所有财产利益。[③] 于是，《德国基本法》第 14 条和《德国民法典》第 903 条及其以下各条，在规范功能上有了分工：前者所规定者，乃所有权人和国家之间的公法法律关系，后者则规定所有权人和其他私法主体之间的民事法律关系。由此决定，民法上关于所有权的规则，为单个个体用益和变价其所有权营造了一个相当广泛的活动空间，宪法上则产生一项和民法视角完全不同的所有权问题：所有权应作为什么样的地位受到保护（保障条款），而国家又在何种程度上，享有对这种地

---

* 本部分发表于徐涤宇：《所有权的类型及其立法结构——〈物权法草案〉所有权立法之批评》，载《中外法学》2006 年第 1 期。

① 〔德〕黑格尔：《法哲学原理》，范扬、张启泰译，商务印书馆 1961 年第 1 版，第 50 页。

② 参见尹田：《法国物权法》，法律出版社 1998 年版，第 118—120 页。

③ 参见〔德〕鲍尔、施蒂尔纳：《德国物权法》，张双根译，法律出版社 2004 年版，第 518 页；陈新民：《德国公法学基础理论》（下），山东人民出版社 2001 年版，第 408 页。

位之内容予以规定和限制的权限(制约条款和延伸出来的征用补偿条款)?[①]

社会主义政治哲学反对从人性或神启推导出一般所有权概念,认为在每个历史时代中所有权以各种不同的方式、在完全不同的社会关系下发展,历史上的生产关系依照生产资料所有制的性质被区分为公有制和私有制两种基本类型。而社会主义意识形态则着力于建立社会主义公有制的所有制形式,于是,作为规定性要素而非可替代要素的意识形态,像分水岭一样将资本主义法和社会主义法区分开来。[②]

立于社会主义阵营的我国,在所有权立法上自然要体现作为规定性要素之意识形态方面的要求。但应注意的是,我国社会主义意识形态在不同历史时期的表现是不同的,这尤其反映在不同时期的宪法和配套的民事立法之中。原初的意识形态认为,所有权制度不过是由反映生产资料控制方面现存社会关系的规则,以及为维护和加强对统治阶级有利的关系而使用国家强制力方面的规则组成。[③] 反映此种意识形态的社会主义法从狄骥的社会连带主义法学思想中汲取营养,即,所有权已非权利,它不过是一种社会职责而已,所有权人不仅仅是以所有物来满足个人欲望,更有为了公共的必需和国家以及所属集体的需要利用该所有物的“义务”和“权能”。[④] 显然,在此种意识形态下,公域全面统合私域,空间极小的私域也是为了公域的目的而存在。于是,不管是宪法上的所有权,还是民事立法中的所谓所有权,基本都属于公法领域,其性质并无区别。

改革开放以来,公域和私域的区分逐渐明朗,民法上的所有权开始恢复其私法属性,宪法的数次修正也使宪法意义上的所有权凸显出来。尤其是2004年的《宪法》修正案,将人权观念引入宪法后,

---

① 参见〔德〕鲍尔、施蒂尔纳:《德国物权法》,张双根译,法律出版社2004年版,第516页;林来梵:《论私人财产权的宪法保障》,载《法学》1999年第3期。

② 参见〔德〕K.茨威格特、H.克茨:《比较法总论》,潘汉典等译,贵州人民出版社1992年版,第574—575页;〔日〕大木雅夫:《比较法》,范愉译,法律出版社1999年版,第237页。

③ 参见〔德〕K.茨威格特、H.克茨:《比较法总论》,潘汉典等译,贵州人民出版社1992年版,第574页。

④ 参见〔日〕大木雅夫:《比较法》,范愉译,法律出版社1999年版,第224页。

已将“尊重和保障人权”原则作为宪法的价值法则，宪法之道确立在宪法之中，这不仅奠定了我国宪政的合法性根基，也为私有财产权的保护提供了价值支点。于是，宪法上的所有权除了意识形态上的制度保障意义外，也被视为一种基本人权，一种特殊的防御权，是所有权人对抗国家公权力、抵御国家公权力不当侵害并在实际损害发生时可寻求救济的一种公权利。[①] 它区别于民法上平等主体之间的所有权关系。由此，在保障基本人权的层面上，我国立法文件中事实上已有和德国法旨趣极为近似的宪法所有权和民法所有权之区分。

2. 宪法所有权和私法所有权性质之区分及其立法意义

首先，宪法上的所有权是一种公权利，是各种主体取得所有权的资格。[②] 而对此种权利的宪法保障是一种制度保障。这种保障是一种对客观制度的保障，而非对各种各样现存的财产权状况或财产秩序的保障。我们通常所谓的所有制，其实就是宪法所要保障的所有权的制度形式。无论是在公有制国家还是私有制国家，宪法都要保障所有权的某种“核心部分”。对于这个“核心部分”，即使国家通过立法也不能加以消灭或者侵犯。[③] 但是，受意识形态的影响，在不同的所有制，宪法要保障的“核心部分”是不同的：其中，公有制保护的“核心部分”是生产资料的公有（国家所有和集体所有），它意味着重要的生产资料（如土地、自然资源）只能归国家或集体所有，私人不具有取得此等财产之所有权的资格；私有制保护的“核心部分”则为一切物质资料的私有，它意味着私人具有取得任何财产之所有权的资格。由此可见，公有制和私有制的区别不在于主体本身的差异，而在于国家、集体和私人是否在宪法上具有取得重要生产资料之所有权的资格。从这个意义上说，将所有权区分为国家所有权、集体所有权和公民个人所有权，

---

① 参见马英娟：《论宪法修正案对私有财产权的保护》，载《中国社会科学院研究生院学报》2004 年第 5 期；赵世义：《论财产权的宪法保障与制约》，载《法学评论》1999 年第 3 期。

② 参见赵世义：《论财产权的宪法保障与制约》，载《法学评论》1999 年第 3 期。

③ 参见林来梵：《论私人财产权的宪法保障》，载《法学》1999 年第 3 期。

并非如某些学者所言,“更多具有政治意味,而不是法学意味”。[①] 事实上,此种区分同时具有政治意味和法律意义,属于政治法的范畴,它是公有制中在宪法层面对所有权的区分,而非民法层面的区分。[②] 因为它根据主体的不同,分别规定了国家、集体和公民个人在取得生产资料所有权之资格方面的差异。这不同于民法意义上的所有权,后者确实不因所有权主体的差别而在性质上和保护手段上存在差异。由此可见,《物权法》第46条至第52条、第58条规定的不过是宪法上的所有权,因为它们在民事立法中再次确认了土地、自然资源等重要的生产资料只能由国家或集体所有,私人被剥夺了取得此等财产之所有权的可能性(资格)[③],这是对公有制这种客观制度的保障,是宪法之制度保障功能在《物权法》中的重申。宪法上的所有权既然被我们界定为一种和主体紧密相关的资格,那么它和民法上全面使用和支配某一财产的所有权就有了本质区别:前者注重的是取得所有权的资格,是一种获得财产利益的可能性,它不明确地指向具体的客体,一个人并不因暂时没有财产而失去宪法上取得、占有和使用财产的资格;民法上的所有权则是以具体的物为中介的人和人的关系的表现,有明确、具体指向的权利客体。没有具体指向的物,我们无法想象所有权人进行怎样的全面支配和使用。[④] 因此,从客体的角度看,民法上的所有权客体是能够为人们所认识、控制和利用、可以满足人类某种需要的物,而且民法上的所有权仅成立于单个的、特定的有形客体(即物)之上,此为物权客体特定原则的体现[⑤];宪法上的财产不仅包括民法上的物,而且也包括一国主权管辖下与权利主体相联系、尚未被人们所

---

① 梁慧星编:《中国物权法草案建议稿:条文、说明、理由与参考立法例》,社会科学文献出版社2000年版,第212页。

② 但这种区分在私法层面并非没有意义,宪法上的国家所有权和集体所有权实质上构成对民事主体权利能力的公法限制。

③ 《物权法》第41条明文规定:法律规定专属于国家所有的不动产和动产,任何单位和个人不能取得所有权。

④ 参见赵世义:《论财产权的宪法保障与制约》,载《法学评论》1999年第3期。

⑤ 参见〔德〕鲍尔、施蒂尔纳:《德国物权法》,张双根译,法律出版社2004年版,第515页;〔德〕曼弗雷德·沃尔夫:《物权法》,法律出版社2002年版,第16—17页。

认识、暂时不能被利用来满足人类需要的一切自然资源和社会财富。①

显然,《物权法》违背了这一区分标准:它一方面在第 2 条第 3 款定义物权时,确认了物权客体特定的原则,另一方面又在第 46—50 条违背这一原则。因为这些条文规定的由国家所有的土地、自然资源等,并非民法上具体的、特定的物。准此,宪法上的所有权和民法上的所有权不能得到有效区分,会导致物权法上所有权概念的混乱,难以解释某些问题。例如,按照《物权法》第 49 条的规定,野生动物资源一般由国家所有,那么,国家在候鸟因季节而迁徙至他国时是否丧失其所有权呢?从民法上所有权的角度看,国家确实丧失了对这些特定的候鸟的所有权,但在宪法所有权的意义上,特定候鸟的迁徙并不影响国家对野生动物拥有抽象的所有权。因为宪法上的所有权意味着一种资格,一种获得财产的可能性,它针对的是处于一国主权下抽象的一切资源,而非具体的、特定的物。再如《物权法》第 46 条所谓的矿藏,应指一切已发现或未发现的矿藏,但能在其上成立民法所有权的,必须是已发现的被特定化的矿藏。

其次,宪法所有权和民法所有权的区分,也表明两种所有权在法律属性和立法结构上有其自身的构造。无论作为规定性要素的意识形态如何天壤有别,就作为法律术语的所有权而言,其立法技术上的构造以及法律属性应该是统一的,否则会造成立法结构的混乱。一般来说,在严格界定物权概念的国家(如德国),都会在立法结构上有效区分民法上的所有权和宪法意义上的所有权。其中,民法上的所有权只是在特定的物上成立的全面使用和支配的权利,并不包含所有的财产性权利。而宪法意义上的所有权概念则比物权法中的所有权概念更为广泛,它不仅包括所有具有财产价值的私法权利,例如所有权、知识产权、债权以及其他私法权利,甚至还包括个别的公法权利,特别是通过自己的给付获取的公法权利。② 可见,《物权法》在这方面的规定也是宪法意义上的所有权,例如它规定的所有权不仅包括所有权本身,还包括股权(如第 65 条和第 67 条中的投资)、债权(如第 65 条中

---

① 参见赵世义:《论财产权的宪法保障与制约》,载《法学评论》1999 年第 3 期。

② 参见〔德〕曼弗雷德·沃尔夫:《物权法》,法律出版社 2002 年版,第 24—25 页;陈新民:《德国公法学基础理论》(下),山东人民出版社 2001 年版,第 405—410 页。

的储蓄)、财产继承权(第 65 条第 2 款)等等。[①]

综上,笔者认为,我国《宪法》中规定的以公有制为主体的多种所有权形式,以及《物权法》第五章规定的"国家所有权和集体所有权、私人所有权",就其本质而言,都是作为规定性要素的生产资料公有制在政治法和私法中的体现,其性质并无二致。因此,在物权法中再次强调宪法意义上的所有权,除了可以解释社会主义制度下意识形态因素如何突破私法中立原则进入物权法之外,对于具体物权规则的构造并无助益。相反,政治意义附加于民法典之上,将使宪法充当的角色和民法典本身充当的角色之间的区别变得模糊不清,导致"私法规则的中立性"被遗忘。在这一意义上,"谁是财产的主人"或"谁可以成为财产的主人"这一政治问题,完全可以在宪法或政治性文件中找到答案,一部私法典可以不触及意识形态问题,而仅仅提供所有权权限方面的详细规定。[②] 职是之故,笔者认为,前述《物权法》中关于宪法所有权的规定在宪法中已然得到规定,我们没有必要将这些规定塞进物权法之中,否则,一方面,会牺牲民法所有权的固有属性和立法结构的逻辑;另一方面,反而会降低宪法所有权的效力层次,削弱其制度保障功能。而且,即便我们强调,作为规定性要素的意识形态是社会主义法区别于资本主义法的根本标志,公有制这种标志尚应在普通法律中得到规定,也完全可以在其他政治法中得到反映(例如土地管理法、各种自然资源管理法、专门制定的国有资产法等)。再退一步说,倘若我们必须在物权法中粘贴这种社会主义法的标签,也无妨将其解释为宪法上的所有权,并将其理解为国家、集体之外的民事主体在所有权取得能力上受到的公法限制,以有利于此类条款的正确适用。

---

① 《宪法》2004 年修正案已将《宪法》原第 13 条"国家保护公民的合法的收入、储蓄、房屋和其他合法财产的所有权"改为"国家依照法律规定保护公民的私有财产权",其用意显然在于以"私有财产权"代替原条文中的"财产所有权",使宪法保障的权利范围扩展到一切财产性权利,从而区别于民法上的所有权。而《物权法》仍沿袭宪法原条文的表述,将这些权利置于民法意义上的"所有权"一编,其立法意图颇值玩味。

② 参见〔意〕简曼拉 · 阿雅尼:《比较法在新法典编纂中的角色》,禹明译,载吴汉东主编:《私法研究》(创刊号),中国政法大学出版社 2002 年版,第 71—72 页。

第二节　所有权制度之公私法配置与衔接

一、所有权制度配置的架构及价值追求

如上所述,公私法之间的接轨融合已是现代社会不容否认的事实,立法者如今要做的事情就是在原有的法律体制内为所有权制度搭建一个全新的舞台,这个舞台的主角就是公法和私法的配置、衔接问题。

在我国《物权法》出台的过程中,学者们对私法和宪法的关系进行了广泛而认真的思考。必须指出,作为规范私权法律关系的《物权法》已经不再是单纯地反映私人之间的关系。宪政制度要求一国的宪法或基本法成为凌驾一切法律之上的根本法,由宪法所确立的原则和精神——宪法秩序——应当在诸部门法中得到贯彻和执行。也正是因此,其法理学基础——宪法或基本法的位阶高于其他一切法律,任何法律不得与宪法相抵触——才能得到理解。具体到物权法来说,宪法所确立的对私权的保护规定和限制精神都构成私法自治的因子。而从法制发展过程来看,所谓的民法保持政治上的“价值中立”,根本就不会存在。① 换句话说,私法上的财产所有权也应当受到宪法的精神或者宪法所欲确立的秩序之规制。因此,有学者谈论宪法于所有权制度的关系时说:“客观上并不存在纯粹的私法领域,……宪法的原则应当渗透到所有权的结构之中。”②

最高位阶法的存在,不仅从基本法的层面上确立了财产权制度的基本原则,还要求在其他法律上配套形成符合宪法此点原则之规范。在所有权方面,就是征收保障制度的衔接,从这一点上来说,建立对所有权的征收保障制度,也是宪法对整体私法制度的必然要求。而征收保障制度涉及的就不再是私人间平等的法律关系,毋宁说这已经全然是一种公法关系,但是,即使此种情形表现出来的是公法关系,可是它

---

① 参见薛军:《“民法—宪法”关系的演变与民法的转型》,载《中国法学》2010 年第 1 期。

② 韩大元:《由〈物权法〉的争论想到的若干宪法问题》,见 http://www.old.civillaw.com.cn/article/default.asp? id = 25691,访问日期:2016 年 5 月 8 日。

涉及的命题还是所有权。由此,必然的逻辑结论就是,单纯依靠私法规则是无法形成所有权制度的,而认为依靠私法制度就能保护所有权的想法无疑是痴人说梦!质言之,所有权的制度是由两部分因素构筑的,其一是由宪法来确立所有权基本的原则——往往这是最根本的规定——它所寻求的乃是在宪政秩序中所有权应当扮演的角色;另外,宪法的规定还通过其他的一些公法规范延伸其效力。其二才是通过私法体系建立起来的整体而具体的建构,比如在我国法律体系中,则是通过《民法通则》《物权法》等规定的所有权的取得、行使、保护、消灭的此类规则,来构筑私法层面上的所有权制度。

故此,为确保所有权不被肆意剥夺,宪法上要求必须存在所有权的保障条款——不管宪法的颁布在私法之前,还是在私法之后——这属于所有权保护的宪法基础。反映到公法领域中,此种征收的法律程序和规定,必然会在"征收征用法""赔偿法""土地管理法规"等公法部门法中得到确定。也正是在这些公法领域,规定了何种程度下可以对所有权进行征收或征用,亦即对其实施公法上的限制。例如,我国公民个人或法人可以通过买卖、租赁或行使抵押权等而取得使用权,以谋取利益;若取得土地使用权后不进行任何开发或建设,则将面临程度不同的处罚,情节严重的,可能还会面临土地使用权被无偿收回的危险(《土地管理法》第 37 条第 1 款)。同时,从《宪法》第 10 条第 3 款、第 5 款,第 13 条第 3 款来看,基于公共利益的理由,它们从根本法的层面上,对所有权的剥夺和限制规定了强制性的条款。如果按照体系解释的方法,第 10 条的两款所指征收条款的对象是集体土地和国有土地;而第 13 条则是针对私人所有权。国有土地的征收根据取得方式的不同,征收相对简单;而对集体土地的征收和对私人所有权的征收(在我国,不存在土地的个人所有权)却是一个明显的个体利益和社会利益冲突的情形——尤其是在我国城市化大规模开发的情形下——此种利益冲突必须在立法和司法中得到考量,并妥善解决,以期实现利益最大化。相应的,我国《物权法》第 42 条也存在征收所有权的内容。①

---

① 与《宪法》第 10 条第 3 款、第 5 款,第 13 条第 3 款比起来,《物权法》第 42 条的规定并无多少新意。后者第 1 款规定:"为了公共利益的需要,依照法律规定的权限和程序可以征收集体所有的土地和单位、个人的房屋及其他不动产。"《物权法》第 42 条第 2 款和第 3 款,更为详细地规定了应当足额支付被征地农民的各项社会保障费用,维护其合法权益或保障被征收人的居住条件。

此外，当下，经济运行的国家干预主义，现代社会中利益与价值的多元化，个人利益与社会公共利益冲突的频繁发生，都使得民法所有权的内容需要在公法规范的制度设计下进行相应构造，以适应这种新的社会需要。

公法规范进入私法领域已经不再仅停留在理论上，它俨然是一种新的社会现实。

首先，必须坚持宪法所确立的关于所有权的基本原则——此种原则具有规定性，并以此将社会主义国家下的所有权制度，区别于财产私有制的资本主义国家——确保所有权的取得方式的差异。

其次，必须从私法上完全展开对所有权制度的具体化，并应当明确所有权作为一种基本人权的宪法地位，对它的限制只是为了更好地照顾每个公民的利益，而且这种限制甚至剥夺，始终应当是建立在赔偿的基础之上；第三，对民法所有权的保护还有确保民主制度实现的功能。民法生活和政治生活的严格分野、明确的私人所有权享有之民法制度，能够抑制国家权力的膨胀和促使民主政治的最终实现，这个也是现代民法所追求的重要价值之一。①

从所有权在整个社会生活与政治生活中所起的作用来看，应当说，必须维护所有权在私法自治领域的不可任意侵犯的地位与所有权应当受到限制——这里主要是指来自公法上的限制，所有权私法上的限制并非在我们讨论的范围之中——并无矛盾。既然在整个政治体制中，民法始终无法完全摆脱政治上的“价值中立”，通过具体私法制度来承接宪法规定的价值，自然就是顺理成章之事。这样，尽管民法是作为私法自治的领地，也必须铺陈宪法要达至的目标。就所有权来说，一方面，在市民生活中从根本上确立私法自治的原则，原则上由个人通过个体自由的意志来发展同他人或社会的联系；另一方面，为实现实质上的公平——区别于抽象的形式上的平等——承认交易者现实条件的差异而规定必要的管制，并且基于所有权滥用或更重要利益的原因，对所有权的行使设立公法的管制，以嫁接国家政策的要求。

---

① 参见陈华彬：《民法的现状及其展望》，载《法治研究》2011 年第 1 期，陈文还指出，民法追求的价值还有和平与人权。在德国法上，学者将所有权的这种功能称为“以所有权进行的社会权力分割”，参见〔德〕曼夫雷德·沃尔夫：《物权法》（第 20 版），吴越等译，法律出版社 2004 年版，第 53 页。

二、民事司法者的新任务

立法能确立公私法融合带来的对所有权制度的挑战,实现公法对接的问题固然是再好不过,但若在立法并未涉及的情况下——很明显,这种法律未曾涉及或规定不够清晰的情况极为常见——对民法和宪法之间的关系的分析,以及考虑此种融合的具体情势,司法者自然就成为在纠纷解决机制中的关键因素。从对民法所有权的限制缘由来看,从根本法意欲确立的宪法秩序或所蕴涵的宪法精神出发,无疑的,寻求个人利益和社会利益——即社会整体利益——的最大化,在未来的岁月里,将是司法者最艰巨的任务。而在现行法未明确规定公私法的此种交融发展的情形下,在面对两者利益冲突时,寻求合理的解决方式尤为重要。

为应对公私法融合发展趋势下的这项新任务,达致公正,探寻此种“黄金分割”,真正的责任无疑就落到司法者的身上,而且主要是落到民事司法者的肩头。在设有宪法法院或者类似的宪法审查机构(如宪法委员会)的国家,也许会是这些机构的法官来审查。但是无论如何,争议的绝大部分案件将由民事司法者来审查,而且这些裁判最终将会是生效的判决。因此,在这个层面上我们说,处理现代社会中基于所有权的个人利益和公共利益冲突带来的司法争议,主要由法律工作者中的民事司法者予以解决。在公私法不断融合的背景下,他们在解决私法领域的公法规范介入问题,解决二者融合的法律配置之过程中,将扮演最为关键的角色,而在司法实务中实现它们的衔接。

如上所述,对所有权领域进行公法限制之缘由,一方面是基于权利被无限滥用的担忧。不管是建立在私有制基础上的资本主义国家,还是建立在公有制基础上社会主义国家,对生产资料的所有者或享有者,都存在滥用权利的现实危险;另一方面是基于公共利益在纷繁复杂的社会关系中获得不容忽略的考量。对民事司法者来说,处理涉及此类利益冲突的案件,亦应考虑来自在法律体系中拥有最高位阶的宪法的价值追求,以及在这种宪法价值之下密切回应社会的需要。分言之:

1. 民事司法者不可忽略宪法对所有权制度的宪法要求

尽管在欧陆风起云涌的法典化过程中,民法典制定前明确的宪法并没有出现,即宪法的出现往往是在民法典出现之后才颁布——如

《德国基本法》在 1949 年才颁发，法国的几个《宪法》都远在 1804 年《拿破仑民法典》之后，《意大利宪法》在 1947 年后才颁布——换言之，在多数区域法制中，“私法秩序在生成阶段都没有受到民主宪法秩序的影响”。[①] 然而，这种貌似奇怪的情况，并不阻碍民法自身秩序在形成个人的社会联系过程中，建构个人同社会(国家)关系的努力，也并不妨碍在一国宪法制定后形成对私法秩序的根本导向作用。宪法要求的作为来自最高位阶的对私法制度的原则规范确是毫无疑问的。具体到当下我国的民事司法者，在处理涉及所有权人的个人利益和公共利益冲突的争议时，裁判者必须考虑到以下两个方面：

首先，贯彻宪法所追求的所有权在实现所有权人利益、发展个体人格的基本人权上之根本法精神。无论是德国《基本法》第 14 条，还是法国宪法委员会的一项涉及国有化法律的裁决[②]，都确认了所有权具有完全的宪法价值，是公民个体发展自己的基本条件。所有权乃是个体开展其社会生活的必要基础，处于基本人权的地位。虽然对所有权的限制可以存在，但是非基于严格的保障不得剥夺所有权。而欧陆各国普遍存在的宪法法院之类的机构，无疑是为贯彻宪法的要求，确保宪法秩序在整个社会生活中得到遵守和实现。最明显的，即是司法机关的法律解释受到“合宪性解释”的严格限制。新中国法制史上，个人所有权的确立有着曲折复杂的历程。直到 2004 年修宪后才出现重要转机。《宪法》第 13 条第 1 款、第 2 款分别规定：“公民的合法的私有财产不受侵犯。”“国家依照法律规定保护公民的私有财产权和继承权。”这样就使得私人所有权保护获得了完全的宪法法理基础。“私有合法财产保障条款”和第四次修正案增加的作为第 33 条第 3 款的“人权保障条款”，就在根本法的层面上为个人构建财产领域的自由活动提供了根本的保护。

从规范宪法的意义上来说，各级法院系统和一切裁判者都应该以

---

① 薛军：《“民法—宪法”关系的演变与民法的转型》，载《中国法学》2010 年第 1 期。

② 参见〔法〕吉·加尼维：《法国所有权的宪法基础》，程春明译，载《政法论坛》2008 年第 2 期。在 1982 年 1 月 6 日的这个裁决，将所有权确定为一项基本权，同时指出：一方面它不是一项绝对的权利；另一方面基于将所有权与其他具有宪法价值的规范相权衡而导致的对所有权之限制，不得改变所有权的意义和影响的性质。

《宪法》在财产领域所追求的价值为指导，在裁判过程中贯彻此种宪法追求，确保个体人格的完善之实现。而《宪法》的强制性规定，主要体现在第5条第3款以及第2款、第1款和第4款。该条第3款所谓“不得同宪法相抵触”中的“宪法”一词，不仅仅是指宪法规范，也应该指规范宪法意义之下的宪法原则或宪法精神。即是说，根据宪法规范所得到的宪法价值，亦是该处“宪法”所指。若此，公共利益的必要性大过某种个人利益时，必须在“私有合法财产保障条款”前提下，寻求对个人所有权限制的途径，而不是粗暴地以服从公共利益为借口，漠视个人利益的存在。因为这种做法违反了宪法保障个人合法所有权的宪法精神，也未能实现二者冲突时利益的合理分配，有悖宪法的公平原则。

其次，防止所有权人的权利滥用。如同权力会被掌权者滥用一样，权利的滥用也是一项现实的危险。曾经作为个人主义(individualism)代表的所有权，在进入20世纪后已经发展出新的属性。个人活动范围的扩大和个体能力的增强，使得个人通过私人所有权对社会生活的影响力也在逐渐增强，如此，滥用私人所有权对他人利益或公众利益的危害也越大。因此，为充分发挥物的经济价值，发展出所有权人应当承担一定义务的规定，最明显的就是相邻关系制度。同时，在不动产领域，一些全然是公法性质的部门法基于社会公共利益，也提出了对个人所有权的要求——这种要求往往是消极性的义务，并且此种要求是强制性的，所有权人必须服从。比如城市规划法规、建筑法规、文物保护法规，等等。例如，建立工业区，就必须考虑到住宅生活区和商业区的存在。无法想象如果任由土地所有权人依其意志建造建筑物，整个城市会是什么样子。因此，司法者应当在考量社会整体利益的基点上，排除所有权人的权利滥用所带来的危害。

2. 民事司法者应当寻求个人利益和公共利益冲突中的“黄金分割”，作出解决冲突的合理裁决

民事司法者在处理因所有权带来的个人利益和社会公共利益冲突时，将会给公私法融合下的我国私法体制带来重要的影响，亦将决定我国公法规范介入私法领域的衔接是否成功。民事司法者在实务中，始终面临利益衡量的问题。有时是个案中的公平和效率的衡量，有时就是个人利益保护和社会整体利益的衡量。

具体到所有权制度，在现代社会公私法融合日益紧密的趋势下，

后者就成为民事司法者经常面对的司法争议,而且借由裁判者的判决,将会在现行法上导出公私法如何成功衔接的民法制度。因此,民事司法者在面对利益衡量时,必须立足于所有权制度的根本,即所有权的宪法意义,同时考量公共利益的重要程度——并不是每一个涉及公共利益的事件都值得放弃个人所有权利益——进而作出裁决。如果说所有权出身于个人主义的自由王国,在当代,毋宁说它的实现乃是法律限制下的自由享用。常态的利益冲突下,民事司法者若是执于一端,未免失之公允,也忽视了民法在尽量保持私法的价值中立之外,也承载着宪法秩序的功能,未能应对社会的现实需求。因此,对涉及所有权争议的案件,民事司法者作出合理裁判前,寻找个人利益和整体利益的最佳结合点,才是最挑战司法者智慧和能力的事情。人们要牢记民法的任务始终在于寻求个人利益和社会利益交织中整体利益的最大化,这也是民法永恒的命题。

第三节　所有权制度的宪法垂直整合机制实现

一、所有权制度的宪法保障

在我国的法律移植与继受的过程中,人们长期未曾意识到所有权的立法层次和类型问题,并认为物权法规定的所有权就是所有权制度的全部,于此之外概不知有所谓宪法所有权的存在。究其因,一方面由于在我国长期盛行的计划经济体制下,对交易行为的根本否定,即市场经济的价值规律在这里是失灵的,个人和单位所需的一切物品都通过国家的计划进行调配。另外,我国民法法制方面照搬苏联法学中的概念和术语——以“所有制”来表示主体对物支配的所有权概念,以致后来真正意义上的所有权的出现竟被视为异类。另一方面,新中国成立以来,尽管国家的基本法制逐步建立起来,但是对个人财物的尊重和保护却并没有获得法律的完全认可。虽然,所有制可以用来表示一种对财产的占有、使用、收益等制度,但直到 1978 年改革开放以前,私有财产一直被视为“资本主义的尾巴”,遭到彻底的否定和取缔。因此,“所有权”这个法律术语在舶来中国之后,国人包括相当部分的民法学者,都未意识到所有权在基本法(宪法)层面上有其存在的重大意义。对此,也完全可以从新中国建立以来长期的阶级斗争文化——忽视个体作为基本的社会存在所具有的价值——当中得到解释。

在近代西欧人眼中,所有权制度并不仅仅由民法或者物权法进行规范,作为一种个体人格在社会交往中的延伸,即作为人格的外部条件,其必当获得宪法性规范的确认和保护。康德(1724—1804)在他的《法的形而上学原理——权利的科学》中论述,应当将人当做目的而不是手段,从形而上的角度论述了人本身作为伦理上存在的重要意义。此后,追求实现伦理意义上之人的价值,便成为新兴资产阶级法典中的关键一环,尊重与保护个人的人格和自由更是成为近代以来民主宪政的基本要求。各国在制定本国基本法(宪法)时,纷纷将保证人格的独立与个人的自由作为一项基本任务。如此,作为个体人格的外在形式的所有权,自然也成为基本法(宪法)所规范的对象,从而不仅在私法领域存在着民法所有权,并且在宪法领域也存在对所有权进行原则性规范的内容,后者构成宪法所有权。此二者一起共同构筑了近现代所有权制度的大厦,对任何一方的废弃或忽视,都是对整个所有权制度的否定和误读。

宪法所有权是一国保障所有权之价值的宪法支点,没有宪法基于其基本法地位的规定,所有权制度的保障将会极其脆弱。同其他以私有制为法治基础的国家一样,德国也将私人所有权作为法律制度的核心内容进行规定。这点不仅体现在《德国民法典》中,"二战"后《德国基本法》亦从个人的自由出发,将私有制原则作为其基础。《德国基本法》第 14 条第 1 款规定:"所有权和继承权受保护。其内容和限制由法律规定。"该款第 1 句规定了私人相对于国家的所有权,因为所有权基于劳动而产生,故所有权不仅表示了对劳动的鼓励,更为重要的是,通过在经济生活和生产活动获得的所有权价值能够扩大个人自由的空间。准此,宪法所有权对个人和社会而言,应包括个人保障和制度保障两方面的内容。

所有权制度首先保障的是公民个体对"物"所享有的所有权,即所有权人在可能范围内对物的支配权不能遭到干涉,只要这种权能的利用和行使在不违背法律和第三人合法权利的范围之内,或者不违背善良风俗(《宪法》第 53 条,《德国基本法》第 903 条)。就德国法来看,《德国基本法》第 14 条还对将所有权的延续作为一项基本权利加以保护。只有在满足《德国基本法》第 14 条第 3 款“所有权保障条款”要件下,才允许被征收。在这种意义下的所有权概念,就比《德国民法典》第 903 条及以后诸条的所有权概念要广泛得多。“它包括所有具有财产价值的私法权利,它们可供权利人自己自我负责地使用和收益,并且按照自己的决定予以处分。”甚至,宪法上的所有权还包括权利人“通过自己的给付获取的公法权利”。①

所有权个人保障机制若要发挥作用,仅仅是确保物之所有权还是不够的,因为个体的社会生活的展开,除了民法上的物之外,还要借助很多其他的权利或财产。因此,除了《德国民法典》意义上的所有权、限制物权、债权等首先受到《德国基本法》第 14 条的保障外,法人(社团或公司)所有权、有价证券、股份、著作权、专利权等都在其保护之列,因为它们也构成个体在社会生活中发展自己的基本手段。我国《宪法》对这些财产性权利也进行了规定(《宪法》第 13 条),这些具有财产价值或者能以经济价值体现的权利都能够得到宪法上所有权的保护。而在民法所有权保护方面,《物权法》第 40 条、第 65 条、第 67 条规定了对股权、债权等广义上的所有权的保护问题。

宪法作为一个国家法治的基本根据,在所有权制度上不仅应当提供个体保障,还必须辅以制度性保障。如此,所有权的法律保护机制的存在,才能使一切个体看到这种正义和自由的现实性。宪法上所有权的制度性保障意义不仅要通过国家的立法来实现,即是说,立法机关必须保证在财产法律领域个人能够自由进行法律生活的法律规范的存在,而且司法机关(法适用者,法官和各级法院)也应当为个人能够在财产法领域获得自由发展其人格的自我空间提供足够的司法保护。并且,建立在公有制基础上的社会主义国家,作为规定性要素的意识形态,也同样应当在宪法所有权保障制度中得到体现。这一点,也是我国宪法上所有权法律制度区别于资本主义宪法所有权法律制度而在具体财产法律关系上的体现。确认宪法所有权制度性保障的典型例子是德国,《德国基本法》第 14 条的规定,即立法机关应当将制定保障个人通过财产发展人格自由的法律规范,作为基本的立法任务。通过对立法机关的宪法要求,为一切人能够借此实现在财产法领域的自我确认和自由生活。明显的,这里就不再是单个的所有权,而

① 赵世义:《论财产权的宪法保障与制约》,载《法学评论》1999 年第 3 期。

是属于法律制度层面的保障。从这一点说来,宪法所有权并不存在现实的客体,毋宁说它所维护的是现代民主政体下的一种正义的政治架构,即建立公民个体与国家之间的一种正当政治秩序。

新中国改革开放的推进和日益深入,使得个人私有权逐步得到承认,尤其是在2004年的宪法修正案通过后。《宪法》第13条第1款、第2款分别规定:"公民的合法的私有财产不受侵犯。""国家依照法律规定保护公民的私有财产权和继承权。"这样就使得私人所有权保护获得了完全的宪法基础,结合该次修正案增加的作为第33条第3款"人权保障条款",个体人格作为"人之为人"最基本和最重要的前提——就是个人有属于自己的尊严并要求获得他人(包括国家)的尊重。这样,宪法上的"人权保障条款"和"私有合法财产保障条款",就在基本法层面为个人构建财产领域的自由活动提供了根本的保护。从这点看来,《宪法》第13条第1款和第2款起到了与《德国基本法》第14条第1款第1句类似的功能。宪法意义上的所有权"首先是一种公权利,是各种主体取得所有权的资格"[①],因此,它要保护的是一种基本的获得所有权之"最低存续秩序",是对不同社会发展模式下的现存客观制度的保障,而并非仅仅是对社会生活中财产状况的保障。

二、经由所有权保障实现的宪法垂直整合机制

在承认私人所有权为基本人权的前提下,宪法对所有权的权利保障大都蕴含三重结构:不可侵犯条款(或保障条款)、制约条款(或限制条款)和征收补偿条款。[②] 其中,不可侵犯条款更多的是一种道德上和政治哲学上的思想表述,如果没有后续的征收补偿条款,它就不太符合严格意义上的法律规范的要求,而可能沦为一种道德价值的宣言。[③] 笔者认为,这种三重结构仅在西方私有制国家有关现代财产权的宪法保障规范中才能完全呈现出来。而在我国,经《宪法》2004年修正案在基本人权框架下确认私有财产不可侵犯后,此三重结构主要表现在对私人所有权的宪法保障上。尤其是征收补偿条款仅对私人

---

① 徐涤宇:《所有权的类型及其立法结构——〈物权法草案〉所有权立法之批评》,载《中外法学》2006年第1期。

② 参见林来梵:《论私人财产权的宪法保障》,载《法学》1999年第3期。

③ 参见林来梵:《针对国家享有的财产权》,载《法商研究》2003年第1期。

所有权有其适用余地。[①] 因为，征收的特征是国家对所有权客体所采取的具体而特别的干预，其典型方式就是通过享有相应权限的行政机关的行政行为，使所有权移转到享受利益的权利承担人[②]，国家对自己享有所有权的客体无须征收和补偿。

所以，在这种意义上，我们可以从宪法规定的所有权的三重结构出发，具体探讨其对公私法接轨所具有的价值统摄作用，即从所有权的不可侵犯条款、制约条款以及征收补偿条款出发，分析不同的公私法规是否符合此项宪法规定的所有权内容。但另外，如果从宪法规定的所有权结构的角度来分析公私法接轨，会遭遇重复性的问题。例如，不可侵犯条款与制约条款，都可能涉及公私法规的合宪性的问题。此外，宪法意义上的所有权，作为一种基本人权，对于公权力机关之外的其他人具有的何种效力，也就是作为基本人权的所有权的第三人效力问题。最后，在宪法对公私法问题的垂直整合过程中，经常会涉及对宪法的解释问题，此种宪法解释，其标准仍应是对作为基本人权的所有权的具体保障的问题。因此，如下将从公私法规的合宪性控制、宪法所有权的第三人效力和宪法所有权之解释三个方面，探讨宪法对所有权制度公私法接轨问题的整合机制。

（一）公私法规的合宪性控制

宪法对公私法接轨问题所具有的整合功能，首先表现在对公私法规的合宪性控制方面。所有权制度的公私法接轨问题涉及很多公私法规，它们对所有权问题均作出了纷繁复杂的规定。这些规定是否符合《宪法》关于所有权的规定，或者与《宪法》规定的所有权内容不相

---

① 笔者认为，在我国当今经济生活中，集体所有已逐渐褪去其意识形态的色彩，更多地具有私人所有权的性质。尽管此种所有权的主体仍然具有团体性，但集体组织主要承担的是经济组织、社群团体的功能，其政治功能日渐减弱。因此，宪法对私人所有权的保障，理应包括对集体所有尤其是农村集体所有权的保护。在城市化的过程中，农村集体所有的土地也会遭遇征收和补偿的问题，而“农村集体所有的不动产属于本集体成员集体所有”的模糊规定，使作为个体的农民的权利更易遭受侵害。《宪法》2004 年修正案第 20 条规定：“国家为了公共利益的需要，可以依照法律规定对土地实行征收或者征用并给予补偿。”可以解释为对集体所有的土地亦为适用（《土地管理法》对此有明确的规定），《物权法》第 42 条的征收补偿条款亦对此作出了确认。

② 参见〔德〕鲍尔、施蒂尔纳：《德国物权法》，张双根译，法律出版社 2004 年版，第 254 页。

违背,就须以宪法确定之所有权内容为标准,对之进行具体的考察。这一考察过程,也就构成了公私法规的合宪性控制的内容。

关于公私法规的合宪性控制,首要明确的是宪法规定的所有权内容。现代世界各国宪法一般既规定了所有权是一种基本人权,受宪法的保护,以防止来自公权力的不当干预,同时还规定了所有权须负担义务。宪法意义上的所有权,一方面是基本人权的一种,一方面是所有权应负义务,两者之间具有一种内在的矛盾性。所以,在宪法层面就必须协调好宪法所有权在基本价值上的统合。这种既将所有权作为基本人权,也承认所有权负义务的基本理念的进一步具体化,就表现在宪法规定的所有权的三重结构上,即所有权的不可侵犯条款、制约条款和征收补偿条款。其中,所有权的不可侵犯条款是宪法对所有权的基本权利状态所作的底限规定。所有权的不可侵犯条款,主要是从基本人权的角度所作的规定;制约条款和征收补偿条款更侧重从所有权负义务的角度而作的规定。因此,在这种意义上,所有权制度的公私法规,是否符合宪法确定的基本价值,就可转换为讨论所有权制度的公私法规是否符合《宪法》确定的所有权的不可侵犯条款、制约条款和征收补偿条款的问题。

首先,宪法从不可侵犯条款的角度出发,认为对所有权的保障既包括权利地位保障,也包括制度保障。其中宪法上规定的所有权的权利地位的保障,是指单个的所有权遭受普通立法者的侵害时,所应享有的保护。从这一角度来说,普通立法者,既包括公法立法者,也包括私法的立法者,在规定所有权时必须充分衡量宪法的基本价值取向,即如何在所有权受宪法保障与所有权负义务之间寻求平衡。① 所以,从权利地位保障的角度而言,对公私法合宪性的要求就是,一方面公私法规之规定要充分体现所有权之受宪法保护的最基本状态;另一方面,公私法规也可根据所有权应负义务的要求,在宪法许可的范围确

---

① “基于所有权社会义务性要求,在所有权客体具有更多社会约束性或社会功能时,立法者规定所有权内容与限制之权限,就相应越大。……某些法律规则,比如卡特尔法中关于禁止支配市场之企业滥用其地位,以及对这类企业之合并进行控制等规定,尽管包含有对所有权予以重大限制之成分,但由于支配市场的企业所享有的所有权,恰恰受制于其社会义务,故而这类限制性成分,无疑符合所有权具有社会义务性之思想。”参见〔德〕鲍尔、施蒂尔纳:《德国物权法》(上册),张双根译,法律出版社 2004 年版,第 520 页。

定所有权所应受到的限制。因此,当公私法规之规定内容在涉及所有权的规范内容而有冲突时,可上升至宪法规范,据此还可接受宪法的监控。这也是公私法规合宪性控制的第一个层面。此外,宪法上的所有权还受制度性保障。在资本主义国家,对所有权的制度性保障的主要目的在于保障私有制,也就是要充分保护私人所有权的本质状态。[①]然而,在社会主义国家,由于宪法确定的基本经济制度为"公有制为主体、多种所有制经济共同发展",所以,按照社会主义宪法的要求,当是维持除去私人所有权外的其他所有权,如国家所有权、集体所有权,这类所有权的公有制、集体所有制的基本状态。

其次,就宪法所有权的制约条款而言,它也从一定意义上具有对公私法规的合宪控制的作用。实际上,宪法所有权的制约条款,是一项立法授权条款,即所有权的具体内容应由普通立法者加以规定。其中普通立法者,不仅指公法的立法者,还包括私法的立法者,也就是说,在现代法上,所有权制度并不单单是由民法来构造的,公法在所有权的制度构造中也发挥了极大的作用。宪法所有权的制约条款授权普通立法者来具体确定所有权的内容与界限,即规定所有权内容与界限的只能是法律而不能是行政法规等。从这意义上说,宪法所有权的制约条款主要是从程序上保证对公私法规的合宪性审查的控制。

再次,宪法所有权的征收补偿条款,则主要针对行政法规定的征收问题。是否明确规定了合理的补偿标准,应作为控制公私法接轨问题的控制方面。

综上,宪法对公私法规的合宪性控制,是以宪法所有权的三重结构(不可侵犯条款、制约条款和征收补偿条款)作为具体标准,以审查各个公私法规规定的所有权内容是否与之相符,并在此基础上在宪法层面尽量调和所有权受宪法保障与所有权负义务的冲突之处。换言之,宪法对公私法规的合宪性控制,一方面,从宪法的价值秩序出发,整合各个公私法规接轨的具体规定;另一方面,在这一过程中,宪法也可吸收各个公私法规的具体规定中所反映的所有权的内容或限制规定,完善并发展所有权在宪法层面的含义。

---

① 参见〔德〕鲍尔、施蒂尔纳:《德国物权法》(上册),张双根译,法律出版社2004年版,第520页。

(二) 宪法所有权的第三人效力

宪法规定基本权利的首要作用在于对抗国家公权力。但各个国家社会发展程度不同,对此也不可一概而论。“故把所有人权都认定为单纯对抗国家的权利,对多数的国家而言,可能都不是正确的诠释,诸如财产权、宗教自由、婚姻自由乃至工作自由,在很多国家都是先从社会的某些桎梏中经由抗争而解放出来,然后才转变为对抗国家的权利,因此同时具有公法和私法权利的性格。”[①]宪法规定的基本权利,在具有对抗国家的效力之外,对一般的非公权力主体是否也具有规范效力?这是现代宪法所称的基本权利对第三人效力。此项理论最初在20世纪五六十年代形成于德国。[②] 德国学界在分析一系列涉及基本权利的案件中,肯定了宪法规范在私人间也具有规范效力。只是对此种规范效力的发生方式有认识上的分歧。就此,可分为直接效力说和间接效力说,其代表人物分别为尼伯代和杜立希。尼伯代认为,《德国基本法》作为最高层的规范,以对人格尊严的保护为最高目标,因此任何下位法均须符合此项最高目标,宪法中规定的基本权利条款当然可以在私人间直接适用。[③] 反之,杜立希则认为,应坚持公私法的严格区分,并强调私法的自主性与独立性,在此基础上宪法规定的基本权利对于私人之间的法律关系不存在直接的规范效力。同时,为保证《德国基本法》所确定的整体法秩序的和谐统一,杜立希主张宪法对第三人只具有间接的效力。具体而言,就是通过民法中的善良风俗这个一般条款作为私法贯彻宪法规定的基本权利的制度媒介,在此意义上,宪法规范只是间接地通过民法的概括条款在私法中得到适用。[④]

---

① 苏永钦:《民事立法与公私法的接轨》,北京大学出版社2005年版,第109页。

② 虽然美国的政府行为理论(state action)与基本权利的第三效力解决的是类似问题,但该理论却否定宪法规范在私人间具有效力。(参见〔美〕杰罗姆·巴伦、托马斯·迪恩斯:《美国宪法概论》,刘瑞祥等译,中国社会科学出版社1995年版,第290页。)所以,政府行为理论并不适合我们此处要探讨的问题。

③ 苏永钦认为,“提出直接效力说的Nipperdey,实际上还是刻意的以‘原则规范’来称呼转而适用到私法关系的基本权,对于公私法关系的机构差异还是了然于心。”参见苏永钦:《民事立法与公私法的接轨》,北京大学出版社2005年版,第109页。

④ 参见陈新民:《德国公法学基础理论》(上),山东人民出版社2001年版,第302—307页。

间接效力论，后得到德国宪法法院的采用，而逐渐成为德国宪法学界的通说。

宪法基本权利的第三人效力，在实务中很多都是通过解释宪法上的基本权（如男女平等），并将之与民法上的公序良俗原则联系起来，以此来控制法律行为的效力。对于作为基本权利的宪法所有权，它如何发挥对第三人的间接效力？在我们看来，作为基本权利的宪法所有权，其对第三人的间接效力，主要也是通过私法上的概括条款，来对权利人与第三人之间的物权关系发挥作用。也就是，也须通过公序良俗原则作为媒介来间接适用宪法所有权的规范内容。具体来说，宪法所有权中有关财产权受宪法保障以及所有权负义务的基本价值，通过民法中的公序良俗原则，转变为对当事人之间涉及物权关系的法律行为的效力的控制。

（三）所有权保障的法律解释

苏永钦认为："宪法规范力的渗透，……在解释方法上，若有数种解释的可能性时，应选择最符合宪法的方向去解释，就公私法的调和而言，也就是朝最符合宪法的价值规范去解释。如果民事法规和行政法规的解释都广泛适用此一方法，自然会有整合的效果。"①在现代法中，所有权制度的公私法规定多如牛毛。如物权法主要是从权利内容的角度规定所有权；行政法规则主要从所有权的界限或者限制的角度进行规定。关于所有权的众多规定，在解释上不可避免会出现矛盾冲突之处。在涉及所有权的公私法规的解释上出现多种解释并相互矛盾时，便可采用最符合宪法的那一种解释。如果对每一项涉及物权的公私法规的解释，都以符合宪法为解释准则，所有权制度的公私法接轨问题，便水到渠成了。一般而言，既然物权法主要是从权利内容的角度规定所有权，而行政法则主要从对所有权的限制的角度进行规定，则对这两者的合宪解释还可细化为对物权法规定之所有权内容，主要应朝着符合宪法规定的所有权的保障条款的方向进行解释。

---

① 苏永钦：《民事立法与公私法的接轨》，北京大学出版社 2005 年版，第 110—111 页。

第四节　所有权制度的转介条款配置

一、所有权制度配置转介条款的基本方式

在我国台湾地区“民法”中，存在三类条款，作为保证公法规范可以进入私法领域的通道，这就是：针对法律行为的第 71 条规定：“法律行为，违反强制或禁止之规定者，无效。但其规定并不以之无效者，不在此限。”针对事实行为的第 184 条第 2 项规定：“违反保护他人之法律，致生损害于他人者，负赔偿责任。但能证明其行为无过失者，不在此限。”针对所有权的第 765 条规定：“所有人，于法令限制之范围内，得自由使用、收益、处分其所有物，并排除他人之干涉。”通过这三类条款，公法规范可以名正言顺地对私法关系产生效力约束的功能。就物权法中的公私法接轨问题而言，所涉及的当然就是针对所有权的转介条款。

实际上，我国台湾地区民法关于所有权的此种规定，具有一般性。也就是说，世界各国的民法典，几乎都是如此规定。即将所有权的定义分为两项要素，即“所有权内容”（抽象式规定或权能列举式规定）再加上“法律限制”的规定。如果我们同意所有权是一项绝对权的话，根据所有权的这种一般性定义可知，所有权是一项在法律限制内的绝对权。在此意义上，“法律限制的范围”这一定义要素就显得尤其重要。这也反映了“欧陆法系发展出来的产权体系，是以一个原则上‘无所不包’的所有权为中心，所有权的内容是不需要界定的，它是就动产或不动产而言，一种包含了扣除法令限制剩下来所有权能的权利。”也即所有权是一项法律限制内的“扣减权”。[①] 此处所谓“法律限制的范围”中的“法律”，不仅包括民事法律，也包括公法法规。所以，所有权的定义就已打开了一项融通公法法规的通道，这使得公法法规得以进入私法的领域。“从界定功能的角度来看，本条就是所有有关所有权

① 参见苏永钦：《民事立法与公私法的接轨》，北京大学出版社 2005 年版，第 86 页。

限制的引致条款，所有限制所有权内涵的公私法规范，都包含在里面。”①

就我国《物权法》而言，其第 39 条规定，“所有权人对自己的不动产或者动产，依法享有占有、使用、收益和处分的权利。”该条所谓之“依法”，也应将之理解为是这种“法律限制”，即我国《物权法》关于所有权之立法技术，与欧陆的传统并无差别。② 通过《物权法》第 39 条的规定，所有关于所有权限制（尤其是其中的公法限制）的法规，都可由此进入民法所有权的范畴。值得注意的是，此种所有权定义中的“法律限制”，应是依宪法所有权中的“限制条款”的授权而制定的法律所规定。只不过，此处主要是从公私法的角度看待其接轨的问题，不同于宪法对公私法接轨问题的垂直整合模式，此处考察的是基于所有权定义条款的私法对公法的一种水平转介功能。

在所有权定义条款的此种对公法规范的转介功能中，更为重要的问题应是，此种转介条款转介之公法规范，对于私法关系之效力的影响问题。因为，如果仅从界定功能的角度看待这个问题，公法规范也只是从管制的角度规定所有权所应受到的一些具体的限制而已。所以，要将所有权转介条款的问题最后归结为，是从管制角度对所有权所作的一些限制规定，并对私法关系的效力有何影响的问题。所有权以绝对权加法律限制的定义方式，就起到了一种转介公法规范的功能。

二、所有权制度配置转介条款的具体示例*

所有权公法限制的内容和构造，是由某一民族国家的有涉整个社会团体利益的公法规范进行规定。基于不动产/土地在整个社会的生产、生活和发展中占有的极其重要的地位，比如作为人类居住的房屋或一切国家机关的办公场所，都必须建造在土地之上；调节人类气候

---

① 苏永钦：《民事立法与公私法的接轨》，北京大学出版社 2005 年版，第 86 页。

② 不同的观点认为，中国法上的所有权虽非绝对，但《物权法》第 39 条也未提及任何法律限制。参见〔意〕奥利维耶罗·迪利贝托：《论所有权的范围及其限制——从罗马法到近代民法典的历史流变与简评》，载《第四届罗马法、中国法与民法法典化国际研讨会论文集》。

* 滕佳一参与了本部分成果的研究。

的广大森林也是生长于大地的怀抱,对土地所有权的公法限制,构成了所有权公法限制中的主要内容。所有权之公法限制有着非常广泛的内容,欲对它进行全面的论述,非本文的篇幅所能及也没有多大的必要。故,这里主要就土地所有权之公法限制进行介绍,同时对土地之外的其他所有权之公法限制进行附带性说明。对所有权的限制——包括对某项权能的取消和使所有人负担义务——常见的是所有权的一项或几项权能无法行使。如上所述,宪法对所有权应当进行限制,并从个体保障和制度保障方面进行规定。但它只是提供构造之前提,其本身并不就所有权之内容和限制进行具象构造,此种具体的任务交由部门法,或物权法、或建筑法、或城市规划法等具体法律、法规来完成。

通过以上两节的论述,我们知道,一方面,立法者应当为个人能形成在财产领域的自由发展而保障所有权制度;另一方面,所有权自由的过度行使、私法的滥用,必然会给社会的团体生活带来某些我们难以忍受的弊端,因此,立法者还必须就所有权之社会性义务——为公众福祉或公共利益——创设规范。从这一点来看,后者构成立法者不可推卸的任务,同时也是他们努力平衡个人利益和社会利益的重大责任。

就土地所有权之公法限制来说,由于在现代城市中的土地用途必须考虑城市区划和整体规划的要求,所以对土地用途和收益的限制主要是来自建筑秩序法、城市规划法、环境保护法等法律规范。

(一) 建筑法之限制

建筑工程活动是现代生活中一项关系涉及诸方面利益的行为,尤其是在城市成为市民极为重要的生产生活场所的当下,任意地建造房屋和其他建筑物已是不可能之事。所以,为维护建筑秩序,对土地所有权人行使所有权的限制,就成为建筑法的侧重之点。

《建筑法》考虑到建筑秩序对整个社会的影响,要求建筑活动遵守建筑法对建筑地点、建筑物安全和建筑消防等强制性规定。比如对中高层建筑必须符合相应级别的抗震要求;不同的建筑物必须设置相应的消防设施;符合规定的建筑工程质量标准,才能竣工验收,而也只有在验收合格后才能交付使用(《建筑法》第 61 条)。对于建筑工程的安全要求,《建筑法》在第 36—39 条规定,建筑工程活动中建筑设计必须符合国家的建筑安全规程和技术规程;在第 43 条规定了建筑行政部门对建筑安全生产活动监管的责任；在第 44—47 条规定了建筑施工企业的建筑安全生产负责制度，通过这一系列的措施来保障从建筑设计到建筑施工，再到建筑安全监管完整的建筑生产安全制度。建筑工程活动中的对建筑工程质量和安全的要求，成为建筑秩序法上对土地所有权人或土地使用人建造房屋和其他建筑的限制，所有权人或使用人不再享有任意进行建筑行为的自由。这些建筑秩序方面的具体要求，在国务院 2004 年 2 月 1 日起施行的《建筑工程安全生产管理条例》、原建设部于 2005 年 10 月 13 日颁布的《建筑工程安全生产监督管理工作导则》，以及各地方政府制定的建筑工程安全生产管理条例的"施行条例"中，都有详细的规定。在德国法上，关于建造、翻新和维修的要求以及种植植物和拆除的规定，使得所有权人能够按照建造计划使用自己的土地(《德国建筑法典》第 175—179 条)。①

现代社会对建筑秩序是如此重视，以致没有哪一项土地管理法规能够如同建筑秩序法这样受到立法者的青睐。基于其在生产和生活领域的重要功能，因而，土地上的建造活动受到建筑秩序法限制的程度无疑变得更加强烈。尽管在城区改造过程中，《建筑法》并未要求土地所有权人或土地使用人负有翻新或修缮的义务，但是根据我国的现实情况，若为改善该区域其他居民的生活环境或者与该建筑周围的自然环境相协调，土地所有权人或使用人亦得按有关标准自行改建或修缮。②

（二）城乡规划法之限制

除了在城乡的建筑工程生产活动中应当考虑建筑秩序法的要求外，现代大城市和特大城市的出现和工业化的不断深入，对大范围内的土地用途进行分类并建立起不同土地功能的分配制度，就显得尤其重要，因此对城乡建设进行科学合理规划，也成为建筑生产活动中必须考虑的要素[《中华人民共和国城乡规划法》(以下简称《城乡规划法》)第 2 条]。比如确定工业区，必须考虑到住宅生活区和商业区的存在。无法想象如果任由土地所有权人依其意志建造建筑物，整个城

---

① 参见〔德〕曼夫雷德·沃尔夫：《物权法》(第 20 版)，吴越等译，法律出版社 2004 年版，第 24 页、第 22 页、第 23—24 页、第 31 页、第 59 页。

② 参见韩大元：《公私法冲突重在协调》，见 http://www.aisixiang.com/data/10917.html. 访问日期：2010 年 4 月 10 日。韩文对政府借"公共利益"为名要求对整个城市"化妆"的行为合法性提出了责难。

市会是什么样子,比如在安静的疗养区内允许有喧闹的工业作业。另外,必须为市民出行创造便捷的交通。政府为特定区域编订的城市规划,对该区域内的所有建筑工程活动起着规束作用,同时也导致土地所有权人或土地使用人必须按照政府的建造规划进行一切的建筑工程生产活动(《城乡规划法》第 3 条、第 4 条第 2 款)。从这一点来说,土地所有权人或土地使用人在其土地上任意建造建筑物的权利或自由,受到来自城市规划的重大限制——只要存在建造计划,所有权人就必须在建造计划允许的程度和范围内开展自己的建筑工程活动,即是说,必须符合建造计划的要求,而不得有任何的逾越(《城乡规划法》第 9 条)。德国法上,基于城市规划的重要更是规定,对于现有城区的改造和翻新,所有权人负有改建、修缮和翻新的义务,也就是说,所有权人几乎没有任意使用自己土地的自由,而必须遵守建筑法典的规定(《德国建筑法典》第 175—179 条)。

乡镇在制定相应的规划时,也必须按照国土规划的要求进行建设工程活动,而不得任意建造房屋和其他建筑物(《城乡规划法》第 18 条、第 19 条)。进入 21 世纪后,随着我国城市化城镇化进程的加快,城镇建设也呈现出迅猛发展形势,很多小城镇的发展规模有时超过城市。相应的,对城镇建设的规划也是城镇建造活动中必须遵守的内容,要不然整个城镇的布局将出现极端混乱的状态。根据《土地管理法》和《城乡规划法》对国土规划的相应规定,对所有权人具有约束力的建造计划和城镇规划,使得政府部门能够根据这些对所有权限制的法律、法规自行安排建筑物的建造或规模——能够在什么地方进行建造以及如何建造。政府部门所享有的权限超越了土地所有人或土地使用权人的生活利益,后者已不再享有对土地用途的自由支配权利(《城乡规划法》第 3 条、第 9 条、第 30 条、第 31 条)。当然,对于城区规划并不能随意更改,否则极易损害其他主体的私法权利,那些所谓为公共利益而“重新规划”的政府行为,也无法找到其合法的法理基础。①

(三) 自然资源法之限制

如同前文所述,基于社会主义的生产资料公有制所体现的对所有权取得资格上的不同,形成了我国同私有制的资本主义国家的重大分

---

① 参见江平:《物权法的矛盾与冲突》,载《读书》2008 年第 7 期,第 7—8 页。

野。社会主义国家法律之规定性要素的存在,使得那些对社会生产和国民经济有着重要作用的资源只能由国家取得所有权,即为国家所有权,其他任何单位和个人都不能取得所有权。因此,《物权法》第46—51条规定我国主要的自然资源归国家所有。这些方面也是我国《宪法》所要保证的(《宪法》第9条、第10条),同时在《矿产资源法》《中华人民共和国野生动物保护法》(以下简称《野生动物保护法》)等有关自然资源法律规范中,也得到了体现(《矿产资源法》第3条、《野生动物保护法》第3条第1款)。前者虽然说是《物权法》的规定,但是已如前述,《物权法》如此的规定并不合适,因为此种规定是宪法所有权之内容。此种规定塞进《物权法》,混淆了关于自然资源的物权属性。如必须在《物权法》中得到确定,也应当将其解释为宪法所有权,而非民法上的所有权,以便正确认识对自然资源的保护和限制问题。基于环境保护的需要,对自然资源的开发和利用,也会受到来自公法的限制,使得土地的所有权人或使用人对土地利用不能自主决定。比如为防止水土严重流失和环境恶化,禁止在25度以上陡坡地开垦种植农作物(《中华人民共和国水土保持法》第14条第1款)。

(四)文物保护法之限制

我国是一个有着悠久历史和灿烂文明的古老国度,数千年来遗留下来的文物和历史文化古迹不可胜数。因此,对文物和古迹的保护是弘扬中华民族伟大文明的重大举措,也是当代人的使命所在。《中华人民共和国文物保护法》(以下简称《文物保护法》)在文物和古迹保护方面的规定,使得所有权人负有自行维护、修缮该文物的义务,在没有能力进行的情况下,可以向当地政府请求帮助。在所有权人对文物古迹未尽维护、修缮义务而导致文物古迹受到损害的情况下,还可能产生某些公法法律后果(《文物保护法》第21条第1款,第25条第1款,第66条第1款第4项、第5项,第67条)。一般来说,作为文物古迹的继承人,对非国有文物具有所有权,在不违背法律规定和不损害他人合法利益的条件下,得自由处分该文物,比如他可以将继承的祖屋拆掉重新盖一个多层的楼房,或者他可以将之出租用于餐厅经营,等等。然而,《文物保护法》的规定,使得所有人都无法行使这些权能,这些"附加"给文物继承人的义务,无法在私法上找到其渊源。很显然,这些是来自公法方面的对所有权人的义务。为了使历史上有价值和意义的东西得以保存,使人们能获得美学和精神利益,以造福社会大众,《文物保护法》建立了一个文物保护的框架,而文物古迹所有权人只能在这个框架中进行相应的活动,否则就会受到法律的否定评价(《文物保护法》第68条、第70条、第73条)。

随着我国城市建设的突飞猛进,对旧城原貌的破坏也在所难免,其中引起人们关注的是,在拆迁过程中,对古城和具有历史文化价值古迹的不可挽回的拆除。比如北京孟端胡同45号的拆除。基于此种现实和保护历史名城的迫切性,2008年7月1日实施的国家《历史文化名城名镇名村保护条例》(以下简称《名城保护条例》),确定了对古城老城区的整体保护规划,历史建筑的所有人应当按照保护规划的整体要求负责为其所有的历史建筑予以维护和修缮,并不得擅自迁移或拆除(《名城保护条例》第33条第1款、第3款),否则将会承担恢复原状、采取补救措施、接受罚款、依法赔偿等责任(《名城保护条例》第41条、第43条、第44条)。因此,所有权人对属于其所有的历史建筑亦不能自由处分,受到《文物保护法》《名城保护条例》的公法限制,以达到保护古城历史价值的目标。在这里,无疑个人的生活利益让位于公众福祉这种更高位阶的利益。

文物古迹的保护与维持,需要有计划性的预防性措施。而随着这些预防性措施的开展,自然会对所有权产生某种程度的限制,比如对某处古老的建筑群、有历史价值的胡同或自然文物的预防性保护措施,就会使其所有权受到一定的干预,尤其是在对物的实际使用方面。在特殊情况下,对所有权的干涉如此强烈,以致所有权名存实亡,这就可能导致成立征收。

(五) 环境保护法之限制

与某种行业经营相关联的土地利用可能会给环境带来程度不一的影响,尤其是工业经营导致的有害物质对自然环境和社会环境的影响更是明显[①],也构成了对人类生存的重大威胁。由于涉及公共利益,

---

① 参见孟登科:《治湘江:最沉重的河流,最尴尬的治理》,载《南方周末》2009年10月14日"时局版"。孟文报道了是年6月湖南娄底铬污染事件、7月浏阳镉污染事件。另外,中国粗放型经营的发展模式所带来的成效和代价,湘江完全可以成为一个典型注脚,因此公法规范对基于土地利用而带来的污染威胁进行控制已刻不容缓。参见吕明合:《治湘江:产业沉疴　复苏岂在朝夕》,载《南方周末》,2009年10月22日。

尽量减少或克服环境污染的危害问题，不可能由个别污染区域的相邻者来解决，因此基于这种影响的大范围性以及解决的复杂困难性，法律必须基于环境的保护和美好，规定某些行业经营在土地利用上的限制，建立环境保护责任制度。

《中华人民共和国环境保护法》（以下简称《环境保护法》）建立了一系列制度来保护环境：规定了建设单位和政府相关部门在建设污染项目时负有环境影响报告书的报批义务，环境影响报告书经批准后，计划部门方可批准建设项目设计书，这就使得环境影响报告书成为项目能够顺利开展的通行证（《环境保护法》第 19 条）。各级国家环境保护部门还得制定国家污染物排放标准和地方污染物排放标准，并负有对污染单位的检查权（《环境保护法》第 16 条、第 24 条）。排污单位必须建立环境保护责任制度，将环境保护纳入企业的工作计划（《环境保护法》第 24 条）。此外，污染单位具有向环境保护行政部门申报登记的义务，如果企业单位在生产过程中产生废气、废水、废渣、粉尘、恶臭气体、放射性物质以及噪声振动、电磁波辐射等污染的排放超标，必须缴纳标准排污费并负责治理（《环境保护法》第 42 条、第 43 条第 1 款），企业还不得任意拆除或限制排污设施（《环境保护法》第 41 款），政府主管部门还能对违反环境排放标准或产生污染的单位采取相应措施（《环境保护法》第 25 条、第 59—63 条），以促使其履行保护人类环境和爱护美丽地球的企业社会责任。但目前我国环境保护部门职能的发挥却掣肘多多，着实令人深思。①

《环境保护法》应着力限制所有人或使用人利用其土地造成污染后果，并加强其此方面的责任，从而使土地所有人或使用人无法自由地排放对环境有害的污染物，相反，必须对此种行业经营带来的污染承担治理或赔偿的责任。在环境保护的措施中还借助了刑法和行政法的处罚措施（《环境保护法》第 68 条、第 69 条）。人类社会的高度发展给环境带来的影响，已越来越受到人们的重视，近年来，陆续召开的

① 参见曹海东：《环保部五年激战水电巨头》，载《南方周末》，2009 年 6 月 17 日。该报道暴露出国家环境保护部在处理西部水电大开发中表现出来的尴尬和无奈，孱弱的环评控制手段和来自高层的批示算是环保部能祭出的最后杀手锏。当然，随着环境保护总局的升格，其地位也得到提升。无论如何，环保部门的职能应该得到加强，这无疑已成为全民的共识。

世界气候大会吸引了几乎所有大国的参与,参与国的数量也是极为可观。当然,这从另一方面反映出人类经济发展给自然环境带来的日益严重的破坏。另外,对特殊工业有着更为严格的要求,比如因为核材料的运用给环境带来的威胁,各国都有对核设施的报批义务,并对核材料的保存和占有有着特殊规定。

第五章　公私法接轨视角下的用益物权制度*

在现代,对物的利用主要通过两种途径:一是在他人财产上设定物权并进行使用、收益以满足自己的需要,即用益物权途径;二是在他人的财产上设定债权而对之进行使用、收益以满足自己的需要,即债权途径。与债权的随意性和灵活性相比,用益物权体系下的法律保护更具有稳定性。用益物权体系更能为权利人提供一个合理而确定的预期,能充分保护权利主体的利益,对权利人存在着强烈的激励。通过在他人所有的物上设定以使用价值为主要目的的用益物权,由用益物权人占有、使用并享有一定的收益,“将资源流转到最有条件和能力利用该物的人手里,实现资源效用发挥的最大化”。[①] 传统的以物的“所有”为中心的物权观念,现在已被以物的“利用”为中心的现代物权观念所取代。甚至有的学者提出,用益物权已经居于现代物权法的核心地位。但是,用益物权属于他物权,是建立在所有权基础之上的。所有权是用益物权设立的前提和基础。同时,用益物权属于限制物权,要受到所有权的限制。用益物权的行使不得违背所有权人的意志,不得损害所有权人的利益。如果过分追求资源利用的效率,只注重用益物权人利益的保护,而忽视所有权人的意志,必然会危及用益物权的基础。因此,现代物权法中的用益物权制度,既要保证用益物权人对物自由、充分地行使占有、使用、收益的权利,实现资源利用效率的最大化,又要维护所有权人的利益,对用益物权的行使作出必要的限制;既要保证物权法的私法属性,维护用益物权人的自由利益和

---

* 史作雷参与了本节成果的研究。

① 全国人大常委会法制工作委员会民法室:《中华人民共和国物权法:条文说明、立法理由及相关规定》,北京大学出版社 2007 年版,第 213 页。

私法自治的理念，又要设置一定的通道，将公法规范引入物权法领域，避免用益物权的滥用，以及由此造成的对公共利益的损害。

第一节　用益物权制度公私法接轨的可行性和必要性

一、用益物权在传统物权法上的定位

人类面对的是一个物的世界。面对这个独特而陌生的外在世界，人由于受其限制而仅仅成为一种主观的存在。为了超越这种限制，人类通过制度的设计，努力将其意志体现在任何一个和每一个物中并使之成为所谓的财产。这种制度，首先是反映人对物的占有和支配关系的物权法律制度。于是，在迄今为止的人类制度史上，维护和鼓励人类对物的现实支配和消费，成为物权制度固有的、原始的机能。而近代各国民法制度，更是基于一种人类中心主义的狂妄，以人统治自然为指导思想，努力实现其功利主义的价值观。以自然资源为例，受此价值观的影响，传统的生产模式把自然作为取之不竭的资源仓库，由此放任人类贪婪地索取欲望。表现在物权立法上，它首先传递的是一种人与人之间因资源利用而发生的利益分配信息。因此，近代各国物权法并不关注个人与社会、人和自然之间的紧张关系，只是一味关心物之经济效益的充分利用，其具体表现为①：

第一，在设计物权变动的模式时，除承认以契约等法律行为为中介建立起来的资源流转和利益分配关系之外，对作为动产的自然资源，如野生动物等，视其为无主物而允许通过先占原始地取得其所有权②，从而极大地刺激了人们对此类自然资源的消费欲望；对作为不动产的自然资源，由于其相对于动产更显稀缺，所以法律允许的通过先占等原始取得方式取得不动产物权的情形甚少乃至为零，但法律在此

---

①　参见徐涤宇：《环境观念的变迁和物权制度的重构》，载《法学》2003年第9期。

②　近现代各国民法典，如德国、意大利、智利、阿根廷等国民法典，均把捕鱼和狩猎视为先占的一种。在法国，民法典对此虽无明文，但理论和实践上也承认野生动物的先占主要由狩猎和捕鱼而产生。

之外，设计了同时适用于动产和不动产的取得时效制度，以避免资源的闲置，促进其最大化利用。

第二，在物权类型方面，对自然资源的利用主要是通过用益物权的设计来实现的。一般而言，用益物权这一概念负荷着近代物权法所要实现的一项最基本的规范功能或价值目标：效益。换言之，它着眼于物的使用价值，促成社会财富的充分利用，以解决物之所有权人因主观或客观的障碍而不能有效利用物质资源，但非所有人又因不享有所有权而无法对他人之物加以利用之间的矛盾。以此观之，尽管近现代各国民法中的用益物权制度在内容、机能和种类上具有较大差异，但其中所体现的基本功能却是统一的，它们都是试图通过具体权利类型的设计，从不同侧面来实现用益物权所负载的效益功能。在具体内容的设计上，近代物权法只是根据私益的需要设定具体的权利义务，漠视可持续发展对权利行使所要求的社会义务。这种设计以刺激个人关注其私权为手段，试图实现物之经济效益最大化的目标，但也起到了纵容人类不计后果消费自然资源的消极作用。以对林木、矿产等自然资源的利用为例，在近代一些国家的物权法中，它一般通过设定用益权或准用益权而达其目的。用益权的本质在于权利人虽可对用益物进行使用和收益，但不得损坏标的物，以保证日后予以返还。因此，在各国关于用益物权的规定中，用益权人不仅负有期满后返还物之本体的义务，同时也须为用益物的返还作成财产清单、提供担保或保险的义务。这种设计精巧的制度，本来一方面能使物得到合理利用，另一方面又可保证用益物不会因无节制的利用而致价值衰竭。因为用益权人既然负有返还物之本体的义务，并在权利消灭时负有补偿用益物的义务（如补植林木、苗木），他往往须在用益权存续期间维持用益物的经济用途，并间接地实现某种环境维护的功能。然而，由于用益权的人役权性质，决定了它只是为特定人的利益设定的一种不可移转或继承的私权，且不包含权利人对社会的义务，所以用益权人只会考虑眼前利益，希望在其权利存续期间获得财产的最大限度的回报，他既不担心财产的耗尽，也无必考虑对财产的改良，这就导致了对资源的掠夺性消费。

二、用益物权制度公私法接轨在中国的可行性

物权领域的限制与自由，突出地表现为用益物权制度中的限制与

自由。我国用益物权制度的发展既要保证用益物权的正常行使,又要防止用益物权人滥用权利,损害社会公共利益;既要保证公法规范对用益物权的适当限制,又要防止公权力过度扩张,损害用益物权人的合法权益。我国的公有制国情和社会主义市场经济环境对用益物权的限制与自由的平衡,成为我国用益物权制度公私法接轨的现实基础。

1. 公有制国情为用益物权制度公私法接轨提供了制度基础

依据我国《宪法》的规定,土地及大多数重要的自然资源都实行公有制,土地等重要的自然资源,要么属于国家所有,要么属于集体所有,且这些资源的所有权不得流转。一方面这种体制可以避免私有制下的过分侧重个人利益而忽视社会公共利益,尤其在满足社会对土地等自然资源的利用要求上具有重要的意义;另一方面,自然资源所有权不能进入市场进行流转,也为资源的利用造成了障碍。国家所有权和集体所有权的客体范围具有特殊性,国家所有权的行使与政府对财产的监管不能截然分开,集体所有权与集体组织成员的权利不能分离,这些都表明了这些财产在确认、管理、使用等方面需要确立一些特殊的规则,否则无法完全通过所有权的一般规则来解决。[①] 单纯的公有制所有权形式并不能实现公有制的目的。这就需要明晰产权,在特定财产和特定人之间建立排他支配关系。“产权要想有效地发挥作用,必须是可分割的……通过分立的个人和群体,财产的各自要素常常能得到有效的利用”[②],产权“必须可处置的(或可转让性的)”,“在产权被禁止处置的地方,产权被束缚于一个既有的所有者,而其他人尽管因具备更好的知识和技能而可能对该财产定价更高,却不能对该财产进行更好地利用”。[③] 明晰产权的方式主要表现为所有权和使用权的确立。而在公有制条件下,明晰产权主要是通过设定用益物权的方式实现。“公有制对中国物权法的影响可以作许多具体描述,但根本的一点,是国有财产、集体财产的财产归属与财产利用的天然分离。

---

① 参见李国强:《相对所有权观念在所有权平等保护中的解释论应用》,载《法制与社会发展》2009 年第 3 期。

② Arjun Subrahmanyan. *Land Use in China*: *The Impact of the Economic Revolution. China Law & Practice*, 2004, 1: 53.

③ 〔德〕柯武刚、史漫飞:《制度经济学》,韩朝华译,商务印书馆 2000 年版,第 215 页、第 229 页、第 230 页。

国有财产、集体财产的经营必须由具体的法人或自然人操作。这就决定了国有财产、集体财产的占有、使用、收益和处分，总是执于非所有人之手。"[①]要使土地等生产资料真正进入市场，在土地公有且所有权不能流转的情况下，就需要通过用益物权制度的构建，使非所有权人于各项土地上的权利以物权的方式固定，这样用益物权人才能够对其权利的内容有一个长期、稳定的预期，并能够以此对抗第三人包括政府的不法侵害。所以说，公有制条件下，用益物权是作为非所有权人的民事主体依法获得可供交易的土地等自然资源产权的唯一途径，也是土地等自然资源作为生产要素进入市场流转的基本方式。

公有制的真正实现，主要依赖用益物权的行使，同时也为现代用益物权制度的发展提出了要求。公有制条件下，土地等自然资源的所有者是国家或者集体，它们代表的是公共利益或者集体利益，明显具有公法色彩。而作为用益物权人的普通民事主体，是完全的个人。在用益物权法律关系中，如何实现公法色彩的所有权人与私法上用益物权人之间的地位平等，充分尊重双方的自由意志，同时又能维护所有权人所代表的社会公共利益，协调公共利益与个人利益之间的关系，就是公有制对现代用益物权制度发展提出的具体要求。这种要求的实现，有赖于用益物权制度的公私法接轨。所以说，公有制的国情为用益物权制度公私法接轨提供了制度基础。

2. 社会主义市场经济环境为用益物权制度公私法接轨提供了现实动力

我国用益物权制度的发展，面临着我国由计划经济向社会主义市场经济转变这样一个大的历史环境。强调这一点，是因为这样一个历史背景决定了我国用益物权制度发展面对的法制环境，即由公法本位向私法本位的转变。这一法律环境的转变，需要用益物权制度公私法接轨的配合，也决定了我国用益物权制度公私法接轨的特点。

我国古代法制史最大的特点就是民刑合一、诸法合体，不存在公法与私法的划分。1949 年新中国成立后，废止了包括民法典在内的"六法全书"，私法在中国法制中的发展出现了中断。自此，中国的法制从"西学东渐"转向对苏联法律体系的全面继受。在全部生产资料实行公有的基础上，在国家经济发展实行高度计划经济体制的条件

---

① 孟勤国：《公有制与中国物权立法》，载《法学》2004 年第 2 期。

下,代表个人利益的私权以及私法的发展便失去了存在的空间。1922年,列宁针对《苏联民法典草案》的起草提出:“不要迎合西欧,而要加强国家对私法关系,对民事案件的干预。我们不承认‘私的’,对我们来说,经济领域中的一切都是公法上的东西。”“私法的基础是生产资料私有制,在生产资料公有制的国家,私法失去了存在的基础”,“社会主义制度消灭了社会利益和个人利益的对抗性,公、私法的划分也就失去了意义”。[①] 在当时,国家尽可能地把私法和私权的范围压缩到极致,民法作为自主自治和自我负责的市民社会的基本法,在中国社会已经失去了它固有的属性,个人利益完全被公共利益所湮没,为谋求公共利益而行使的国家公权力和公法具有绝对的权威和优先性。[②] 同时,在那种完全社会化的高度集中的计划经济体制下,过于强调生产资料的公有,“一大二公”的社会管理模式,这些都限制了民事主体直接获得生产资料的可能性。由于不直接拥有对生产资料的稳定的产权,农民生产积极性自然无法提高,因而就会出现资源利用率不高,浪费过大,反过来限制了公有制经济的发展。

改革开放以后,我国开始由计划经济向社会主义市场经济转变,市场开始作为资源配置的主要体制机制。为了将这一转变以法律的形式确定下来,并且发挥法律的制度功能,更好地配合市场经济的运行,国家立法也出现了较大的转变。这种转变最突出的特点就是开始对私权和私人利益的保护。1987 年通过的《民法通则》,确立了民事主体的私人地位,注重对公民财产权的保护。通过土地承包经营权等制度的设置,确立了民事主体对公有制生产资料的使用权。2007 年通过的《物权法》,又进一步丰富了用益物权的种类和内容,为民事主体对公有制生产资料的利用提供了更多的机会和更多的权利保障。与私法的繁荣相对的是,国家权力的作用范围和方式发生了改变,政府对经济领域的管制范围正逐步缩减,管制的方式也在改变。

我国由计划经济向社会主义市场经济转变,国家立法环境由公法本位向私法本位转变的背景决定了我国用益物权制度公私法接轨的

---

① 王涌:《私权的概念》,载夏勇主编:《公法》(第 1 卷),法律出版社 1999 年版,第 403 页。

② 参见申卫星:《构建公权与私权平衡下的中国物权法》,载《当代法学》2008 年第 4 期。

特点。在实行市场经济的私有制国家，私法居于主导地位。随着经济发展，它们需要强调的是用益物权的社会化功能，在用益物权制度的公私法接轨上要求更多地对私权作公法限制，国家公权力基于公共利益对私权进行适当干预。而我国用益物权制度的发展则与之相反。它从高度社会化的国家所有权派生而来，从具有高度公法本位色彩的法治传统中发展而来。所以，我国用益物权制度的公私法接轨，重点在于强化对私权的保护，弱化传统物权法领域的公法色彩：一是通过适当增加用益物权的种类，扩大用益物权的客体范围等手段，实现用益物权的私权性的扩张，尽可能地发挥用益物权在促进公有财产进入市场领域，充分发挥市场优化配置方面的作用。二是要摆脱原有的行政做法，抵制公法规范的过度干预。“使不动产权利，尤其是土地权利，摆脱对行政权力的依赖，成为真正的、运动的财产权而走向市场。”①

三、用益物权制度公私法接轨在中国的必要性

所有权的社会化和用益物权的本土化，从整个社会经济、法制发展的角度，提出了现代用益物权制度的发展应当担负公私法调和功能的任务。笔者认为，就用益物权的本体而言，公私法的接轨对于我国用益物权制度的全面实现也是十分必要的。

（一）破除用益物权主体身份障碍的需要

用益物权的主体，是指用益物权法律关系的主体，包括用益物权人和所有权人。与其他物权类型相比，我国用益物权主体具有浓厚的身份性色彩。这种身份色彩严重制约着我国用益物权的实现，对这种身份障碍的破除亟须用益物权制度公私法的接轨。

1. 用益物权人身份制约的去除

民法基本理论认为，财产权是可以与权利人的人格、身份相分离并具有财产价值的权利。大陆法系传统物权法理论也将用益物权视为非所有权人利用所有权人的物的一项独立的权利，一般不与用益物权人的特定身份相联系。但根据我国《物权法》及相关法律的规定，我国用益物权人仍具有一定的身份色彩。某些用益物权在取得、行使和消灭等方面，与主体的特定身份密切相关。以土地承包经营权为例，

---

① 钱明星：《论用益物权的特征及其社会作用》，载《法制与社会发展》1998年第3期。

首先,在土地承包经营权的取得上,具有特定的成员身份,是权利人取得土地承包经营权的前提。如《中华人民共和国农村土地承包法》(以下简称《农村土地承包法》)第5条规定,农村集体经济组织成员有权依法承包由本集体组织发包的农村土地。第15条规定,家庭承包的承包方是本集体经济组织的农户。可见,在现行法律上,只有本集体经济组织内部的成员才有取得土地承包经营权的资格。其次,土地承包经营权的流转,只能发生在一定的组织成员内部,土地承包经营权在本组织之外的流转受到严格的限制。根据《农村土地承包经营权流转管理办法》第35条的规定,农村土地承包经营权的互换和转包,都只适用于同一集体经济组织内部的承包方之间。最后,在土地承包经营权的消灭上,维持特定成员身份是取得的经营权在承包期内不被收回的前提条件。在成员身份的制约之下,土地承包经营权制度难以消除其在权利稳定与权利平等之间、权利固化与人口流动之间、土地利用与农民生存保障之间的内在冲突,从而影响着农民土地权益的实现和农村土地利用效率的提高。身份制约已经成为土地承包经营权的发展瓶颈。[①] 用益物权人身份上的这种制约,导致用益物权人的权利不能与身份相分离、权利不能随主体的流动而流动,同时也制约了用益物权本身的流转和权利主体的流动。现代民法的发展正逐步"从身份向契约"转变,并将契约自由作为市场经济的柱石,这种身份上的制约,显然不利于用益物权的真正实现。用益物权的全面实现,亟须破除用益物权人身份上的制约,这种身份制约的破除,有赖用益物权制度公私法的接轨。

2. 所有权人公私法身份的分离

在公有制经济条件下,我国的土地等重要资源都归国家或集体所有。而国家和集体在此处更像是一个政治经济学上的概念。国家或集体经济组织在参与经济活动的同时,还承担着公法赋予的社会管理职能。这个概念本身就意味着所有权人的双重身份——除私法主体的身份之外,还是政府行政管制者。如在国有土地使用权出让法律关系中,土地管理机关同时具有双重身份:国家土地所有权的代表和土地市场的管理者。而所有权人的这种双重身份往往又和用益物权人

① 参见周应江:《论土地承包经营权的身份制约》,载《法学论坛》2010年第4期。

的身份制约联系到一起。因为在社会管理层面上,土地承包经营权人等用益物权人要服从于政府或本集体经济组织的管理。当事人在建立公有制财产开发与利用关系上的这种身份属性,容易导致谈判地位与能力的差别。[①] 这种身份上的双重色彩容易为作为义务人的所有权人所利用,借助公法的手段实施对用益物权人的干涉,将公权直接侵入私法领域,损害用益物权人的利益。近年来,我国出现的农村土地强制征收、强迫农民"上楼"的不良现象,都是由于政府或集体混淆了其公私法身份,打着所有权的旗号,以公法身份,运用行政手段,肆意侵害土地承包经营权人的利益。在利益驱动之下,巨额土地黑金引爆了不少政府官员的腐败案。围绕商业土地开发进行的拆迁,往往以公共利益的名义剥削平民百姓,成为阻碍和谐社会建设的消极因素。建立公有私用的公有财产权利体系,一方面,要按照完整产权的要求配置利用权的内容;另一方面,要区分公共权力机构的行政权力主体身份与财产权利主体身份,并限制其在具体"私用权"的设立上进行积极意思表示的能力。[②] 对公共权力部门的积极意思表示能力进行限制,是为了促使国家所有权或集体所有权中财产实体支配权的一面,向着实际上的"价值收益权"转化,使国家所有权或集体所有权回归于成员的自治管理权。用益物权义务人这种身份上的分离,有赖用益物权制度公私法调和功能的发挥。

(二) 保障用益物权客体利益实现的需要

用益物权的客体,是指用益物权人占有、使用、收益权能作用之对象。它既有民法上的物的一般属性,又有着自己的独特内涵。用益物权在性质、效力、结构等方面的一系列特点,都是与其客体联系在一起的,其客体的含义、范围和特性对用益物权有着根本性的影响。[③] 所以,从用益物权的客体着手,考察用益物权制度公私法接轨的必要性,是一个便捷途径。

1. 用益物权客体私益性实现之公法保护

从各国用益物权的立法来看,用益物权的客体包括不动产、动产

---

① 参见李富成:《中国语境中的物权法定问题》,载《比较法研究》2007 年第 2 期。

② 参见钱明星、李富成:《中国公有制物权法的基本问题》,载《中外法学》2002 年第 3 期。

③ 参见钱明星:《论用益物权的客体》,载《中外法学》1998 年第 1 期。

和权利。但是,从整体上来看,用益物权的客体以不动产为主。我国《物权法》第117条规定:用益物权人对他人所有的不动产或者动产,依法享有占有、使用和收益的权利。尽管物权法将动产纳入了用益物权的客体范围,但是并没有就动产设立具体的用益物权类型。土地承包经营权、地役权等具体用益物权制度都是建立在土地等不动产之上的。所以,我国用益物权的客体基本限于不动产。以不动产作为用益物权的主要客体,其原因主要在于,"其一,动产物权以占有为公示,不动产物权以登记为公示,占有之公示力仅能表现极简单之法律关系,而登记之公示力对于较为复杂的法律关系也能表现。现代各国民法,动产物权种类较少,而不动产物权种类较多,其原因在此。用益物权为具有复杂的权利义务关系的物权,应主要以不动产为其标的物,可借登记以为公示;其二,动产之种类至为繁多,数量亦至为零碎,而其价值原则上又总是较不动产为低,因而如有需要,尽可买为己有,即使偶有利用他人动产之必要,亦以采借贷或租赁等债之方式为已足,而不必依赖用益物权"。① 这在为我们解释为什么用益物权以不动产为主要客体的同时,也说明了用益物权客体自身所具有的高价值性等私益性特点。

用益物权客体的这种高价值性,使得其法律规则有了自己的特点。用益物权客体的高价值性也意味着流转过程中的高风险。用益物权客体私益性的实现需要化解这种流转中的高风险。而不动产登记作为不动产物权取得和变动中的重要环节,可以有效地化解这种风险。依据我国《物权法》的相关规定,土地承包经营权和地役权未经登记不得对抗第三人,而建设用地使用权必须经过登记才能发生效力。通过公法手段来完成用益物权的公示,有利于保护用益物权人和善意第三人的合法权益,保障交易安全。用益物权取得、流转过程中的这种登记行为本身属于行政行为。这种公权力的介入,并非意在干涉用益物权人权利的行使,而是通过这种公权力的行使来确认和保障用益物权的实现。而且,在通过登记确认用益物权的同时,不动产登记机关也可以及时掌握不动产使用方面的相关信息,便于对其进行管理,这样就减少了登记机关的行政负担,提高了工作效率。正如苏永钦教授所说:"让平等主体间的民事规范,主要或附带承担辅助管制政策,

① 郑玉波:《民法物权》,台北三民书局1999年版,第256页。

在现代立法已经是常见的现象,这类民事规范一方面实现了私法的公平正义,另一方面也借私益实现的诱因,减轻国家管制的执行负担,提高管制的效率。"[①]用益物权客体私益性的实现,需要引入公法手段的保护。在公私法分立的法律体制下,这种公法保护的引入,需要发挥用益物权制度的公私法调和功能来实现。

2. 用益物权客体公益性实现之公法保障

作为用益物权客体的不动产,最主要的内容就是土地及其他自然资源。土地是一项重要的资源,是人类生存的基础。这种稀缺性的资源关乎人类的基本生存,把有限的资源公正而有效率地配置给各种类型的人使用,防止浪费宝贵的自然资源,这就需要对使用人予以经济控制。但是,当这种经济控制不足以防止严重的外部损失时,社会规范和政府管制就显得十分重要。[②] 另外,作为用益物权客体的土地等资源,还承担着其他的社会功能。土地所涉之土地权利始终存在"两条利益和意志主线,一是社会整体利益和国家意志;二是社会成员的个体利益和当事人意志"。[③] 刘得宽先生也指出:"就不动产而言,其涉及所有利益、资本利益、生存利益等。"[④]而且,其中的生存利益具有无论在何时何地均应得到保护之普遍价值。这些以生存利益为代表的特殊利益,就是用益物权客体所具有的公益性。土地等自然资源的使用,除了要在所有人和用益物权人之间进行适当的分配、实现自然资源价值最大化之外,还应实现这些自然资源本身承担的众多社会功能,维护社会的公平正义。从法律哲学的层面来看,用益物权实质上是公平分配的一种形式。只允许所有权人对物进行使用、收益,则是对非所有权人的一种奴役,反映的只能是强权(独裁)而非民主。[⑤]

用益物权客体的这种公益性在我国体现的最为明显。以土地承包经营权为例,在我国经济发展尤其是农业发展仍不发达的时代背景

---

① 苏永钦:《民事立法者的角色——从公私法的接轨工程谈起》,载苏永钦:《民事立法与公私法的接轨》,北京大学出版社 2005 年版,第 9 页。

② 参见崔建远:《准物权研究》,法律出版社 2003 年版,第 56 页。

③ 王卫国:《中国土地权利研究》,中国政法大学出版社 1997 年版,第 36 页。

④ 刘得宽:《民法诸问题与新展望》,中国政法大学出版社 2002 年版,第 70 页。

⑤ 参见屈茂辉:《用益物权制度研究》,中国方正出版社 2005 年版,第 12 页。

下，农村土地成为占我国人口大多数的广大农民最重要的生产和生活资料。在农村土地集体所有的制度下，农民往往将土地视为抗御社会风险的“最后一道安全屏障”①，土地承包经营权因此具有强烈的福利法色彩。尽管在一些经济发达地区，农民的主要收入可能来自非农业，农民抗御社会风险的能力逐步增强，土地作为一种社会保障手段的作用日益减弱，土地承包经营权在功能上开始“由福利性向经济性发展”，②但是，从我国农业发展的整体来看，土地承包经营权的生存保障功能并没有完全消失。此外，特别法所规定的取水权、渔业权等也有一定的保障生存利益的功能。而这些社会功能的实现，强调社会公共利益之维护，使得用益物权的行使必须置于政府公权力的监管之下。作为私权的用益物权如何在私法自治的基础上，合理地引入政府公权力，以保障其社会功能的实现，就需要在用益物权的制度设计中实现公私法的接轨。所以说，用益物权制度的公私法接轨，对用益物权客体公益性之实现也具有十分迫切的现实需求。

四、用益物权制度公私法接轨的含义

公私法规范的交错与融合，在物权领域体现得最为明显，尤其表现为对所有权的行使进行各种公法限制。然而，随着传统的所有权绝对观念的转变，以物的所有为中心的物权观念逐渐被以物的利用为中心的现代物权观念所取代。尤其是在我国公有制的条件下，土地等重要的生产资料都归国家或集体所有，用益物权成为公有财产使用价值实现的主要方式。而作为所有权人的国家或集体本身就是公共利益的代表，对所有权的行使进行公法限制已不再重要。传统的所有权上的公法限制，渐渐地转移到用益物权之中。大量的公法规范从土地规划、资源保护等方面对用益物权之行使进行了种种限制。政府还可以基于公共利益就用益物权客体实施征收、征用。同时，随着资源利用方式的多样化，用益物权之行使，也更加迫切地需要公法提供各种保

---

① 钱明星、李富成：《中国物权法的观念》，载蔡耀忠主编：《中国房地产法研究》（第1卷），法律出版社2002年版，第114—115页。

② 曹诗权、朱广新：《论农地承包经营权立法目标模式的建构》，载《中国法学》2001年第3期。

护手段。

现代用益物权制度的发展,既要接受公法的必要限制,又要公法提供各种必要的保护,用益物权成为公私法共同管制的范围。作为私权的用益物权既要保证私法自治的基本属性,又要处理好与公法之间的关系,公私法之间的关系在用益物权制度中变得紧张起来。用益物权之实现,必须妥善解决公私法之间的这种紧张关系,处理不好,就可能导致公权的过度介入,侵害用益物权人的利益。近年来出现的农村土地强制征收、强迫农民“上楼”等现象即是例证。对于用益物权制度而言,用益物权人使用权的实现,不仅需要物权法构筑私法自治的自由空间,还需要以行政法为主的各种公法提供补充性的保护或必要的限制。而这样的一种“缝合”,其实就是用益物权制度中公私法规范的接轨问题。

用益物权制度的公私法接轨,就是要在保证私法属性的前提下,明确用益物权制度和其他公法规范共同规制的范围,然后将这些范围作出区分,分别设立对应的“转介条款”,以之作为通向公法规范的管道,将有关公法之规定引进用益物权领域,以实现公法对用益物权必要的保护或限制。简言之,用益物权制度公私法接轨的构建包含两个部分:一是用益物权制度中物权法与其他公法规范共同管制的范围;二是在用益物权制度中内置一种规范作为通向公法的渠道。前者属于用益物权制度公私法接轨的政策考量问题,后者则属于技术问题。

第二节　用益物权中公私法接轨的场域:共同管制范围的确定

现代社会的立法在兼顾“自治”与“管制”的目标下,公法与私法呈相互交错和融合的态势。① 但这种“交错与融合”并非“融为一体”,而是在公私法相对分立的前提下相互学习和借鉴,以彼之长,克己之短。从“诸法合一”到公私法“分立”,再到公私法的“交错与融合”,是立法模式上的“否定之否定”,绝非又要回到“诸法合一”的老路上去。

---

① See Lee, Boehlje, Nelson & Murry. *Agricultural Finance*. Lowa State University Press, 1988, 8.

“分立”仍然是基础和根本，否则就没有“交错与融合”可言。① 尽管在现在还未就公私法的划分标准得出统一的结论，但是有一点是值得肯定的，并非法律领域内的所有问题都是“公、私兼顾”的。用益物权的公私法调和功能实现模式，首先就是要完成这样一个任务：明确区分在用益物权制度中哪些事项属于民法规范单独管制的范围，哪些事项属于公法规范单独管制的范围，哪些事项属于公私法共同管制的范围？只有那些属于公私法共同管制的事项才属于用益物权制度公私法接轨的切入点，而那些属于公法单独管制的事项就要交给公法规范去调整，那些属于私法单独管制的事项交给民法去调整。也只有这样，厘清公法与私法之间的关系，才既能完成公法规范的引入，又保留用益物权本来的私法属性。如此，用益物权制度的公私法调和功能方能全面实现。有的学者，将这些属于公私法共同管制范围的事项，形象地称为公法与私法之间的“模糊区”。②

一、公私法共同管制范围的判断标准

如何判断哪些事项属于用益物权制度中物权法与其他公法规范共同管制的范围，实质上是一种政策考量的结果。具体的政策接轨问题，在于“让公法的规定影响多少民事关系”。换句话说，用益物权制度中的某一事项，是否需要公法规范的引入，取决于在公法规范引入之后对该用益物权制度的发展能够起到什么样的效果，或者是否同时对公法也有一定的辅助管制作用。其目的是对该权利的行使提供保障，还是对权利的行使设置必要的限制，等等。

由于法律规制的事项涉及社会生活的各个方面，人类追求的价值目标也是多元化的，因而对这些事项的政策考量也不是唯一的。但是，有一点是必须明确的，那就是这种政策考量的前提是该公法规范的引入能够产生某种私法上的效果。这种效果可以是事实上的，如登记行为；也可是法律上的效果，如因违反某一公法规范而导致用益物权的效力灭失。这种效果可以是积极的效果，如对某项用益物权行使的保障，也可以是一种消极的效果，如对用益物权行使的必要的限制。

---

① 参见钟瑞栋：《民法中的强制性规范——兼论公法与私法“接轨”的立法途径与规范配置技术》，载《法律科学》2009年第2期。

② 同上注。

二、公私法共同管制范围的裁量主体

在苏永钦教授看来，个别管制政策与自治原则的权衡，不宜由民法典立法者来做，而应交由各管制法的立法者去做民法的排除或修正。因为如果将公法与私法共同管制的事项及其引起的法律效果完全交由私法来完成，就可能使得民法在辅助管制之外，也被期待成为"制衡国家权力、保障人民权利的重要工具"。然而，如果交由管制立法者来做，他就要对所规范领域的民事关系一一进行权衡，以确定要对哪些民事权利的行使做特别限制，要对哪些民事契约的效力予以排除，哪些行为要加重违法的责任，等等。这样就会造成管制立法上极大的负担。一旦就某一民事关系的法律效果没有在管制法中做特别的规定，就会完全肯定其自治效力，这样就可能造成对国家公法必要管制的妨碍。综上，他认为应该采取折中的办法，"就是把调和的重任交给个案审判者，让民事法官就个案事实去审视：公法规定在这里是否应转化为自治的界线，排除法律行为的效力，科以损害赔偿责任，或限制财产权的行使？全部无效或仅部分无效，限制权利行使又到什么程度？"①

然而，在我们看来，将公私法共同管制的裁量权交给民事法官，这对法官来说自由裁量的空间很大。要想准确驾驭，就需要办案法官有着很高的法学素养。他不仅要熟悉私法的相关内容，还要对公法知识有比较深入、全面的了解，能够从超越公法、私法本身的高度去做价值评判和政策考量。而且，苏永钦教授的这种观点，是基于我国台湾地区继受德国法典化模式的立法体系基础之上提出来的。我国台湾地区民法典早于干预性的公法出现，而后者是在前者创造的市场经济基础之上作部分领域的调整。我国法治发展 30 多年来，取得了巨大的成就，但是社会主义法律体系还没有完全建立起来，尤其是民事立法发展起步稍晚。我国立法的概况是先有特别的管制立法，如《土地管理法》《农村土地承包经营法》等，然后才有《合同法》《物权法》等财产性的民事法律规范。这就和我国台湾地区的立法过程反过来了，从计划经济向市场经济转变，然后在此基础上"回填"一个基础性的市场自

① 苏永钦：《民事立法者的角色——从公私法的接轨工程谈起》，载苏永钦：《民事立法与公私法的接轨》，北京大学出版社 2005 年版，第 29 页。

治规范。管制法与民法出现的先后顺序,使得我国民事领域中哪些事项属于公法管制的范围变得清晰。民事立法者在立法之时就可以事先参考有关公法的规定,寻找出公私法共同管制的范围,并就这些事项进行政策考量,选择性地在民事法律文件中作出规定。另外,根据目前我国司法实践的现状,我国各级法院的法官法学素养还不足以承担如此宏观上的价值判断重任。在此现状下,就可能出现这样两种情况:一是由于法官素养不够,对公私法共同管制的范围认识不全面,造成某些民事权利的行使得不到应有的公法限制,以致损害他人或者社会公共利益;二是由于自由裁量权过大,司法机关就有可能基于与行政机关之间的"同事"关系,在政策考量过程中倾向于公法管制一边,从而侵犯私法的自治空间,对民事权利主体的利益造成损害。

基于上述原因,笔者认为,我国公私法共同管制范围的裁量权应该赋予民事立法者,由民事立法者在民事法律规范中就共同管制的事项尽可能予以明确。这样才符合我国的法制发展进程及司法实践的现状。

三、用益物权制度公私法共同管制的范围

有的学者根据公私法共同管制事项本身的属性以及公私法融合的程度,将"模糊区"分为五种类型:

(1) 有些问题是"私"的问题(民法问题),但只有采用"公"的(行政法)手段才能解决(如赌博、嫖娼问题)。

(2) 有些问题是"公"的问题,但只有通过"私"的方法方能妥当处理(如政府发行国债)。

(3) 有些问题是"私"的问题,主要应由民法来调整,但需要行政法规范来辅助(如民事登记、商事登记、知识产权保护)。

(4) 有些问题是"公"的问题,主要应由行政法来处理,但需要民法来协助(如行政合同、政府采购)。

(5) 有些问题既是"私"的问题,也是"公"的问题,需要民法和行政法并肩作战、协同处理(如垄断问题、环境保护问题、消费者和劳动者保护问题、产品质量问题等)。①

---

① 参见钟瑞栋:《民法中的强制性规范——兼论公法与私法"接轨"的立法途径与规范配置技术》,载《法律科学》2009 年第 2 期。

这种分类是针对整个公私法领域的层面来讲的,对于公私法接轨的规范配置有着重要的指导意义。但是具体到民法中的规范配置,尤其是细化到用益物权制度中就显得过于宽泛,而且也存在一定的问题。

首先,对于(1),虽然涉及私人生活,但是这种事项已经触及了公法管制的底线。对此种类型事项的规制已经完全超出私法范畴,它已经跨越私法进入了公法管制的领域,属于单纯的行政法调整事项。而且其产生的法律效果也完全是公法上的责任的承担,如治安拘留、治安处罚等,不产生任何私法效果,无论是事实上的还是法律上的。所以,此类问题不应作为公私法共同管制的对象。

其次,对于(2),虽然主体是行政机关,但是其采用的手段属于纯私法的性质。而且以这种手段进入私法之后,其身份就不再是公权力的代表,而是普通的民事主体,与其他民事主体处于平等的法律地位。这类问题,实质上看与公法并无任何关系,所以也不属于公私法共同管制的范围。真正属于公私法共同管制的范围就只有(3)(4)(5)三个方面。另外,笔者认为,还有一个事项应该补充进去,那就是国家基于公共利益的考量对私法领域的管制,如征收、征用问题等。

结合上述论述,我们以公私法接轨对私法领域可能产生的效果为标准,结合用益物权中的具体制度,对用益物权制度中公私法共同管制范围作如下列举:

1. 用益物权之取得事项

用益物权是一种他物权,是对他人所有之物的占有、使用、收益的权利。用益物权以所有权为基础和前提。在我国,用益物权的客体以不动产为主,且主要以土地等自然资源为主,而土地等自然资源的所有权都归国家或集体所有。基于土地等自然资源的有限性和我国人口众多之间的矛盾,国家或集体在将不动产进行分配之时,就会作出一定的政策考量。这种政策考量主要是,尽量化解资源有限性与人口众多之间的矛盾,避免物的无序使用造成对环境资源的破坏等。这就有必要设定一定的公法限制和公法程序,对使用人进行审核,如行政许可等。如果不履行这样的公法程序,将无法获得用益物权,此即公法义务对私法关系所生之效果。所以,某些用益物权的取得,就属于公私法共同管制的范围。

2. 用益物权之确认、流转事项

物权法对市场经济的发展有一个重要的任务就是明确产权。只有产权明确了,财产的流转才有保障,才不致出现纠纷。而产权的明确,需要国家公法手段的确认和公示,以便公众知晓。产权的流转,在我国公有制所有权不能流转的条件下,又突出地表现为用益物权的行使和流转。所以,基于交易安全的考虑,有必要就用益物权之确认、流转等事项引入公法之规定。对这些公法规定之违反,将会导致用益物权流转行为的无效等私法上的法律后果。所以,用益物权之确认、流转事项也属于公私法共同管制的范围。

3. 用益物权行使之必要限制事项

我国用益物权以土地等自然资源为主要的客体,而土地等自然资源在具有经济价值和使用价值的同时,还承载着一定的社会功能,具有公益性的特点。因此,有必要对这些用益物权的行使予以一定的限制。由于这些限制都是基于公共政策的考虑,所以限制的手段也是公法性的。但是,对这些公法义务的违反,也会导致用益物权人承担一定的私法责任,如用益物权的丧失等。所以,用益物权之必要限制事项,也属于公私法共同管制的范围。

4. 用益物权之公共利益的政策考量

国家基于公共利益的政策考量,采用公法的手段对用益物权客体的强制征收、征用,也会导致用益物权丧失或受损的私法效果,所以这个也属于公私法共同管制的范围。但是,这与用益物权行使的必要限制又是不一样的。因为,这种公共利益既是对用益物权这种私权利的限制,也是对公权力的限制。政府部门在强制征收、征用的过程中,也要服从于公共利益的原则。征收、征用的缘由必须基于公共利益,征收、征用的范围也必须是在实现公共利益的范围之内,避免给用益物权人造成不必要的损失,此即比例原则;征收、征用的同时,应当给予用益物权人合理的补偿,此即公平原则;更为重要的是,征收、征用的权力来源于宪法的授权,此即法律保留原则。[①] 所以说,征收、征用问题是公私法共同管制的范围,但是这种管制,是建立在宪法的垂直整合机制之上的。

---

① See Lush Minnie, David Sirota. *California Real Estate Finance*. Real Estate Education Company, 1993, 2.

另外,由于人类追求的价值具有多元化的趋势,公私法共同管制的范围涉及不同的领域。因而,若要在立法过程中对用益物权中公私法共同管制的范围作出全面、具体的罗列,会给民事立法者带来极大的立法负担,而且很难实现,难免挂一漏万。一旦出现遗漏,这就会造成一种误导,使得司法者和用益物权人误以为凡是不在列举范围之内的公法规范,都不适用于该用益物权,这样,公法管制的目的就不能得到全面实现。并且,随着经济的发展,人们对资源的利用呈现多样化的趋势,为了满足人们对资源利用的这种多样化的需求,用益物权制度本身也处于不断发展之中。新型的用益物权制度随时都可能出现,现代用益物权种类的丰富已经证明了这一点,所以用益物权立法也应具有一定的"前瞻性"。[①] 基于上述原因,在用益物权立法过程中,立法者在尽可能就具体用益物权类型涉及的公私法共同管制范围进行明确的同时,还应就用益物权领域中公私法共同管制的范围进行概括性的规定,这样既可以减轻立法者的部分负担,又能解决新的用益物权类型出现时公私法共同管制缺位的问题。

第三节　用益物权制度公私法接轨的管道:转介条款的配置

一、转介条款的具体设计

用益物权制度中转介条款的具体设计,主要是解决两方面的内容:一是作为转介条款的强制性规范在《物权法》中处于什么位置;二是引入的公法规范的内容在《物权法》中被规定多少。

1. 转介条款在物权法中的位置

对于针对具体用益物权类型设计的具体转介条款,应该根据欲引入的公法规范对该用益物权所产生之效果予以区分:对于引入公法规范对该用益物权之取得产生效果的转介条款,由于公法之规定属于该权利取得的前提,所以应该位于规定该用益物权取得事项的法律条文

① See Dean W. Hughes, Stephen C. Gabriel, Peter J. Barry. *Financing the Agricultural Sector: Future challenges and Policy Alternatives*, Westview Press, 1986, 58.

的前半段；对于引入公法规范对某一用益物权之确认、流转产生效果的转介条款，则应位于规定该用益物权取得事项的法律条文的后半段，或者以单独的一款作为补充；对于引入公法规范对某一用益物权之行使进行必要限制的转介条款，则应位于规定该用益物权行使事项的法律条文的后半段；对于概括性的转介条款，基于其所涉管制范围涉及用益物权之整体，应在用益物权总则之中进行规定；对于引入公共利益内容之转介条款，因其属于公法和私法共同遵守的原则，且我国《宪法》已经作出了规定，所以就没有必要规定在《物权法》之中，如果再在物权法中加以规定，其实就弱化了《宪法》作为母法在法律体系中的重要地位，反而可能不利于公共利益的维护。

2. 转介条款的内容

转介条款本身在立法技术上的功能是一种管道，无涉所引入公法之内容。所以在《物权法》中，只需就所要引入的公法规范的名称或者就其内容进行原则性的概括即可，如"依照《土地管理法》的相关规定"等。对于具体的程序等细节性的内容，不应在《物权法》中加以规定，否则，就会变得像《意大利民法典》采用的公私法混合模式一样，影响物权法本身的私法属性。

二、具体性转介条款和概括性转介条款的配合

要使自治与管制兼顾，公法与私法接轨，从立法技术上讲，就是要在适当的位置铺设好通往公法的适当管道，既不要让物权法吞没公法，也不要让公法吞没物权法。用益物权制度的公私法调和功能的实现模式就是要在用益物权法律规范之中设置一种法律规范，以之作为通往公法的管道，将公法引入用益物权领域。苏永钦教授将这样一种管道称之为"转介条款"。但是，这种"转介条款"具体在法律规范中如何体现，苏永钦教授并没有明确说明。

民事法律规范可以分为任意性法律规范和强制性法律规范。笔者认为，这一转介条款在物权法律规范中就表现为一种强制性法律规范。用益物权是一种私法权利，体现在法律规范之中，大部分内容是一种任意性法律规范。作为将公法引入用益物权领域的转介条款，应该是一种强制性法律规范。因为结合前述用益物权制度中公私法共同管制的范围可以得知，要引入的公法规范本身，是基于某种政策考量，且会对用益物权产生一定的效果。所以，这种管道也必须是强制

性的。强制性规范作为连接公法与私法的纽带，是公私交融在私法中的表现，是私法权力运行的基础，是私法得以自治的保障，是私法实现社会正义的桥梁。[①] 公法与私法的“接轨”，是一项浩大、繁杂的系统工程，规范的设计与配置是这一工程中的核心技术，强制性规范则担当着“顶梁柱”的作用，规范设计和配置的技术含量，在很大程度上是靠强制性规范的合理配置体现的。在这个意义上可以说，强制性规范的设计和配置与公、私法的“接轨”，在很大程度上是一个问题的两面。[②]

转介条款包括两种：一种是具体性转介条款，一种是概括性转介条款。具体性转介条款，就是针对具体用益物权类型的具体事项设置的转介条款。在这种条款中，明确地规定了引入的公法规范，且对该公法规范引起的用益物权上的私法效果也予以明确。概括性转介条款，则是针对所有用益物权类型在取得、行使等方面可能涉及的公法规范，进行原则性的规定。通过这种概括性转介条款，实现“民法和源源不绝的公法规范在价值和政策上接轨”。[③] 从司法者的角度来看，具体性转介条款是立法者在立法过程中已经接好轨的公法规范，法官在判案过程中，直接适用该条款即可，不存在自由裁量的空间。而概括性转介条款是对民事法官作“理念、价值、政策接轨的概括授权”，这种概括性的授权，需要法官基于某一用益物权事项所涉公法规范对该用益物权之行使产生什么样的法律效力，在个案中去发现、权衡、认定。

这种概括性转介条款的功能体现在两个方面：一是减轻立法者的负担。因为用益物权制度所涉公私法共同管制范围较广，单纯依靠立法者就各种具体事项设置具体的转介条款，无疑是一项巨大的工程。“分散的由民事法官从审判实务中逐一权衡而适当接轨”[④]，是一个便

---

① 参见许中缘：《民法强行性规范研究》，法律出版社 2010 年版，第 1 页。

② 参见钟瑞栋：《民法中的强制性规范——兼论公法与私法“接轨”的立法途径与规范配置技术》，载《法律科学》2009 年第 2 期。

③ 苏永钦：《从动态法规范体系的角度看公私法的调和——以民法的转介条款和宪法的整合机制为中心》，载苏永钦：《民事立法与公私法的接轨》，北京大学出版社 2005 年版，第 103 页。

④ Tania Murray Li. *Engaging Simplifications*: *Community-Based Resource Management*, Market Processes and State Agendas in Upland Southeast Asia. World Development, 2002, 30(2): 265-283.

捷的方式。二是补充功能。由于具体性转介条款难以涵盖用益物权的各个领域,所以有必要设置这样的概括性转介条款,避免具体性转介条款缺位现象的出现。换句话说,具体性转介条款和概括性转介条款,共同构成了用益物权制度的公私法调和功能的实现模式。但是两者在适用方面是有区别的。一般情况下,司法者应直接适用具体性转介条款,只有在具体性转介条款缺位之时,才能由民事法官"就各该公法行为规范所保护的法益、追求的政策目的,与该规范涉及的个人自由的法益,以及私法自制本身的理念价值仔细权衡"。① 但是,这绝不意味着概括性转介条款并不重要。因为这种概括性转介条款适用于所有的用益物权,这种补充性的功能,恰恰说明了其相对具体性转介条款具有更广泛的适用空间。然而,在法律实践过程中,这种概括性转介条款,往往被忽视。对大部分司法者来说,这样的概括性转介条款只是"标语式的提醒",被视为没有实质规范意义的技术规范。

三、我国《物权法》用益物权编中的转介条款

我国《物权法》将用益物权规定在第三编,全编一共 53 条,内容涵盖用益物权的一般规定、土地承包经营权、建设用地使用权、宅基地使用权、地役权和特许用益物权等方面。在我们看来,我国《物权法》关于用益物权的相关规定的设置,即《物权法》用益物权编中的"转介条款",为用益物权领域公私法接轨的实现创造了巨大的发展空间。

1. 我国《物权法》用益物权编中诸转介条款的配置

如前文所述,"转介条款"是一种强制性规范,同时这种强制性规范有着独特的功能。其主要任务在于将公法性的规范引入用益物权之中,对用益物权的取得、行使等事项进行规制。通过对《物权法》法律条文的简单梳理,我们会发现,在《物权法》用益物权大量的强制性规范中,"转介条款"的设置不仅十分明显,而且分布相对集中。《物权法》用益物权编中涉及有关行政法或其他公法性文件的规定,主要集中在土地承包经营权、宅基地使用权、建设用地使用权和特许物权方面。

---

① 苏永钦:《从动态法规范体系的角度看公私法的调和——以民法的转介条款和宪法的整合机制为中心》,载苏永钦:《民事立法与公私法的接轨》,北京大学出版社 2005 年版,第 103 页。

公私法调和功能实现的前提是对公私法共同管制范围的界定。《物权法》用益物权编中“转介条款”规范配置的区分，其实质在于对用益物权制度中公私法共同管制范围的区分。也就是说，在某一用益物权中是否设置这样的转介条款，关键在于该用益物权是否属于公私法共同管制的范围，在这种用益物权之中引入公法规范是否必要。如果通过私法自治的方式，完全可以实现用益物权的全部事项，就没有必要将公法规范引入进来。设置转介条款的最终目的是为了保障该用益物权更好的实现，“在引进管制性法规控制民事行为的同时，为私法自治保留合理的空间”。对于可以通过合同等私法手段实现的用益物权，不加干涉，通过“法不禁止则自由”的解释，消极地认可其法律效力；对于需要公法手段保护才能更好发挥用益物权效果，或者是基于公共利益的考量需要对用益物权的行使予以必要限制的，才通过设置“转介条款”的方式，来引入公法的相关规定。

2.《物权法》用益物权编中转介条款的具体设计

我国《物权法》用益物权编中“转介条款”的设计，基本上采用比较简约化的模式，在涉及某一用益物权事项的基本规定之后，或者以但书的形式，或者以单独一款的形式，仅就所要引入的公法规范的名称或是原则性的内容进行了规定。如《物权法》第 130 条第 2 款规定：因自然灾害严重毁损承包地等特殊情形，需要适当调整承包的耕地和草地的，应当依照农村土地承包法等法律规定办理。此处就直接明确了承包地调整过程中应该遵守《农村土地承包法》的相关规定，将《农村土地承包法》的相关内容引入。

总体来说，我国《物权法》用益物权编中转介条款的具体设计是符合用益物权公私法调和功能实现模式的基本理论的，美中不足的是，有两个法律条文的设计还有待改进，这就是《物权法》第 127 条第 2 款规定：县级以上地方人民政府应当向土地承包经营权人发放土地承包经营权证、林权证、草原使用权证，并登记造册，确认土地承包经营权。第 139 条后段规定：登记机构应当向建设用地使用权人发放建设用地使用权证书。《物权法》出台之后，有学者指出，这两个条文只是对登记机构职责的规定，属于纯公法性的规范，应予删除。还有的学者提出，既然将登记机构的这种职责规定在物权法中，如果登记机构没有进行登记，或者是没有发放产权证书，是否应该承担民法上的责任呢？

笔者认为,这两个条文虽然属于公法性的规范,但也有其存在的合理性。理由有以下几点:

第一,不动产权属证书为用益物权人权利行使之必要辅助。根据《物权法》第 17 条之规定,不动产权属证书是权利人享有该不动产物权的证明。所谓证明,就是说权属证书只是作为不动产权利归属的一项证明。但是在发生产权争议的情况下,权属证书可以作为一种书证来使用。[①] 而且,在实践中,权利人一般需要在交易之前出具权属证书证明自己享有相应的产权。另外,当不动产权属证书记载的事项与不动产登记簿不一致时,如果有确切证据证明不动产登记簿确有错误的,可以以不动产权属证书为依据,对不动产登记簿记载之事项进行修改。足见不动产权属证书对于用益物权人之重要性。

第二,我国农村土地承包经营权登记制度不完善。我国土地承包经营权存在已久,但是基于历史原因,最初的土地承包经营权并没有完善的登记制度,致使现在许多农村土地承包经营权没有权属证书。如果现在进行补办,工作量之大、成本之高可想而知。所以,只能寄希望于这种强制登记机构主动登记的方式,避免今后再次出现遗漏。

基于上述原因,有必要将登记机构的主动登记职权引入《物权法》之中,但是这种引入本应采用"转介条款"的方式,仅作概括性规定,设置通道,通向不动产登记方面的法律法规,如"农村土地承包经营权书证书的取得,应该遵守不动产登记条例的相关规定"。如此一来,就回避了公众对该条文公权性质的质疑。因为我国《物权法》第 10 条第 2 款规定,国家对不动产实行统一登记制度。统一登记的范围、登记机构和登记办法,由法律、行政法规规定。2014 年 11 月颁布的《不动产登记暂行条例》,对不动产登记机构、登记簿、登记程序、登记信息共享与保护、法律责任等作出了具体规定。所以,这两个条文应由立法者设计为"转介条款"模式。另外,不动产权属证书的重要性,在于对土地承包经营权和建设用地使用权的行使产生事实上的辅助效果,而不是法律上的效果。所以,这种规范不应理解为一种效力性的强制规范。不动产登记机构没有进行登记或是没有发放权属证书,应该承担

---

① 参见王利明:《物权法论》,中国政法大学出版社 2008 年版,第 73 页。

的是一种公法上的行政责任,而不应承担民法上责任。该条如果采用“转介条款”的形式,并且在不动产登记方面的法律、法规中对登记机构的行政责任作出规定,就不会出现这样的疑问。所以,这也从另一个方面说明,在《物权法》中设置转介条款是合理和必要的。

第六章　公私法融合的地役权制度

第一节　法定地役权

在传统所有权理论向所有权社会化理论变迁的过程中，不动产物权亦由归属中心向利用中心转移。随着资源利用形式的多元化，私有不动产在公共利益方面的利用亦向综合标准发展。这意味着仅依靠征收这一终极性限制方式完成对不动产在公共利益方面的利用，已无法满足现实的要求。用益物权中的地役权制度则能以其特性满足这种现实要求。地役权实质也是一种对不动产的限制利用，当事人利用供役地的同时，兼顾供役地人的利益，甚或可以维持不同需役地人之间的利益平衡。目前域外关于地役权，更多的是从公私法融合的角度来讨论。对此，下文将集中讨论法定地役权、强制地役权和公共地役权的问题。

地役权起源于古罗马法，其最早的概念是指为自己土地的便利而利用他人土地的权利。因古罗马采取吸附原则，即土地所有权吸附建筑物，建筑物的利用关系也可适用地役权制度。土地、建筑物等不动产的物理属性决定其不可能仅靠自身就可高程度地实现利用价值，这需借助于他人的不动产。而地役权由于其独特的权利结构模式和强大的功能效应，使其能缓解土地资源日趋稀缺和土地利用关系日益复杂导致的问题。因此，近现代各国民事立法在相当大的程度上继受了地役权制度。但因各国文化背景、历史传统和现实需要的不同，在继受地役权制度时，或有所保留，或有所革新。

作为最初的用益物权形式，地役权在民法制度史上的作用甚至被当做“一般用益物权模型”。[①] 法典中不具“名分”的各种物之利用形式，在地役权对物权法定主义的缓和的庇护下，起初以地役权的形式存在，继而发展成熟，并在民法典中“有名化”，并取得一席之地。但不论在多大范围内借用地役权制度，物之利用都必须以“需役地的利益”为前提。也就是这些“物之利用形式”都必须符合地役权的传统构造，即为一块土地的利益（需役地的利益）而限制另一块土地的利用。自罗马法以来的民法传统，一直坚持此种地役权的传统结构，如德国法就是采纳这种严格的地役权概念。[②]

地役权的此种特点，似乎是在与人役权的比较中显现出来的，即人役权是为“特定人的利益”而在某物上设定的一项权利；而地役权则是为“需役地的利益”而在另一块土地上设定的权利。对于人役权而言，其并不以“需役地”或“需役地的利益”为存在前提，这与其他用益物权，如地上权等一样。但地役权与人役权的此种对比关系并非就意味着，如果一国法制中没有人役权制度，就应将地役权的概念扩大，而不以“需役地的利益”作为地役权的前提条件。这是因为，如果不以“需役地的利益”限定地役权，地役权的外延将极度扩张，任何对物的利用形式，甚至任何对物的限制形式（从相对方而言便是对物的利用），都将被归入地役权的框架。格罗索就此认为，即使没有人役权制度，也应维持“地役权是两块土地之间的关系”的传统。[③] 所以说，“需役地的利益”这一构成要件，对地役权制度具有举足轻重的作用。

及至近代，《法国民法典》第 639 条依产生根据不同，将地役权区分为自然地役权、法定地役权和意定地役权。其中的法定地役权包括许多对所有权法律限制的内容，这已远远超出地役权的传统框架。因而在法国范式的推进下，此种兼具他种用益物权孵化器作用的地役

---

① 张鹏：《究竟什么是地役权？——评〈物权法（草案）〉中地役权的概念》，载《法律科学》2007 年第 1 期。不同的观点，可参见朱广新：《地役权概念的体系性解读》，载《法学研究》2007 年第 4 期。

② 如《德国民法典》第 1019 条即作了此种“需役地的利益”的限定。该条规定：“地役权只能是给需役地的使用带来利益的负担。不得超出这一范围而扩张该项役权的内容。”参见陈卫佐译注：《德国民法典》（第 2 版），法律出版社 2006 年版。

③ Cfr. G. Grosso, *Considerazioni sul nuovo codice civile in materia di servitù prediali*, 1941, Milano, p. 364.

权，在法定地役权的名义下，不仅囊括了各类用益物权之外的其他物之利用形式，还糅杂了对所有权的各种法律限制，其外延极尽膨胀。在现代法国法上，法定地役权因此也成为一个包罗万象的概念。

第二节　强制地役权

意大利 1865 年民法典（以下简称“意大利旧民法”），作为法国民法典的翻译作品[①]，完全遵从了此种规范模式。但由于这种模式的诸多缺陷，1942 年的新民法典在将相邻关系、共有、所有权的法律限制等内容清除出地役权体系后，改采强制地役权（servitù coattive）制度。与任意地役权相比，强制地役权的本质特征在于法律赋予土地所有权人一项强制设立权，并使对方承担缔约义务。在此基础上还可衍生出强制地役权的典型性特征与适用上的特殊性。合同、判决和行政行为是强制地役权的三种设立方式。通过前两者设立的强制地役权，有助于理解如何在地役权与相邻关系之间划分土地利用的功能；通过行政行为设立的强制地役权，则提供了一种如何转化所有权公法限制的方案。

一、强制地役权的产生

意大利的强制地役权是对意大利 1865 年民法典中法定地役权改造之后，被规定于《意大利民法典》中的地役权制度。其表现为制定法模式，即其公共地役权的法律渊源是制定法。作为意大利民法极具特色的制度之一，强制地役权的产生是基于对法定地役权的改造，因此，探讨强制地役权的产生，也就成了考察法定地役权与强制地役权废立的过程。受《法国民法典》第 639 条的影响，意大利旧民法第 532 条区

---

① 参见〔德〕克里斯蒂·冯·巴尔：《欧洲：多部民法典的大陆，或者走向单一民法典的大陆？》，张小义译，见 http://www.old.civillaw.com.cn/article/default.asp? id=15742，访问日期：2010 年 4 月 5 日。在 1865 年统一民法典之前，意大利境内存在五部法典，除其中一部奥地利式的法典外，其他四部均为毫无创新性地照搬法国民法典的立法。关于旧《意大利民法》的具体立法背景，Cfr. R. Bonini, *Dal codice civile del 1865 al codice civile del 1942*, *in I cinquant' anni del codice civile atti del convegno di Milano 4-6 giugno 1992*, *v. 1*, *relazioni*, Milano, 1993, 31ss.

分规定为“由法律确定的地役权”(servitù stabilite dalla legge)与“由人的行为确定的地役权”(servitù stabilite dal fatto dell'uomo),学说上将之分别称做法定地役权和任意地役权(servitù volontarie)。① 其中的法定地役权,不仅像《法国民法典》一样包括众多的所有权的法律限制内容,还包括《法国民法典》规定之自然地役权。② 所以,较之《法国民法典》,意大利旧民法规定的法定地役权的外延更为广泛。

不过,对于古罗马法而言,意大利旧民法规定的外延极尽膨胀后的法定地役权是奇怪的③,它违背了一直以来的罗马法传统。④ 所以,自旧民法颁布后,意大利学界从未停止过对该制度的批评。此种批评主要从以下三个方面展开:

(1)法定地役权包括的所谓自然地役权,根据土地之自然状况产生,如低地所有权人须忍受自高地自然流下的水。但在优士丁尼民法体系下,自然地役权并非地役权。⑤ 德国法系将之作为所有权的固有内容,是为调节临近土地相互之间的私人利益或公共利益,而依法律规定自动产生,即几乎等同于德国法系规定之相邻关系。

(2)意大利旧民法在法定地役权里甚至规定了共有问题及众多的对所有权限制的问题。⑥ 就后者而言,尤为突出的是意大利旧民法第533条。依该条规定,法定地役权的设立既可为私人使用目的,也可为公共使用目的。紧随其后的第534条以概括加例举的方式界定了公共使用目的,其中例举的情况有为水道通行、为利用可通行河流的两岸以及为修理道路而利用土地等,均属于公共使用目的;且不论

---

① Cfr. M. Comporti, *Servitù in diritto privato*, *voce in Enciclopedia del diritto*, vol. 42, Milano, 1990, p. 296.

② Cfr. *C. C. (1865) art. 536-545*, *voce in Codice civie (1865) Codice di commercio (1882) del regno d'Italia*, 3 ed., a cura di L. Pepe, Simone, 2008.

③ Cfr. G. Grosso, *Servitù (Legali)*, *in Scritti storico giuridici*, *tomo II*, *diritto private cose e diritti reali*, Torino, 2001, p. 169. 不同的观点,可参见 A. Burdese, *Servitù prediali in diritto vigente*, *in Nuovissimo digesto italiano*, vol. 17, Torino, 1957, p. 147。

④ Cfr. G. Braca, *Servitù prediali*, *in Comentario del codice civile*, a cura di A. Scialoja e G. Branca, Bologna, 1987, p. 74.

⑤ Cfr. B. Biondi, *Le servitù*, *in Trattato di diritto civile e commerciale*, vol. XII, a cura di A. Cicu e F. Messineo, Milano, 1967, pp. 727-728.

⑥ Cfr. M. Comporti, *Servitù in diritto privato*, cit., p. 297.

此种基于公共使用目的设立的法定地役权的性质,但至少为判断是否存在公共利用目的,就须适用行政法、财政法或军事法的规定。① 而这类规定通常不具备地役权的特征,只是一种纯粹的所有权的公法限制。所以,在公共使用目的的掩饰下,大量来自公法的对所有权的限制得以地役权的形式栖身。

(3) 不论对“需役地利益”作狭义理解或广义理解②,“为需役地利益”仍是地役权制度不可或缺的前提要件。意大利旧民法规定的法定地役权的很多类型,与法国的情形一样,都具有混合的性质,即其设立并不以需役地的存在为条件,但仍适用地役权的规则③,也就是在此种情况下,法定地役权不存在“为需役地利益”的限定。

基于上述批评,意大利 1942 年民法典肢解了法定地役权的相关内容:

(1) 首先将依现场情况产生的法定地役权(自然地役权)等内容改名为相邻关系,置于“土地所有权”一节。④

(2) 将“共有”单列一章,置于所有权编第六章“地役权”后。⑤

(3) 清除大量对所有权法律限制的内容,认为地役权与所有权的法律限制是两种不同的制度。⑥ 这是因为在所有权负有义务的现代法思想下,所有权受到各种法律限制,乃理所当然。所有权的法律限制,无须假借地役权的外衣证明自身存在的正当性。

---

① Cfr. G. Grosso, *Servitù* (*Legali*), *cit.*, *Roma*, 1936, p. 472.

② 作广义理解者,以“需役地的利益”涵括“需役地人的利益”。对此,可参见张鹏:《究竟什么是地役权——评〈物权法(草案)〉中地役权的概念》,载《法律科学》2007 年第 1 期。

③ Cfr. S. Palazzolo, Servitù coattive, Voce in *Enciclopedia giuridica*, vol. 28, Roma, 1992, p. 11;尹田:《法国物权法》(第二版),法律出版社 2009 年版,第 428 页。

④ Cfr. A. Burdese, *Servitù prediali in diritto vigente*, cit., p. 147.

⑤ 将共有当做法定地役权的一种类型,源自《法国民法典》。Cfr. Zachariae Von Lingenthal, *Manuale del diritto civile francese*, Rimaneggaito da C. Crome, Traduzione da L. Barassi, 1 ed., Milano, 1907, p. 617. 此种安排,不同于德国法系在所有权章后紧接着规定的共有的做法,似乎仍暗示共有制度与地役权制度有其相似之处。

⑥ Cfr. A. Torrente e P. Schlesinger, *Manuale di diritto privato*, 17 ed., Milano, 2004, p. 347.

此后,法定地役权退出了法律舞台,仅具学术价值。[1] 虽如此,强制地役权也并非就是经过删减后的法定地役权在不同名称下的继续存在。新民法典制定之前,在法定地役权下存在一种类型,如袋地(fondo intercluso)所有人为在他人土地上通行,可请求设立地役权,如果对方不同意,则其可诉请法院强制设立,即袋地所有人享有一种强制设立地役权的权利。显而易见,此种非依法当然发生而需要当事人设立行为或判决设立的法定地役权,在意大利旧民法体系下引发了广泛的讨论。反对的观点认为,此种情形不是依据法律直接产生的地役权,不属于法定地役权。若将其归为法定地役权,则法定地役权就并非具有如其名称反映的那样依法产生的直接性[2];肯定论者则为求法定地役权概念的周延,认为此种地役权虽不同于纯粹的法定地役权而产生直接性,但其强制设立仍须由法律规定,所以也属于法定地役权的一种特殊情形。[3] 且不论两派观点孰是孰非,新民法典正是在这种背景下,仿造上例之袋地所有权人强制设立地役权的权利,改造所剩的法定地役权类型,最终建立了强制地役权。在此意义上,强制地役权既不同于旧民法规定的法定地役权,也并非如某些作者所宣称的是民法典的创新性产品。[4]

二、强制地役权的制度构成

法定地役权"瘦身"后形成的强制地役权,除去外延大小的差别,在整体的制度构成上,也完全不同于法定地役权。即强制地役权始终

---

① 不过值得注意的是,意大利实务界仍不时把法定地役权与强制地役权相提并论,甚至也有著述错误地直接将二者等同。如有认为,现行法中确实存在这种法律限制导致的法律状况,与第 1027 条规定的地役权一样。(Cfr. B. Biondi, *Le servitù*, cit., 1967, p. 730)此种现象至少表明,在已经废除法定地役权并明文区别地役权与相邻关系的意大利民法中,强制地役权与法定地役权之间并非泾渭分明。笔者认为,其原因在于,某些曾经被统称为法定地役权的"对所有权的法律限制",已被清除出"强制地役权"的范畴,却又无法在新法典中找到相对应的概念。

② Cfr. M. Comporti, *Servitù in diritto privato*, cit., 1990, p. 296.

③ Cfr. G. Grosso, *Servitù* (*Legali*), cit., p. 472.

④ Cfr. B. Biondi, *Le servitù*, cit., 1967, p. 768.

与一个设立行为相联系①,而法定地役权是基于法律规定直接设立的。因此,取代法定地役权的强制地役权,在新民法典中有何种特征,并据以区别于任意地役权呢?

在新民法典中,所有权编的第六章分八节规定地役权制度,其中第一节的第1031条②根据设立方式,规定了四种地役权,即强制地役权(第二节)、任意地役权(第三节)、依时效和依家父指定取得的地役权(第四节)。即如果严格依该法第1031条的规定,区分各类地役权,需要审查各种类型的地役权设立方式。这些方式包括合同、遗嘱、判决、行政行为、取得时效、家父指定。③ 此外更为重要的是,《意大利民法典》第1058规定的任意地役权的设立方式包括合同与遗嘱两种;第1032条规定的强制地役权的设立方式,除判决、行政行为外,也包括合同方式(此点容后详述)。即使忽略那种认为任意地役权也可通过行政行为设立的极端观点④,至少强制地役权与任意地役权的设立方式都包括合同的事实,表明以设立方式为标准区分强制地役权与任意地役权并非严谨。所以,学说上对民法典以设立方式为标准区分强制地役权和任意地役权也普遍持批评态度。相对于任意地役权,强制地役权的制度构成特征如下:

1. 土地所有人享有设立权

不同于任意地役权设立的自愿性,法律在规定强制地役权的同时,赋予一方当事人设立强制地役权的权利(以下简称设立权)。从对方当事人的角度而言,其负有同意设立强制地役权的义务(以下简称缔约义务)。对此,《意大利民法典》第1032条作有一般性规定。不过,在民法典规定之强制地役权的五种具体类型里,条文有时明确规定此种权利或义务,如第1049条第1款规定之相邻土地所有人"必须同意";有时并未明定此种权利或义务,而是规定一方有权行使强制地役权或有义务容忍强制地役权的行使,如第1033条第1款、第1044条

---

① 意大利最高法院在新法典颁行后不久便承认了此点,Cfr. Cass. 23 giugno 1947, n. 992, Giur. it. Rep. 1944-1947, voce "servitù", n. 13; Cass. 14 febbraio 1948, n. 236, Foro it. Rep., voce "servitù", n. 53。

② 本文涉及的新民法典法条,均可参见费安玲等译:《意大利民法典》,中国政法大学出版社2004年版。

③ Cfr. A. Burdese, *Servitù prediali in diritto vigente*, cit., p. 147.

④ Cfr. M. Comporti, *Servitù in diritto privato*, cit., p. 328.

第1款、1047条。在后一种情况下,法律并非意指在合同或判决之前就存在强制地役权,而只是以简明的语言风格既规定强制地役权的内容,也指明一方当事人享有设立权或相对方负有缔约义务。[①] 可以说,正是由于强制地役权使一方享有设立权或相对方负有缔约义务,它才得以区别于任意地役权。

问题是,并非对任何一种土地利用的需要,法律都赋予土地所有权人强制设立的权利。民法典之所以使某一土地所有人享有设立权,主要是因为在此类情况下存在不同于任意地役权的利用土地的特殊需要,这既包括特定的个人利用的需要,也包括一般的公共利用的需要。[②] 意大利最高法院的判例将之归纳为三种利益,即生活利益、农业利益和工业利益。[③] 如果将此种利益的实现完全委诸当事人意思自治,或者地役权难以设立,或者地役权补偿金过高,将极大地影响人们日常生活以及工、农业生产。所以,为保护这三类利益的实现,有法律介入的必要——非使对方负有缔约义务不可。

各个具体设立权的唯一要件,就是此种土地利用的特定需要,即当某一宗土地的自然情况导致此种特定需要的产生,则该土地所有人便可直接依法律规定而享有设立权。对于此种设立权的性质,最高法院在20世纪50年代的判例中将之认定为形成权(diritto potestativo)。[④] 形成权者,依单方意思便可决定法律关系的产生、变动或消灭。它表达的是一种从属关系,但相对人并不因此就负有一项给付义务或为某种行为的义务,甚至形成权可以仅仅为变动权利人自己的法律关系而成立。[⑤] 依《意大利民法典》第1032条的规定,享有设立权的土地所有人,并不能依自己的单方意思就在他人土地上设立强制地役

---

① Cfr. B. Biondi, *Le servitù*, cit., pp. 769-770.

② Cfr. F. Mastropaolo, *Servitù coattive: contratto, sentenza, finalità, in Rassegna di diritto civile*, diretta da P. Perlingieri, Napoli, 2005, p. 147.

③ Cfr. Cass. II Sez. 19 aprile 1962 n. 773, in *Codice civile annotato con la giurisprudenza*, a cura di F. Caringella, F. della Valle e S. della Valle, Milano, 2006, p. 938.

④ Cfr. Cass. 20 aprile 1956, in Riv. dir. agrario, 1956, p. 237; Cass. 7 novembre 1957, in Rep. Foro it., 1957, voce servitù, n. 77.

⑤ Cfr. C. M. Bianca, *Diritto civile, vol. VI, la proprietà*, cit., p. 36.

权,而仍需对方当事人同意,否则,权利人唯有诉诸法院判决设立之。[①] 因此,强制地役权制度之设立权,不属于形成权的范畴。就该问题,意大利学界多从义务的角度认为,此种缔约义务,与其他法定义务一样,也必须遵循义务履行的一般规则。[②] 因而,与之相对的权利应是一种请求权,在此,我们可将之当做物上请求权的一种。

此种设立权或缔约义务,并非针对某个特定不变的主体,而是变动的,也就是权利或义务的承受者是那些在设立之时满足法律要求的土地所有人。[③] 例如,某一块土地由于整合[④]而成为袋地,自此情形发生之时,袋地所有人便享有在他人土地上设立强制地役权的权利。申言之,在此种债务关系中,只有在确定其土地与他人土地的自然关系后,方能最终确定债权人或债务人。[⑤] 此种主体可变的债,在罗马法中称做"因事之债"。

2. 强制地役权的典型性

虽然强制地役权的设立目的在于满足土地利用的特定的需要,但毕竟会极大地影响供役地所有人的利益。为平衡供役地所有人的利益,法律为其规定一项抗辩,以资保护。具体而言就是,强制地役权设定后,若需役地所有人未支付补偿金,供役地所有人得拒绝其行使权利(《意大利民法典》第 1032 条第 3 款)。

此外,为保护相对方利益并防止权利的滥用,强制地役权受"典型性"规则的限制,或者说强制地役权是"有名"地役权。[⑥] 所谓"典型性"意在表明,只有在法律明确规定的情况下,才有强制地役权的存在。就《意大利民法典》地役权章第二节"强制地役权"的规定而言,共有五种强制地役权类型,即水道和强制排水(第一分节)、水闸的设置(第二分节)、对建筑物和土地的强制供水(第三分节)、强制通行

---

① Cfr. S. Palazzolo, *Servitù coattive*, cit. , p. 1.

② Cfr. B. Biondi, *Le servitù*, cit. , p. 770.

③ Cfr. B. Biondi, *Le servitù*, cit. , p. 769.

④ 关于土地整合,可参见《意大利民法典》第 846 条以下。

⑤ 此种主体可变的债,在罗马法中称做"因事之债",参见〔意〕彼德罗·彭梵得:《罗马法教科书》(2005 年修订版),黄风译,中国政法大学出版社 2005 年版,第 223 页。

⑥ Cfr. M. Comporti, *Le servitù prediali*, *in Trattato di diritto privato*, *proprietà II*, *2 ed.* , diretto da P. Rescigno, Torino, 2002, p. 254.

（第四分节）、强制送电和电缆的强制通行（第五分节）。

值得注意的是，学说上有将“典型性”作广义理解者，如认为“典型性地役权”之典型性在于，其权利内容由民法典规定并受其调整，或者其内容来自习惯（其基础有可能是实践中的惯例，也可能是罗马法基础）。[①] 在此种定义下，任意地役权也具有典型性特征。因为就各个任意地役权，实践中也会将经常出现的任意地役权加以类型化，将之称为通行地役权、取水地役权等。[②] 但这只是出于学术研究时例举之便利，并且这种类型化并不影响当事人更改其内容。所以，作为有效缓和物权法定主义的工具，任意地役权的具体内容完全交由当事人自治形成，而具有非典型性特征。

鉴于此种典型性特征，最高法院的判例禁止对强制地役权作类推适用[③]，即不能根据土地的某种自然状况与强制地役权某种类型具有相似性，而赋予该土地所有人设立权利。例如，不能类推适用第1033条的规定，而认可土地所有人享有在他人土地上安设煤气管道的强制地役权。又如，电信管线的安设，不能适用第1032条关于强制地役权的一般性规定。[④] 此外，强制地役权由于其典型性特征，排除当事人创设法律规定之外的强制地役权类型，因而具有数量封闭性的特点。但此种数量上的封闭性，在现代意大利法中已经有所缓和，其缓和途径主要是通过《意大利民法典》第1032条规定强制地役权的第三种设立方式（行政行为）而达成（关于此点，详见下述）。

3. 强制地役权适用的特殊性

在法律适用上，鉴于其特殊性，强制地役权应优先适用《意大利民法典》地役权章第二节，惟有该节未作规定时，方可适用第五节“地役

---

① 在这种定义的基础上，典型性地役权被分为三类，即用水地役权、通行地役权、与法律限制相关的地役权。Cfr. C. M. Bianca, *Diritto civile*, *vol. VI*, *la proprietà*, cit., p. 669.

② 须说明的是，此处仅就意大利法而言。立法例上也有将任意（意定）地役权在法典中作类型规定者。但意大利法在任意地役权里仅作有3条一般性规定，未作具体的类型规定。

③ Cfr. Cass., 13 ottobre 1992, n. 11130, rv. 478877, in *Codice civile annotato con la giurisprudenza*, 10 ed., a cura di L. Ciafardini e F. Izzo, Simone, 2007, p. 891.

④ Cfr. G. De Cristofaro, *delle servitù coattive*, *in Commentario breve al codice civile*, 9 ed., a cura di G. Cian e A. Trabucchi, Padova, 2008, p. 851.

权的行使”、第六节“地役权的消灭”和第七节“保护地役权的诉讼”的相关规定。不过须注意的是，第二节既规定了强制地役权的设立要件，同时也规定了许多强制地役权的内容及行使的问题。除强制地役权当然应适用第七节“保护地役权的诉讼”外，强制地役权是否与任意地役权适用相同的消灭事由。因为至少在以下两点，强制地役权有其特殊的消灭事由：

（1）法律之所以赋予土地所有人强制设立权，是因为存在土地利用的特殊需要，当此种设立理由不再继续存在时，强制地役权也就丧失了其存在基础①，双方当事人均可请求取消之。例如，依《意大利民法典》第1055条的规定，当通行变为不必要时，需役地或供役地所有人均可在任何时间内向司法机关请求取消通行权；任意地役权则与之不同，其应适用《民法典》第1074条的规定，除非超过法律规定的时效期间，任意地役权不因“欠缺便利”或“客观行使不能”而消灭。

（2）强制地役权应适用《民法典》规定的普通消灭时效期间，即第2946条规定的10年期间；任意地役权则应适用第1073条规定的20年时效期间。

除去这两点不同外，强制地役权应与任意地役权适用相同的消灭事由，如第1072条规定的地役权因混同而消灭。

三、强制地役权的设立方式

如前述，通过与任意地役权的比较，强制地役权的制度构成具有三项特征，其中最为重要的是强制地役权赋予一方设立权。该权利如何实现，即通过何种方式实现强制地役权的设立？依《意大利民法典》第1032条第1款，强制地役权的设立方式包括三种，即合同、判决和行政行为。

虽然法律作有规定，但对于强制地役权设立方式的种类，仍引发了大量争论。学说上有认为，法律并未禁止其他设立方式，所以强制地役权也可以通过取得时效、家父指定等方式设立。② 对于地役权的

---

① Cfr. F. Gazzoni, *Manuale di diritto privato*, 14 ed., Napoli, 2009, p. 271; V. Rizzi e L. Rizzi, *Diritti-limitazioni servitù prediali della proprietà nel vigente codice civile*, Bologna, 1987, p. 8.

② Cfr. A. Burdese, *Servitù prediali in diritto vigente*, cit., p. 147.

时效取得,早期的判例和学说均认为,通过该方式既可设立任意地役权,也可设立强制地役权,但此后最高法院判例以及学说均改变了此种观点。[①] 这是因为,如果可以通过取得时效设立强制地役权,则地役权的设立显得与强制行为或法律义务的履行毫无关系。[②] 最高法院的一则判例以时效取得的通行权为例,认为即使在取得地役权时的条件与法律规定的强制地役权(第 1051 条以下规定的“强制通行”)一样,该地役权仍是任意地役权,不能依第 1055 条的规定(通行变为不必要)而消灭。[③] 所以,通过时效取得的地役权,其性质不可能是强制地役权。同样,以家父指定方式设立强制地役权,也已被最高法院 1979 年的判例所否定。[④]

1. 强制地役权之合同设立

关于通过合同能否设立强制地役权,纵然有《意大利民法典》第 1032 之肯定,但学说上仍是意见不一。否定的观点认为,强制地役权是指那些以强制行为(判决或行政行为)作为基础的地役权,任意地役权是以法律行为为基础的地役权。[⑤] 在这种论调下,合同不同于判决或行政行为,不具有强制性,即强制地役权的设立方式仅有判决和行政行为两种。[⑥] 此外,即使在满足法律规定的强制地役权的设立条件时,当事人之间也可以合意订立不同于强制地役权内容的任意地役权。[⑦] 由此,通过合同方式设立强制地役权的问题,就主要集中于其是否具有强制性,如何体现此种强制性。

不过,否定观点将强制地役权之强制性看做是设立行为(判决或

---

① Cfr. C. Milone e B. Troisi, *Delle servitù prediali*, *in Codice civile annotato con la dottrina e la giurisprudenza*, *libro III proprietà* (*Artt. 810-1172*), a cura di P. Perlingieri, 2 ed. Napoli, 1991, p. 391.

② Cfr. C. M. Bianca, *Diritto civile*, *vol. VI*, *la proprietà*, cit., p. 677.

③ Cfr. Cass., II, 29 maggio 1991, n. 6063, in Giur. it., 1993, I, 1, 2024, in Codice civile annotato con la giurisprudenza, a cura di F. Caringella, F. della Valle e S. della Valle, cit., p. 939. 据此,时效取得的地役权也属于任意地役权的范畴,所以,任意地役权并非可等同于德国法系的意定地役权. Cfr. A. Torrente e P. Schlesinger, *Manuale di diritto privato*, cit., pp. 349-350。

④ Cfr. Cass. I, 7 novembre 1979, n. 5740, GI, 1981, I, 1, p. 968.

⑤ Cfr. C. M. Bianca, *Diritto civile*, *vol. VI*, *la proprietà*, cit., p. 673.

⑥ Cfr. B. Biondi, *Le servitù*, cit., p. 385.

⑦ Cfr. B. Biondi, *Le servitù*, cit., p. 774.

行政行为)自身之性质,并非妥当,因为二者不存在直接的关联性。强制地役权之所以具有强制性,在于法律赋予土地所有人一项设立权,并使相对方承担缔约义务。而通过合同方式设立强制地役权,其强制性表现在,供役地所有人在订立合同时具有履行法律义务(同意设立)的目的。[①] 因此,如果设立之时符合强制地役权的条件,则判断通过合同设立之地役权的性质,仅须确定供役地所有人是否具有履行法律义务的目的。如果供役地所有人仅是自愿承受负担而同意设立地役权,则为任意地役权,否则,就是强制地役权。

为设立强制地役权所订立的合同,其形式不一定非得是地役权合同,合同方式也可以是买卖、互易、土地分割协议、赠与等形式,只要其中的地役权条款满足强制地役权的所有设立要件便可。[②] 有疑问的是,能否以遗嘱设立强制地役权。就此,最高法院的判例认为,作为死因行为的遗嘱,其生效时间的不确定无法满足土地利用的必要性,因而不能设立强制地役权。[③]

2. 强制地役权之判决设立

如果对方不履行缔约义务(不能或不愿接受强制地役权的设立),即无法通过合同方式设立强制地役权时,享有设立权的土地所有人可诉诸法院,以通过判决获得地役权之设立。所以,对于判决方式而言,合同方式是一个前置程序[④],土地所有人不能依其享有的设立权,直接诉请于判决设立。

此种设立方式将判决与地役权的设立联系在一起,其依据是《民法典》第 2932 条(缔结契约义务的特别执行)。依该条规定,当负有缔约义务者未履行义务时,对方当事人可获得使未缔结契约内含之权利

---

① Cfr. Cass. II, 19 maggio 1990, n. 4533, Borousse c. Traldi, in *Codice civile annotato con la giurisprudenza*, 7 ed., a cura di P. Dubolino, C. Dubolino e F. Costa, Piacenza, 2008, p. 824.

② Cfr. Cass., 18 aprile 2001, n. 5699, rv. 546026, voce in *Codice civile annotato con la giurisprudenza*, 10 ed., a cura di L. Ciafardini e F. Izzo, cit., p. 890; B. Biondi, Le servitù, cit., p. 773.

③ Cfr. Cass., 23 febbraio 1965, n. 299, in RFI, 1965, voce *Servitù*, c. 2774, n. 57.

④ Cfr. C. Milone e B. Troisi, *Delle servitù prediali*, cit., p. 391; G. Braca, *Servitù prediali*, cit., p. 89.

设立的判决。不过,为使该条适用于强制地役权的情形,还须对该条作扩大解释,也就是不论此种缔约义务是来自合同(如预约合同)还是法律规定(同意设立的义务),均无不可。①

值得注意的还有:

(1)依《民法典》第2643条第14项的规定,此种设立强制地役权的判决,属于登记文件的范围。② 也就是说,地役权并非自判决生效之日起当然发生效力,只有在将设立判决登记后,才发生地役权设定的效力。

(2)虽然地役权补偿金不属于诉讼请求的范围,但该项设立判决应确定地役权补偿金的数额及支付方式。③

(3)为确定强制地役权行使的地点、方式以及为确定补偿金所产生的诉讼费用,由败诉方承担。④

(4)学说上有坚持认为,当判决接受了原告请求却未及时设定地役权,原告对法官迟延导致的损害,可依《意大利民法典》第1223条(债之损害赔偿的一般原则)请求赔偿。⑤

3. 强制地役权之行政行为设立

相比合同或判决方式,通过行政行为设立强制地役权有其特殊之处。不同于合同与判决方式之紧密关系,行政行为设立方式几乎与这二者不存在任何关联。依《民法典》第1032条第1款后句,除合同与判决方式之外,在法律有特别规定的情况下,强制地役权也可通过行政行为设立。此种法律的特别规定,除《意大利民法典》的少量规定(如第853条、856条)外,指涉的均是特别法。

依此,在特别法授权下,行政机关可在所有权上设定一项强制地役权。在这种意义上,第1032条第1款后句实质上是一种转介条款。

---

① Cfr. A. Burdese, *Servitù prediali in diritto vigente*, cit., p. 152. 不同的观点,可参见 G. Grosso, *La costruzione giuridica dell' acquedotto coattivo*, *in Scritti storico giuridici*, *tomo II*, *diritto privato cose e diritti reali*, Torino, 2001, p. 486。

② Cfr. B. Biondi, *Le servitù*, cit., p. 388; C. Milone e B. Troisi, *Delle servitù prediali*, cit., pp. 391-392.

③ Cfr. Cass. 23 agosto 1955 n. 2549, in *Diritti-limitazioni servitù prediali della proprietà nel vigente codice civile*, a cura di V. Rizzi e L. Rizzi, cit., p. 10.

④ Cfr. Cass. II, 6 ottobre 1999, n. 11125.

⑤ Cfr. C. Milone e B. Troisi, *Delle servitù prediali*, cit., p. 392.

不过,在寻找此种特别法时,须严格区分行政机关“在所有权上设定的义务或限制”与强制地役权。对于土地所有权,前者是比后者更严苛的负担,它已超出了私法地役权的范围。① 所以,即使特别法将之名为“地役权”,也并非此处所说的可以通过行政行为设立的强制地役权。

法律之所以在合同与判决方式之外认为行政行为亦可设立强制地役权,不外乎以此种制度实现公共利益。为公共利用,如果不考虑历史或逻辑的因素,多会采用征收的方式。但必须以所有权转移为代价的征收,其形式似嫌过度。所以,若以设立某种物权(强制地役权)的方式取代征收的实行,既可满足公共利用的要求,又无须排除私人所有权的存在。② 本书以为,正是由于强制地役权的此种功能,规定行政行为可设立强制地役权之特别法得以滋生。强制地役权的数量也与特别法成正比增加,因此有所谓“强制地役权典型性之缓和”。

此外,还须注意的问题有:

(1)特别法应明确规定地役权的补偿金及其支付方式。例如,为军事安全利益所设定的军事地役权,起初被规定为无偿,无须支付补偿金,但随后该特别法被意大利宪法法院认定违宪。③

(2)对于通过行政行为设立的强制地役权应否登记问题,存在较多争议。但现今的有力说认为,通过行政行为设立的地役权,属于《意大利民法典》第2645条的规范范围,惟有登记后才产生效力。④ 即作为物权之强制地役权,除法律另有规定外,均须登记,通过行政行为设立的强制地役权也不例外。

四、强制地役权的功能及意义

1. 提高土地利用效率

《意大利民法典》改变了法国法系将相邻关系当做法定地役权的处理方式,区分相邻关系与地役权,认前者乃所有权之内容。但如果

---

① Cfr. B. Biondi, *Le servitù*, cit., p. 778.

② Cfr. B. Biondi, *Le servitù*, cit., p. 769.《意大利法上有关所有权的法律限制之探讨》,参见 Cfr. N. See Centofanti, *I vincoli alla proprietà privata-fonti*, *disciplina*, *indennità*, *tutela giurisdizionale*, Torino, 2005, 187ss。

③ Cfr. Corte cost., 20 gennaio 1966, n. 6, in RFI, 1966, voce Servitù militari, c. 2653, n. 3.

④ Cfr. M. Comporti, *Le servitù prediali*, cit., p. 219.

以德国法系为标准,意大利基于改造法定地役权而产生的强制地役权,尤其是其中通过合同或判决设立的大部分类型,如强制通行、排水引水等,在德国法系中均作为相邻关系处理。[1] 在此意义上,可以说《意大利民法典》规定的相邻关系较德国法系范围显然狭窄。

此种对比,一方面反映了地役权在民法体系中的地位以及与所有权内容界限的密切关系。《意大利民法典》规定的相邻关系范围与德国法系之不同,只是因为二者对所有权内容界限的关注不同而已。但另一方面,不论相邻关系的本质是法定地役权[2],还是所有权的内容,其目的与地役权一样,都在于实现土地相互利用的便利。[3] 鉴于地役权与相邻关系在外延上此消彼长的关系,问题的关键可能并非集中在对所有权内容的探讨上,其原因至少在于,现代法上的相邻关系已极大地扩展了其范围,甚至还包括很多公法内容,如城市建筑法规规定之建筑物之间的距离等,即能否将全部的相邻关系类型都归为所有权内容,尚待探讨。所以,更为重要的问题应是,由于强制地役权导致的意大利法与德国法系在相邻关系的范围的差别,即究竟将某一类生活形态归入强制地役权或相邻关系。其实践意义应在于,如何在相邻关系与地役权这两种不同的制度构造之间划分土地利用的功能。

2. 提供公法进入私法管道

《意大利民法典》以强制地役权取代法定地役权,其目的之一便是区分地役权与所有权的法律限制,尤其是公法的限制内容。但此种目的,并未完全贯彻。意大利法首先将所有权的公法限制分作两类,一是可借用“强制地役权”的公法限制,即“赋予一块土地地役权”,就是“对另一块土地所有权的限制”;另一类则是较地役权更为严苛的一种

---

① 参见〔德〕鲍尔、施蒂尔纳:《德国物权法》(上册),张双根译,法律出版社2004年版,第534页;〔日〕田山辉明:《物权法》(增订本),陆庆胜译,法律出版社2001年版,第158页以下;王泽鉴:《民法物权》(第1册),中国政法大学出版社2001年版,第218页以下。

② 我国也有学者采此观点,参见曹诗权、张鹏:《相邻关系的民法调整》,载《法学研究》2000年第2期。

③ 但这并非意味着任何相邻关系都旨在实现土地相互利用的便利,如“分界标志的设置”“邻地防险关系”,就很难牵强附会具有某种利用关系。参见金启洲:《民法相邻关系制度》,法律出版社2009年版,第65页。

纯粹的公法上的限制。对于后者,意大利法将之完全排除出私法规范的领域,这也是舍弃法定地役权的初衷之一;对于前者,则通过第1032条之规定“转介”各个特别法(多属行政法规),使此种特别规定之公法限制,被转化为通过行政行为设立的强制地役权,借此实现公法进入私法体系。

就此点,所有权的限制内容并未被完全清除出地役权的范畴,通过行政行为设立的强制地役权,为此类所有权的公法限制提供了可借用的私法形式。但不管如何,相比于法定地役权,强制地役权毕竟还是在严格区分的基础上有选择地纳入了所有权的公法限制内容。此外,随着近代公法的发达,其触角或直接侵入私法,或通过“转介条款”的外接方式间接规制私法之内容,“有使行政法规俨然成为民法之特别法之势”。[①] 在此背景下,意大利法通过行政行为设立强制地役权的类型逐渐增加,自然顺理成章。此种现象从另一方面也反映出该问题的超国界性,即与所有权相关的公法限制,如何在法律体系内构建其合理的层次。

第三节 公用地役权[*]

公共地役权是指为了公共利益而使不动产所有权人或使用人容忍某种非利益或负担,使国家或公众取得一种要求相关不动产所有权人或使用权人承担某种负担的权利。[②] 公共地役权在各个国家和地区呈现出不同的名称,亦有不同的表现形式。我国台湾地区的公用地役权又称“既成道路公共地役权”。不同于意大利,我国台湾地区的公共地役权制度形成于司法实务中,其表现为判例法模式,即其公共地役权的法律渊源是判例法。

---

① 曾世雄:《民法总则之现在与未来》,中国政法大学出版社2001年版,第14页。

* 韩晗参与了第三、四节成果的研究。

② 参见刘乃忠:《地役权:法律制度研究》,中国法制出版社2007年版,第49页。

一、公用地役权的形成

公用地役权概念，首见于我国台湾地区“最高行政法院”1956 年判字第 8 号判例。① 该判决类推适用民法上时效取得地役权概念，支持行政机关保持既成道路之状态以对抗所有权人。虽然此判决既未阐明公用地役权产生之法律根据，亦未规定该权利关系性质及构成要件，“时效取得既成道路公用地役权”在此判决之后，仍然成为行政机关得以继续保持既成道路状态的法律依据。

随后，我国台湾地区“最高行政法院”曾多次就公用地役权问题做成判例明示：私有土地具有公用地役关系时，土地所有人虽仍具有土地所有权，不得违反公共为通行目的而使用，行政机关具有在该土地上维修养护之权力。换言之，在判例中，法官大都基于公益考量，肯定既成道路公用地役权。但对公用地役权性质、构成要件一直未曾提及，既成道路土地权人缺乏获得行政救济的法律依据。

既成道路土地所有人对于其土地使用权的行使受到完全限制，申请行政救济不得，转而寻求民事救济。时有土地所有权人向民事法院提起除去妨害所有权之诉、确认土地使用权不存在之诉等既成道路公用地役权纠纷，我国台湾地区“最高法院”于 1981 年台上字第 1713 号判决中确认：既成道路确可因时效完成而形成公用地役关系，且所有权人保有所有权，然其所有权形式已受到限制，因此既成道路土地所有权人无权依“民法”第 767 条规定请求排除公众通行。在 1989 年台上字第 197 号判决中，“最高法院”对公用地役关系性质作出认定，肯认其本质上为公法关系，系以不特定公众为对象，既成道路上之公用地役关系有别于民法所定之时效取得地役权，而土地所有权人也不得以特定通行人为被告起诉确认争议土地使用权不存在。

“最高法院”判决明确了公用地役关系为公法关系，公共地役权与

---

① 判决理由称：“行政主体得依法律或法律行为，对私人之动产或不动产取得管理权或他物权，使该项动产或不动产成为他有公物，以达行政目的。此际该私人虽仍保有其所有权……此项道路供公众通行，即已历数十年之久，自应认为已因时效完成而有公共地役关系之存在。此项道路之土地，即已成为他有公物中之公共用物，原告虽仍有其所有权，但其所有权之行使应受限制，不得违反供公众通行之目的。”

民法地役权有别。至于对时效取得公用地役权之后,是否应对土地所有人进行补偿仍未涉及。“最高法院”判决意味着既成道路土地所有权人在寻求行政救济无门后,主张民事权利亦不可行,只能眼睁睁地看着自己权利受到侵害,牺牲不可谓不大。

后台湾地区大举发展公益事业、推进城市建设,“政府”为实施都市计划征收土地。具有公共地役关系之既成道路所在地如位于计划区内,理应根据土地法、都市计划法等法律规定进行赔偿。而此种既成道路在台湾地区数量相当庞大,地方财力往往无法提供适当补偿金而予以征收,行政机关遂于征收土地时采取变通措施:“行政院”在1978年台内字第6301号函及1980年台内字第2072号函中明示:“日据时期之既成道路目前仍作道路使用,且已登记为‘道’地目者,若用地机关一时无法筹措补偿费时,仍可依据公用地役关系继续使用,暂不需办理征收补偿。”并在1981年台内字第0184号函、1988年台内字第571274号函、1992年台内地字第11673号函再次确认此做法。此等函示一出,地方政府即以财政紧张为由,继续无偿使用既成道路而不对该土地进行征收补偿,造成既成道路周围私有土地皆由行政部门依法征收且给予补偿,唯独既成道路所在地既不征收更无补偿之情况。

上述情况自然引发既成道路所有权人质疑:于自己私人土地上成立公用地役权已对私人所有权进行了极为严苛的限制,可以说已无自由使用收益之可能。既然根据“都市计划法”等新法律规定,土地已位于征收计划区域内,为何仍不进行征收及补偿。遂有所有权人提出释宪声请,要求“大法官”作出解释。“司法院大法官”针对上述问题,先后于1996年、1997年作出释字第400号与第440号解释。[①]“大法

① 其中第400号解释文中“大法官”释明:“既成道路符合一定要件而成立公用地役关系者,其所有权人对土地即已无法自由使用收益,形成因公益而特别牺牲其财产上之利益,‘国家’自应以法律之规定办理征收给予补偿。……”在理由书中,“大法官”亦阐明公用地役关系之法理:“公用地役关系乃私有土地而具有公共用物性质之法律关系,与民法上地役权之概念有间,久为法制所承认。”尔后,“大法官”在释字第440号解释文中进一步阐明:“‘国家机关’依法行使公权力致人民之财产遭受损失,若逾其社会责任所应容人之范围,形成个人之特别牺牲者,‘国家’应予合理补偿。主管机关对于既成道路或都市计划道路用地,在依法征收或架构以前埋设地下设施物妨碍土地权利人对其权利之行使,致生损失,形成其个人特别之牺牲,自应享有相当补偿之权利……”

官”在宪法解释中明确既成道路成立公用地役权即构成特别牺牲，在其被依他法征收之前，即应按征收给予补偿。

二、公用地役权的法律适用

在释字第400号解释之理由书，对既成道路公用地役关系构成要件进行了明确阐述：第一，须为不特定之公众通行所必要，非仅为通行之便利或省时；第二，于公众通行之初土地所有权人并无阻止之情事；第三，需经历之年代久远且未曾中断。

“最高行政法院”2003年判字第1124号判决确认成立公用地役关系时间要件：“至今须经公众通行若干年代，取得公用地役关系，‘司法院’释字第400号解释理由仅谓‘应以时日久远’而未指明确切年代。于此，应类推适用‘民法’第772、769及770条规定，为认定公用地役关系取得时效之年限。”至此，台湾地区司法实务中公共地役权关系处理可谓告一段落，公共地役权也具备了得以判断的制度性要件。但是，公用地役权作为实务发展而来的制度，其自出现以来，在法律适用方面一直存在以下几点争议：

1. 公用地役权法律效力依据

公用地役权自概念初创至目前形成制度，在台湾都市更新计划、城市建设这一过程中的法律层面也发挥了巨大作用。自1956年以来的一系列判例成为公用地役权法律依据，行政机关由各个判决、行政命令获得了在私有土地上成立公用地役权的权利（力）。但公用地役权的法源问题在其形成过程中饱受批评。在以制定法为主要法源的台湾地区，以“法官法”、行政司法判例作为公用地役权之法源是否妥当，值得商榷。

虽然在台北高等行政法院2000年诉字第1991号判决中，以释字第400号与释字第440号解释作为公用地役权设立之法源，认为因宪法解释具有同宪法条文相同的效力①，公用地役权设立以释字第400号与释字第440号为法律依据，当无可非议。然仔细考察该两份“宪

---

① 盖因在我国台湾地区，“司法院大法官”作出的宪法解释具有法律效力，其效力同与“宪法”条文相同，高于法律。但就行政判例而言，其法源位阶同于行政命令。参见吴庚：《行政法之理论与实用》，中国人民大学出版社2005年版，第38页。

法"解释，发现解释仅阐明公用地役权之法律性质、构成要件，认定所涉之行政命令无效，土地所有权人得获得赔偿，并确认行政机关此前通过时效取得之公用地役权，对于土地所有权人而言已超过其所应承担之社会义务[①]，并非在于确认行政机关可通过该时效取得公用地役权。

依"司法院"释字第400号解释，"对此自应以法律之规定办理征收给予补偿"，征收需依法律规定。判例即法官造法作为行政法法源，虽渐为司法实务与法学理论所认可，然依"司法院"1995年释字374号解释，法院判例效力同于行政命令，即判例的法律效力不能与法律等同，理应不再以行政法院判例作为公用地役权之法律依据。故早在50年前，若以法制不健全、法理不完善为由，类推适用法律填补漏洞并形成判例作为成立公共地役权之法律依据尚能说得过去，但在数十年后的今天，各项法制、理论皆已长足发展，仍以此为理由，限制、剥夺私人财产权实在牵强。

2. 公用地役权成立的法律要件

根据"大法官"释字第400号理由书中阐明之法理，私人土地具有公共用物性质，是既成道路公用地役权成立之前提。公共用物指行政主体直接提供公众使用的公物，如道路、桥梁、广场等。具公用地役关系之既成道路为广义的公共用物。[②] 公物关系之发生有以下方式：一是法律规定；二是行政处分获得；三是事实上使用；四是时效取得。公物需提供公用，而公物一旦设定，供役关系即当然发生。如认定私人土地具有公共用物性质，又公物一旦设定，供役关系当然发生，私人土地也当然因提供公用而成立供役关系。有权利即有义务，私人土地上公用地役权所对应之义务，即该土地所应承担之社会义务。因此公共地役权的成立，首要前提在于私人土地满足公物一般特征。

公用地役权与民法上的地役权，都是为满足长期需要而施加于他人所有权上的一种限制。公用地役权并非私法上权利，它因私有土地具有公共用物性质而成立，与民法上地役权有间，并不以登记为要成立要件。倘私有土地具有公用地役关系，土地所有权人之所有权受到

① 参见吴庚：《行政法之理论与实用》，中国人民大学出版社2005年版，第135页。

② 参见王泽鉴：《民法概要》，中国政法大学出版社2004年版，第495页。

严格的使用限制,并不得违反公众通行之目的,排除他人使用。具体而言,既成道路公用地役关系需要严格满足以下要件才能成立:

(1) 因私有土地具有公共用物性质而成立;其构成要件首须为不特定之公众通行所必要,而非仅谓通行之便利或省时。

(2) 于公众通行之初土地所有权人并无阻止之情事。

(3) 需经历之年代久远且未曾中断,而年代久远之认定,则适用民法中关于财产权时效取得条款。

此外,行政机关应将征收既成道路补偿款列入财政预算,主动筹措资金实现征收,而既成道路所有权人亦得向行政机关申请补偿。

3. 登记是否为公共地役权成立的要件

这一问题即公用地役权的公示问题。在我国台湾地区,“行政法院”于1956所作第8号判例中类推适用“民法”地役权时效取得制度,但自该判决以来的所有判例,都排除了地役权登记要件,这一做法学界争议颇多。民法上地役权无论通过哪种方式取得,皆以登记为要件,通过登记来公示地役权取得。而公用地役权本属判例所创,其时间要件亦不甚明确,本就具有不确定性,而排除登记要件,使该土地范围、权利状态更加模糊。对于土地所有权人而言,这种不确定性会导致公权力存在范围不确定,所有权人则难以保护自己的权益;而对于第三人而言,难以确认归属的土地状态导致交易成本增加,不利于交易安全。

三、公用地役权的功能及意义

公用地役权自产生之日起,所受批评一直不断。然而,为何公用地役权仍能在争议声中一路蹒跚至今,并最后形成制度,作为行政机关的执法依据?其原因在于,公用地役权在都市发展、城市扩建过程中发挥着特殊的制度功能和价值。

1. 维护不动产权人权利

一方面,严格设置公用地役权构成要件,以此减少行政权行使的不确定性,达到保护私人土地所有权的目的。由公用地役权的法律适用可知,其成立需要严格满足一定的法律要件才能成立:

(1) 为不特定之公众通行所必要。

(2) 在公众通行之初土地所有权人并无阻止之情形。

(3) 需经历之年代久远且不曾中断。

(4) 须满足民法地役权其他构成要件。因已规定执行具体标准，行政机关在判断设立公用地役权时必须严格遵循法律规定执行，如此防止公权力对私权的恣意专断，维护了不动产权人的利益。

另一方面，通过确认行政机关对负担公用地役人进行补偿，补偿土地所有权人的受损失权益。据前述分析，既成道路成立公用地役关系，是国家对公民财产权的剥夺，亦是“国家对公民所有权实行的终极干预”。依法理，为保障公民的财产权，对于公民财产权剥夺之国家行为须进行严格约束。既成道路成立公用地役权已于所有权上增加严重限制，行政机关无偿使用多年，今有补偿可能而以支付能力不足为由长期不补偿，土地所有权人完全无使用收益可能，实质上与国家剥夺私人所有权的传统征收并无二致。

传统型征收是国家对私人所有权实施的终极干预，指行政机关出于公共利益而剥夺私人财产权，将私人财产权转移至国家所有或享受此利益的权利承担者。私人土地成立公用地役关系，其土地所有权仍登记于所有权人私人名下，所有权未进行转移，如此成立公用地役关系并非传统征收。然而征收目的在于剥夺私人所有权，亦或加负担于私人所有权地位。[1] 成立公用地役关系不以有需役地存在为前提，其性质也与民法之地役权差异甚大，且其土地所有权人对公用地役关系之土地已完全失去使用收益可能，造成土地所有权之严重限制。故在私人土地上成立公用地役关系，其土地所有权使用方式受到严格限制，即受负担，亦为征收之一种，只是与传统型征收有别，属于典型的准征收。

有征收即有补偿，从“大法官”释字第400号与第440号解释文看，法官认定私有土地成立公用地役关系而为既成道路构成特别牺牲，应予补偿，也认定私有土地成立公用地役关系属于征收行为。

2. 行政法对民法规则的类推适用

台湾地区“行政法院”于1956年判字第8号类推适用民法时效，取得而创设公共地役权概念，并一直为后续判例。类推指将具有不同事实构成前提的法律规范适用于类似的、没有规定的事实情况。[2] 其

---

① 参见黄异:《行政法总论》,台北三民书局2009年版,第63页。

② 参见〔德〕魏德士:《法理学》,吴越、丁晓春译,法律出版社2005年版,第371页。

前提在于法律中存在开放性漏洞，又因“禁止拒绝适用法律”原则存在，法官必须通过补充漏洞来解释、适用法律。据此，“行政法院”所做1956年判字第8号判例法律适用并无不妥。类推适用须基于“类似关系”或“类似性质”所为之推论。类似关系及类似性质要求法律具有容许性与目的上的妥当性，这是判断类推能否适用的关键。[①] 虽然私法并非公法的补充性法源，且私法与公法各有特性，但二者亦具有共通性，若私法制度表现为一般法理，应亦得适用于公法关系，时效亦存在于一些公法关系中。[②] 公用地役权在于为公众之便宜提供利用特定之土地，该利用他人土地之公用地役关系，似于民法中之通行地役关系，且其具有占有表现及继续行使可能，故性质上与其他财产权时效取得具有类似性。就容许性而言，可类推适用民法上地役权时效取得制度。而从“行政法院”1956年后相关判例、“最高法院”判决、“司法院大法官”解释的内容看，皆未对类推民法上地役权时效取得有所讨论，实际上肯定了“行政法院”这一法律适用方法。

虽有学者认为公物取得不适用民法上时效取得制度，因为若允许他人因时效而取得所有权，不符公物设置目的。然而，公物取得不适用民法上时效取得之目的，在于限制私人通过时效取得方式获得公物所有权，而非相反。又公物上他物权之设立亦不在此限，故设立公用地役权亦得适用民法上之取得时效。应予特别注意的是，公法上对物的规定与私法上对物的规定有所差别，后者形成的是宪法财产权保护的具体化，而前者则可能是财产权所负有社会义务的表现，因而构成财产权之限制。公物的设定可能对私有财产权造成违法侵害，所以在设定公物时，应特别谨慎。因此，“大法官”释字第400号对既成道路成立公用地役关系规定了三个构成要件，严格控制公用地役关系成立可能。尔后，“最高法院”于2003年判字第1124号判决中，进一步强化了时间要件的规定。

---

① 参见杨仁寿：《法学方法论》，中国政法大学出版社1999年版，第150—152页。

② 参见〔日〕美浓部达吉：《公法与私法》，黄冯明译，中国政法大学出版社2003年版，第92—93页。

第四节　构建我国的公共地役权制度

一、我国引入公共地役权制度的必要性

如上所述,公共地役权制度,随着资本主义国家社会转型"所有权社会化"理论一起出现,适应了当代法律发展趋势之一的公私法融合之要求。无论是自始就存在于民法典,还是嗣后成熟于司法实务过程中,公共地役权具有以下特征:

(1) 公益性。传统地役权设立的目的是使土地发挥更多的经济价值,而公共地役权产生的目的在于维护社会秩序,保障公共利益的实现。

(2) 有偿性。公共地役权出现于含有公共利益的行业与建设项目,所以需要政府代表不特定的利益相关者对供役地的不动产加以一定的负担。但是此种负担已经超过一定界限,且通常此类公共利益具有较强的营利性,所以必须有偿取得公共地役权。

(3) 干预性。公共地役权是国家从公共秩序的维护角度出发,对个人权利作出适度的干预,是法律用来调整公共利益与个人利益的一种手段。

公共地役权实质上是为公共利益在不动产上设立负担,使其承受限制,其权利义务关系已不能被民法地役权关系所囊括。但不可否认的是,其借助了民法传统地役权制度的框架设计,为了公共利益或公共设施的安全对相关不动产权利人的权利进行一定的限制,实现了保障公共设施的安全与便利目的,因而公共地役权不仅具备传统民法地役权中的提高资源利用的功能,还在行政管理领域发挥其制度功能;并且公共地役权以传统地役权为权利模型,具物权属性,因而各国都规定,设立公共地役权应受到严格限制,并规定给予合理补偿,以此降低公权力对私权利任意限制的可能与行政管理的成本和风险,缓和公权力与私权利的矛盾,同时也能促进私人不动产为公共利用。此外,由于引入"行政行为""公共利益"这些公法概念,公共地役权符合公私法接轨的法律发展的新趋势,从而具有不同于传统地役权的法律功能——提供公法进入私法的管道,验证了公法适用私法规则的可能。

事实上,我国法律中已经出现具有设立公共地役权关系的法律条文,如《中华人民共和国铁路法》第46条、第52条,《电力设施保护条例》第15条、第16条。我国完全可以借鉴其他国家或地区的成功经验,设置公共地役权制度,以提高不动产利用、限制行政机关对私人不动产权利的恣意侵害和缓解土地利用矛盾导致的社会冲突等一系列问题。

二、构建公共地役权制度以完善我国地役权制度

基于上述分析,我国应从功能主义出发,与物权法立法目的保持一致,构建以传统地役权为基础、包含公共地役权在内的地役权体系,适应现代法律的发展要求。换言之,基于社会发展和法律体系化要求,发挥地役权功能,重构我国地役权制度体系包括对传统地役权部分的完善以及如何设定我国公共地役权制度。

1. 完善传统地役权

我国《物权法》中对地役权制度规定得相对简单、抽象,有利于满足调整我国复杂的不动产利用情况。但是,对于地役权的产生,我国仅规定了依法律行为而产生,除此之外,对地役权的其他取得方式并没有作出规定,限制了地役权产生的可能。

依法律行为以外的其他法律事实取得地役权,主要包括继承取得和时效取得两种方式。地役权作为一项具有从属性的物权,在继承发生时,可随其依附的需役地的不动产所有权、使用权一并被继承,地役权的继承取得大都被各国民法承认。时效取得是物权取得的一种方法,指占有人公开、持续的占有并利用他人物达到一定年限后,即获得以其使用方式为内容的法律效力。从罗马法时起到近现代,各国都承认地役权可依时效取得。地役权的时效取得,基本上参照不动产所有权的时效取得制度:在和平、持续、表现占有达法定的期限,可成立地役权。因此,我国《物权法》应该对地役权的继承取得与时效取得加以规定。特别是对继承开始后,地役权变更登记的程序、效力等内容进行规定,以便顺利调整继承中的权属转移过程。

2. 建构公共地役权制度

公共地役权制度的设立,涉及一系列的法技术问题。而首要问题就是:将公共地役权的设定与保护置于何种法律部门、法律领域框架内,最有利于公共地役权功能的实现,最接近公共地役权的初始意义。

公共地役权与地役权的区别之一,在于前者是为了公共利益,即为不特定多数人的利益而设定。利益的整体性决定了公共地役权具有集体性。尽管每个公民对利益的主观要求不尽相同,但一般能够得到法律的承认和支持,是具有普遍意义的集体性标准。在此前提下,我国公共地役权可以定义为:为了公共利益的需要,可以在不动产上施加某种不利益或负担。

从我国现行法律制度看,对于物的利用方式的法律调整手段,主要是《物权法》,且《物权法》已将征收这一对私人物权设置公共利益的物权方式纳入其体系内。为保持《物权法》在物的利用和对私人物权设置公共利益的体系完整性,适宜将公共地役权规定在《物权法》中。又因公共地役权归根结底是借传统地役权模式发展而来的,公共地役权宜置于地役权体系内进行规定。在此基础上,我们对公共地役权制度的具体设想如下:

(1) 公共地役权以基于法律规定取得为主,约定取得为例外。这里的基于法律规定直接取得与依行政法的取得不同,公共地役权虽然是基于法律规定直接取得的,但此时的供役地人和行政机关是平等主体,双方权利义务应进行平等协商。当公共地役权涉及的不仅仅是一般的容忍义务,而是在其享有权利的不动产上安放公共设施,或容忍的负担达到某种程度时,应采取约定方式,即征得土地使用权人或房屋所有权人的同意,才得设定地役权。

(2) 设立公共地役权应以有偿为原则。如上所述,公共地役权毕竟是设定于土地上的一种限制,对权利人的权利行使有不同程度的影响,其经济利益或精神状态可能受到损害而超过其应该容忍的最小范围。因而应当给予土地权利人一定费用作为补偿。此外,因给出补偿最低标准,并允许对费用数额进行协商。

(3) 公共地役权的权利实质主体是与公共利益有关的不特定多数人,而非行政机关。行政机关只是形式上的权利主体,其仅仅起到协调公共利益与私人利益间关系的作用。因此可以说,增设公共地役权制度能为避免公共利益恣意侵犯个人土地使用权提供法理依据,也可为集体土地上土地使用权人实现其土地权益提供法律渠道。

第七章　违法建筑的物权法保护问题[*]

随着城市化进程的不断推进，廉价用房需求的日趋紧张，各类违法建筑大量出现，并成为一个较为普遍的社会问题。违法建筑因违反城市规划或建筑管制秩序，在一定程度上危害了公共利益，给社会生产生活带来了消极影响，故而多为公法予以否定性评价，被有关行政机关采取诸如拆除或没收等行政强制措施予以处理。然而，不可否认，在未被有关行政机关查处前，大量违法建筑已经进入了市场领域，与民事主体发生了民事法律关系。如果只从公法角度出发，一味否定其私法权利，不对其进行私法调整，不仅会导致社会资源的浪费，而且还可能导致社会矛盾的激化。因此，我们不能回避违法建筑在私法领域出现的问题，而要首先从物权法角度出发，承认违法建筑建造人或占有人的占有利益受物权法保护，厘清违法建筑上各方权利义务关系，兼顾公共利益与私人利益的平衡，更好地解决违法建筑问题。而要做到这一点，无疑需要公法和私法的合作。

第一节　公法对违法建筑的否定性评价

一、违法建筑的概念和特征

"违法建筑"的概念有时也使用"违章建筑"，我国台湾地区习惯将"违法建筑"称为"违章建筑"，并认为所谓违章建筑是指违反建筑法令，不能取得建筑执照，致无从办理所有权登记之建筑物[①]；也有认

---

[*] 鲁珊珊参与了本章成果的研究。

[①] 参见谢在全：《民法物权论》（上册），中国政法大学出版社1999年版，第23页。

为,所谓违章建筑是指未经申请当地主管建筑机关审查许可,并发给执照,而擅自建造的建筑物。[①] 我国大陆对此亦有不同的界定,如王利明教授认为,所谓违法建筑,是指违反有关法律禁止性规定而建造的各类建筑物及其设施;而违章建筑主要是指违反城市规划或者没有办理有关审批手续的建筑物及其他附属设施。[②] 笔者认为,违法建筑的概念要泛于违章建筑的概念,违章建筑只是违法建筑的一部分,违法建筑包括违章建筑。所以,本书认为,违法建筑是指所有违反有关法律禁止性规定而建造的建筑物及附属设施,其中包括违反城市规划或未办理有关审批手续而建造的建筑物及其附属设施。

我国立法在概念的使用上也经历了一个由"违章建筑"过渡到"违法建筑"的过程。"违章建筑"的概念在1980年国务院《批准中央气象局关于保护气象台站观测环境的通知》中首次使用;2001年《城市房屋拆迁管理条例》予以延用;2007年《城乡规划法》中未使用"违章建筑"的概念,而是表述为"未取得建设工程规划许可证或者未按照建设工程规划许可证的规定进行建设的";2011年《国有土地上房屋征收与补偿条例》使用了"违法建筑"的概念;2011年《中华人民共和国行政强制法》表述为"违法的建筑物、构筑物、设施等"。

从字面而言,二者有广义和狭义之分,但从内涵而言,二者应是一致的。而且从立法的发展来看,是在逐渐弃用"违章建筑"的概念,而使用"违法建筑"的概念。不论是"违法建筑"还是"违章建筑",从其内涵而言,都体现出违法性或者说法律上的否定性。这种违法性,笔者认为有如下特点:

1. 违法性中的"法"指的是公法,而不是私法

违法建筑所违反的是国家管制城乡规划和建筑市场秩序的法律法规,这通常是行政法。对违法建筑的界定,体现了公法对违法建筑给予否定性评价的根本原因,就在于认为其违背了公法对城市的预期规划或者相应程序,影响了社会公共利益,因此应对其进行处理,给予否定评价。[③]

---

① 参见王泽鉴:《民法物权》(第二版),北京大学出版社2009年版,第83页。

② 参见王利明:《物权法研究》(下卷),中国人民大学出版社2002年版,第428页。

③ 参见程萍:《财产所有权的保护与限制》,中国人民公安大学出版社2006年版,第214—216页。

2. 违法性中的“法”是广义上的法

违法性中的“法”，不仅包括宪法、全国人大及其常务委员会制定的法律、国务院制定的行政法规、地方国家权力机关制定的地方性法规、国务院各部委制定的部门规章、省级人民政府制定的地方政府规章，还包括有关国家机关根据法定权限，依照法定程序所制定的规范性法律文件。我国涉及违法建筑的现行法律具体有：《城乡规划法》《建筑法》《土地管理法》《环境保护法》《防洪法》《文物保护法》《水污染防治法》《城市房地产管理法》《公路法》《草原法》《水法》《消防法》《电力法》《铁路法》《防震减灾法》《畜牧法》等，行政法规具体有：《土地管理法实施条例》《国有土地上房屋征收与补偿条例》《城市房屋拆迁管理条例》《城市道路管理条例》《风景名胜区条例》《文物保护法实施条例》《广播电视设施保护条例》《长江三峡工程建设移民条例》《城市绿化条例》《建设工程质量管理条例》等。并且在实践中，由于国家立法机关并未对违法建筑进行统一的界定，全国各地的房地、规划、国土、环卫、建设、消防等各个职能部门都从不同角度对违法建筑进行界定和处理，其行政公权力色彩极强。

3. 违法性的违法时间应以“建设时”为准

如果某个违法建筑在建设行为发生的时候不存在相应的法律管制要件，即使按照现在的法律或者规划方案来衡量某个建筑是违法的，我们也不能用现在的法律和尺度去溯及。[①] 我们不能要求建筑人去预测未来可能出现的建设规划或相关法律。只有违法建筑发生时存在的法律才能作为确定“违法建筑”的依据。某个建筑在建设行为发生时不存在违法情形，但建成以后，不符合现在的建设规划，按现在的法律、法规必须要拆除，应对其按合法建筑的标准进行赔偿。

违法性是违法建筑的最大特征，从对它的概念和特征分析可以看出，其完全是以公法为标准出现的，这就导致了人们只从公法角度考察违法建筑的效果，只关注违法建筑的非法建造行为，而忽略了违法建筑上所具有的私法效果，从而出现了对违法建筑的完全公法化的否定性评价。

---

① 参见王才亮：《违章建筑的界定与处理》，中国建筑工业出版社 2005 年版，第 98 页。

二、违法建筑的公法否定性评价及其依据

对于违法建筑的处理措施，是直接以公法规定为依据的。在这些规定中，违法建筑被界定为违法行为的产物，属非法物，是被管制甚至被否定的对象，必须对其采取行政强制措施，如限期拆除、没收等。

1. 土地管理方面的规定

2004 年修订的《土地管理法》对建筑用地管理，特别是违法用地新建的建筑物，进行了界定和处理。该法第 64 条规定："在土地利用总体规划制定前已建的不符合土地利用总体规划确定的用途的建筑物、构筑物，不得重建、扩建。"第 76 条规定："未经批准或者采取欺骗手段骗取批准，非法占用土地的，由县级以上人民政府土地行政主管部门责令退还非法占用的土地，对违反土地利用总体规划擅自将农用地改为建设用地的，限期拆除在非法占用的土地上新建的建筑物和其他设施，恢复土地原状，对符合土地利用总体规划的，没收在非法占用的土地上新建的建筑物和其他设施，可以并处罚款；对非法占用土地单位的直接负责的主管人员和其他直接责任人员，依法给予行政处分；构成犯罪的，依法追究刑事责任。"2011 年修订的《土地管理法实施条例》第 35 条、第 36 条规定，对违法建筑的处理都是"限期拆除"，逾期不拆除的，可申请法院强制执行。

2. 建设规划方面的规定

2007 年制定的《城乡规划法》第 64 条规定："未取得建设工程规划许可证或者未按照建设工程规划许可证的规定进行建设的，由县级以上地方人民政府城乡规划主管部门责令停止建设；尚可采取改正措施消除对规划实施的影响的，限期改正，处建设工程造价百分之五以上百分之十以下的罚款；无法采取改正措施消除影响的，限期拆除，不能拆除的，没收实物或者违法收入，可以并处建设工程造价百分之十以下的罚款。"

3. 征收拆迁方面的规定

2001 年制定的《城市房屋拆迁管理条例》第 22 条规定："拆除违章建筑和超过批准期限的临时建筑，不予补偿；拆除未超过批准期限的临时建筑，应当给予适当补偿。"2011 年制定的《国有土地上房屋征收与补偿条例》第 24 条规定："市、县级人民政府作出房屋征收决定前，应当组织有关部门依法对征收范围内未经登记的建筑进行调查、

认定和处理。对认定为合法建筑和未超过批准期限的临时建筑的，应当给予补偿；对认定为违法建筑和超过批准期限的临时建筑的，不予补偿。”明确规定了拆除违法建筑不予补偿。

4. 特别单行法的规定

我国还有一些特别法规定了对违法建筑的处理，如《铁路法》第46条规定，“修建妨碍行车瞭望的建筑物的，由县级以上地方人民政府责令限期拆除”；《民用航空法》第60条规定：“民用机场新建、扩建的公告发布后，任何单位和个人违反本法和有关行政法规的规定，在依法划定的民用机场范围内和按照国家规定划定的机场净空保护区域内修建、种植或者设置影响飞行安全的建筑物、构筑物、树木、灯光和其他障碍物体的，由机场所在地县级以上地方人民政府责令清除；由此造成的损失，由修建、种植或者设置该障碍物体的人承担。”等等。

三、违法建筑公法否定性评价引起的私法效果

长期以来，对于违法建筑的认定和处理，多由行政法律、法规进行裁判。违法建筑所具有的“先天的违法性”，阻却了我们从私法视角对它的观察，即将违法建筑在公法上遭遇的否定性评价扩展到在私法上的评价，从而忽视了其在私法上的地位。[①] 以至于在实践中一旦出现违法建筑的私法纠纷，司法者通常径行从公法角度将其视为天生的违法物，要么不予受理，要么否定其作为私法关系客体的资格。

1. 排除了违法建筑成为物权客体的可能性

《物权法》第7条规定，物权的取得和行使，应当遵守法律，尊重社会公德，不得损害公共利益和他人合法权益。违法建筑在公法上被评价为损害了公共利益，所以违法建筑不能取得物权；《物权法》第9条第1款规定，不动产物权的设立、变更、转让和消灭经依法登记，发生效力。违法建筑不能进行登记，就限制了其物权的取得与转让；而根据《物权法》第30条的规定，只有合法建造的事实行为才可以不经过登记而取得物权。违法建筑被公法定义为非法建筑行为，这就排除了违法建筑因建造事实行为取得物权的可能性。可见，在我国物权法上，由于违法建筑在公法上的否定评价，排除了它成为物权客体的可能。

① 参见杨延超：《违法建筑物之私法问题研究》，载《现代法学》2004年第4期。

2. 对违法建筑的利用关系不受私法保护

由于违法建筑在公法上的否定评价，导致在现实生活中违法建筑物的利用关系也不能受到私法的保护，当违法建筑作为出租、抵押的标的物时，其本身的"先天违法性"使利用关系的效力受到质疑。最高人民法院《关于适用〈中华人民共和国担保法〉若干问题的解释》第48条直接规定，以法定程序确认为违法、违章的建筑物抵押的，抵押无效。

3. 违法建筑不能被继承

《继承法》第3条规定了只有合法财产才能被继承，违法建筑被公法界定为非法财产，所以违法建筑不能被继承。

现行法律对违法建筑的评价，着重从公法的角度对其进行评价和处理，如没收、强制拆除等。公法上的否定性评价导致违法建筑在未被依法拆除前所承担的权利义务关系没能得到私法的肯定性评价，对违法建筑的合理利用也没得到私法的保护。因违法建筑上公法的否定性评价，在整个民法领域，主体不能对违法建筑享有物权，不能对其进行交易、出租、抵押或者继承，从而违法建筑成为无归属、无价值之物。

公法从维护公共利益的角度，对违法建筑行为进行否定性评价无疑是正确的，但是违法建筑作为违法行为的产物，毕竟不等于违法行为本身，它已经变成客观存在并且有价值的物。一旦进入了民事领域，它必然会产生民事法律关系，需要私法对其法律关系进行评价与处理，此时违法建筑上公法否定评价应当是赋予违法建筑公法上的义务，限制其私法主体行使权利的恣意性，而并不是绝对否定违法建筑的私法效果。现实生活中出现了大量涉及违法建筑的归属、买卖、租赁、抵押等纠纷。由于权利义务没有被明确，法律关系处于不稳定状态，反而造成了诸多的社会矛盾。由于没有被赋予物权法上的权利，面对这些纠纷，司法机关没有对违法建筑进行物权法保护的依据，这严重影响了社会经济关系的稳定，不利于定分止争。因此，确认违法建筑在私法上的地位，正确配置违法建筑上的权利义务关系，使应得利益者得其利益，应受处罚者得其处罚，才是违法建筑纠纷得以解决的前提。[①]

---

① 参见王才亮、陈秋兰：《违法建筑处理实务》，法律出版社2008年版，第214页。

第二节　物权法对违法建筑的保护

一、违法建筑成为物权法保护对象的可能性

违法建筑作为能够满足人们需要的物且具有稀缺性，亦能为人所控制和支配，具备了成为民法上之物的基本前提。但公法对违法建筑的否定性评价，能否阻却其成为民事法律关系客体？违法建筑本身并不属于不可有物，也与诸如枪支、毒品之类的对社会公共秩序具有高度危险性的限制物不同。[①] 国家之所以否定枪支、毒品的民事客体资格，在于它们一旦进入民事领域流通，即具有相当大的社会危害性，会对社会公共安全、公共秩序造成危害或者有造成危害的可能。德国著名行政法学家毛雷尔教授将行政的任务或目的区分为秩序行政、引导行政、给付行政、税务行政、后备行政等，其中秩序行政的作用是排除有关危险，以保障公共安全和公共秩序；引导行政的目的是对社会、经济和文化生活的全部领域进行广泛、适时的促进或者引导。[②] 行政机关对枪支、毒品的行政管制具有秩序行政的色彩，这种管制的直接目的是消除危害和保障公共秩序，因此不合这种管制目的的违法物没有赋予法律意义的必要。然而与此不同的是，国家对违法建筑物的管制，目的是在于安排特定区域内的建筑布局，行政机关在此的主要作用是引导私人正确行使建设自由的权利，使私人的建筑行为符合政体规划，因此这种行政具有引导行政的特点。公法对建筑物的否定评价，主要并不是因为其本身具有多大的社会危害性，主要目的在于规范建筑行为的程序和保障建筑物的质量，安排某个区域内的建筑规划布局，引导个人的建造行为符合国家的整体规划，保证个人在行使建设自由的同时也受制于国家的规划。[③] 由此可见，违法建筑的危害性

---

① 这里之所以将违法建筑这种不动产与毒品等动产相区分，就在于违法建筑的违法性还不足以达到诸如毒品等违法物质危害人类的程度，故不能因其违法就否定了其全部的利益存在。

② 有关秩序行政和引导行政，具体内容参见〔德〕哈特穆特·毛雷尔：《行政法学总论》，高家伟译，法律出版社2000年版，第8页。

③ 参见常鹏翱：《物权法的展开与反思》，法律出版社2007年版，第72页。

并不像枪支、毒品那样来源于其自有属性，而是在于违法建筑坐落位置的不妥当。并且，违法建筑一旦建成，其危害性就因为其坐落位置已经客观存在了，不论其是否进行流通，它的危害性也不会有任何变化。禁止违法建筑的流通，对减少违法建筑的危害性并没有任何实际意义。因此，违法建筑与通常意义上的“限制流通物”不同，可以进入流通领域，成为民事法律关系客体。

因此，无论是程序性违法建筑还是实质性违法建筑，它们既不属于不可有物，也不同于限制物，公法的否定性评价不足以否定其民事法律关系客体的资格，其可以成为承载私法权利的民事客体。在一定的条件限制下允许其利用，既可以充分发挥其使用价值和价值，避免造成社会资源的浪费，又可以保护权利人的利益。

虽然我国《物权法》第30条规定将违法建造行为排除在了事实行为之外，因而否定了违法建筑获得物权的合法性，但其却并没有排除对违法建筑上的民事利益的保护。《物权法》第243—245条所规定的有关占有的保护制度，对违法建筑即可以适用。① 这也使得从《物权法》上重新审视违法建筑的私法权利义务获得了制度上的可能性。因此，笔者认为，无论公法对违法建筑给予了多么严重的否定性评价，都不能当然地否定其私法上的保护，问题是在于我们如何重新审视违法建筑上的权利义务关系链条。

二、物权法保护违法建筑的理论模式和实现方式

要深入探讨违法建筑上的私法问题，首要任务就是要对违法建筑上物权法保护的理论模式和实现方式进行具体分析。自罗马法到现代民法，私权一直都是按照“原权—救济权”的模式进行制度构建的。② 我们对违法建筑上的物权法保护，也可以采用这样一种模式进行。

（一）作为违法建筑上“原权”的占有

1. 关于违法建筑的原权性质的争论

违法建筑物本身到底是否存在所谓的“原权”，其权利性质究竟为

---

① 参见王利明：《物权法研究》（上卷），中国人民大学出版社2002年版，第375页。

② 参见杨明：《请求权、私权救济与民事权利体系》，载《比较法研究》2007年第4期。

何,一直是争论的焦点。我国法律、法规并没有对其进行明确定性,在民法理论界,也是众说纷纭。主要形成了以下几种学说:

(1) 无所有权说。持此学说的学者认为,违法建筑因违法建造行为而具有"先天违法性",不能办理不动产所有权登记,无法取得所有权。建造人的违法行为已经完全阻却了其获得所有权的可能性,违法建筑上不存在所有权的问题。

(2) 不动产所有权说。持此观点的学者认为,公法对违法建筑的否定评价,针对的是违法建造的行为而不是违法建筑所有权本身,其不动产所有权已因建造事实行为而客观存在。公法的否定评价只能是限制违法建造人所有权的行使,而不能否认其不动产所有权的存在。我国台湾地区学术界倾向于承认违法建筑的建造人对违法建筑享有所有权,如王泽鉴先生认为,违法建筑作为一个整体,是一种不动产,应由建造人原始取得其不动产所有权①;谢在全先生也认为,违法建筑是独立于土地之外的不动产,应由原始建造人取得其不动产所有权。②

(3) 动产所有权说。此观点颠覆了以往从不动产权利角度出发的认识,认为虽然违法建筑不能进行不动产登记,所有权未得到法律的认可,就不能得到法律的保护,但构成违法建筑的建筑材料本身作为动产是合法的,肯定了建造人对建造违法建筑所用的建筑材料等动产享有所有权。这是对无所有权说和不动产所有权说的一个折中。

(4) 占有说。该观点认为,不能改变违法建筑物的不动产属性而以动产所有权来保护违法建筑的私法权利,但又不承认其上享有所有权,所以从不动产的占有利益出发,认为建筑人对违法建筑物的占有,作为一种事实状态,受法律保护;建造人自己可以对违章建筑占有、使用和收益;建造人对违法建筑物仅是一种占有,而非所有权。

上述几种观点从不同角度对违法建筑的权利性质进行了论证,都有其合理性。

对于无所有权说,笔者认为,研究违法建筑权利性质的前提就是

---

① 参见王泽鉴:《民法物权》(第二版),北京大学出版社2009年版,第83页。

② 参见谢在全:《民法物权论》(上册),中国政法大学出版社1999年版,第23页。

从私法角度出发,此观点却完全忽视了违法建筑的私法地位,而以公法的视角去评价违法建筑,所以在前提错误的情况下,所得的结论也有失偏颇。并且对于现实存在的物,不对其赋予任何权利,不符合现代经济社会的要求,会使违法建筑处于不稳定状态,不利于定分止争。

对于不动产所有权说,笔者认为,《物权法》第 6 条规定了不动产所有权必须经过登记设立,第 30 条排除了非法建造行为以事实行为取得不动产所有权的可能。虽然赋予违法建筑不动产所有权是对违法建筑私法权利的最高保护,但这也会遇到最大的制度阻碍,如与《物权法》不动产登记制度相违背。在违法建筑私法地位还未深入人心的情况下,给予违法建筑最高私法权利——不动产所有权是不现实的,也与我国法律制度设置不相符。

对于动产所有权说,我们认为,既然违法建筑已经建成,建筑材料等动产已经构成一个整体,具有了不动产的物理特征,将违法建筑的不动产性质用建筑材料的动产性质来置换,从而取得动产所有权的做法不可行。

对于占有说,我们认为,占有说赋予违法建筑占有利益,有利于对建造人、占有人事实上的占有状态给予一定的法律保护,可以避免浪费社会资源。否认违法建筑的所有权,则体现了对建筑人违法建造行为的惩处,防止对其过度保护而鼓励恶意违建现象,维护社会公共秩序。明确违法建筑物上的私法权利和公法义务,能有效平衡社会公共利益和违法建筑人的私人利益。所以,占有说对于我国违法建筑权属是一个最现实的选择。并且我国《物权法》对占有保护有明确规定,占有说有法律依据的支持。因此,笔者认为占有说更可取。

2. 对非法建筑的占有保护

对于一种占有的原权,其实是一种不分有权占有或无权占有的直接占有事实状态。违法建筑在建成后未被拆除前,作为物而客观存在着,并为建造人或占有人事实上所控制和管领,形成了实际占有。这种占有到底是一种事实状态还是一种民事权利,一直也有争论。权利说认为,占有是一种独立的权利,如美国学者 Albert S. Thayer 认为,古代罗马法和日耳曼法都认为通过占有表现权利,而占有又通过持有表现出来,因此当我持有某物,使我获得占有,而我占有某物,也使我享有占有权。所以,占有是依照那个权利而非单纯的事实状态①;而事实说认为,占有只是一种对物事实上的控制力,不是一种独立的权利。我国理论界以占有事实说为通说,如王利明教授即认为,占有是占有人基于一定的占有意图而对特定的动产或不动产进行事实上的控制的事实状态。② 我国《物权法》关于占有的规定,采用了事实说,尽管我国目前通说认为,占有是一种事实而非权利,但由于“占有提供了一种重要的法律地位,其意义好像是一种暂时的权利”③,因此,为了更好地保障和实现违法建筑权利人的占有事实而附着的利益,可以将占有作为一种理论上的原权加以对待。这种对待并非是确认占有的权利性质,而是为了引出救济权而作出的铺垫。

根据占有人是否有权占有某物,占有可分为有权占有和无权占有。违法建筑因其违法建造行为无法取得不动产所有权,因此没有合法占有违法建筑的法律依据,所以对其占有的事实只能构成无权占有。我国《物权法》对占有的保护,并不考虑占有的本权问题,因为占有在任何时候都是一定权利或利益的外在体现。对占有进行保护,也就是对站立于占有“背后”的利益进行保护。④ 不加区分地对有权占有和无权占有都加以保护,能够贯彻占有制度所体现的“任何人不得以私力改变占有的现状”的原则,有利于定分止争。因此,违法建筑的无权占有事实也受物权法占有制度的保护。非经执法机关依法决定拆除,建造人可以对违法建筑物基于占有而使用和收益,他人不得随意侵犯建造人对违法建筑的占有。当然,我们主张保护无权占有并非要使非法占有的事实长期化、合法化,如果需要尽快制止非法占有,也应当通过法定程序尽快制止非法的占有。⑤

根据占有人是否直接占有其标的物,占有可分为直接占有与间接

---

① 转引自季境:《占有之债权保护路径思考》,载《法律适用》2012 年第 3 期。

② 参见王利明:《物权法研究》(下卷),中国人民大学出版社 2002 年版,第 700 页。

③ Palandt. Burgerliches Gesetzbuch. 54. Aulf. Munchen, 1995, 1039。转引自陈敬涛:《违法建筑上的民事权利分析》,重庆大学 2009 年硕士学位论文。

④ 参见〔德〕鲍尔、施蒂尔纳:《德国物权法》(上册),张双根译,法律出版社 2004 年版,第 433 页。

⑤ 参见王利明:《物权法研究》(下卷),中国人民大学出版社 2002 年版,第 716 页。

占有。所谓直接占有是指直接对物进行事实上的管领力;间接占有是指自己不直接占有某物,但本于一定的法律关系对于直接占有其物之人,有返还请求权,因而对于该物有间接管领力。[①] 对于违法建筑而言,直接占有人是指对违法建筑进行直接实际占有的建造人,或者通过买卖、租赁等法律行为取得直接实际占有的受让人或承租人;而间接占有人则是指对违法建筑的建造人或直接占有人享有返还请求权的占有人,在实际生活中表现为通过买卖或租赁合同等已经建立了债权关系,但尚未取得对违法建筑实际占有的权利人,或通过买卖或租赁合同等转移了实际占有的建造人。

需要注意的是,违法建筑的间接占有人对违法建筑没有实际管控,能受到物权占有制度的保护吗?对此学界存在一定的争议。如彭万林教授认为,间接占有也应与直接占有一样,受到占有制度的法律保护,以维护间接占有人的利益。[②] 而江平教授则认为,对占有的保护,并不必然及于间接占有,有时仅保护直接占有人。[③] 笔者认为,占有强调的是对物的实际管领和占有的事实,而违法建筑人的间接占有人已经失去了对违法建筑的占有事实,法律对占有保护的实质是保护占有背后的利益,其依据的基础是占有的事实存在,因此,由于间接占有并不存在实际占有事实,因此间接占有人不能依《物权法》规定的占有制度获得保护。但这并不是说违法建筑的间接占有人不享有任何民事权利。间接占有人与直接占有人存在着债权债务关系,对于间接占有人而言,其仍然可依据合同法等寻求保护,享有债法上的权利。

(二) 违法建筑上的救济权

违法建筑的“原权”是一种占有,体现为占有利益,其对违法建筑只是一种消极的保护。它并未明确给予建造人、占有人对占有积极地行使方式,只是在利益发生冲突时消极地承认并给予保护。因此,违法建筑物的私法权利,主要表现为基于占有保护而产生占有请求权和损害赔偿请求权,它们在违法建筑遭到侵害时,更加有力地保护了建

① 参见王泽鉴:《民法物权》(第二版),北京大学出版社 2010 年版,第 433 页。

② 参见彭万林主编:《民法学》,中国政法大学出版社 2007 年版,第 382 页。

③ 参见江平主编:《中国物权法教程》,知识产权出版社 2007 年版,第 298 页。

造人及占有人的应有权益。

1．占有保护请求权

即使违法建筑是无权占有，物权法占有保护制度也并没有排除对其保护。当其面对非法侵占或妨害时，违法建筑上的救济权表现为占有保护请求权。占有保护请求权人是指受到侵夺或妨害的一切占有人，这当然包括无权占有违法建筑的占有人。我国《物权法》第245条规定的，当占有物受到侵占和妨害时，占有人享有的占有保护请求权包括：占有返还请求权、排除占有妨害请求权和消除占有危险请求权三种形式。

占有返还请求权是指占有人在其占有物被侵夺后，可依法请求侵夺人返还占有物的权利。即当违法建筑占有人对违法建筑的占有被侵夺时，其有权对侵占人就违法建筑请求占有返还。此时请求对象只能是实际占有人，只有向其提出占有返还请求权，才能恢复权利人对违法建筑的占有。当实际占有人并不是侵夺占有行为人时，实际占有人为恶意占有的，占有人可以请求返还占有，但实际占有人为善意占有的，可以要求侵夺占有人赔偿损失。关于占有返还请求权中的孳息的归属，根据《物权法》第243条的规定："不动产或者动产被占有人占有的，权利人可以请求返还原物及其孳息。"因此，如果非法侵夺占有的行为人，在占有期间利用违法建筑获利（如出租违法建筑），违法建筑的占有人作为占有返还请求权人，有权请求非法侵夺占有的行为人在返还违法建筑时，返还其在占有期间所得孳息；根据《物权法》第245条第1款规定："对妨害占有的行为，占有人有权请求排除妨害或者消除危险。"因此，当占有人对违法建筑的占有正受妨害或可能被妨害之虞，占有人享有请求排除占有妨害或消除占有危险的请求权，以保护占有人对违法建筑的占有利益，此时的权利行使人只能是直接占有人。但是占有保护请求权针对的是非法侵害占有行为，当面对公权力的合法行政行为，占有人不得行使占有保护请求权以对抗公权力。

2．损害赔偿请求权

除了规定占有保护请求权之外，《物权法》第245条第1款还规定："因侵占或者妨害造成损害的，占有人有权请求损害赔偿。"王利明教授认为，这实际上是明确了侵害占有的赔偿责任，规定了占有人的损害赔偿请求权。① 如上所述,占有保护请求权一般只针对违法建筑占有的侵夺与妨害,它的行使只是为了恢复对违法建筑物的占有状态,但是在占有不能被恢复原状时,如违法建筑物已经损毁或被转移给另一占有人时,违法建筑的占有人仅依靠占有保护请求权已经不能实现占有保护的目的。因此,当违法建筑的占有被侵害后,通过占有保护请求权,仍然不能达到最初的占有状态而给建造人或占有人造成损害的,建造人或占有人可以请求对遭受的全部损失进行赔偿。以损害赔偿请求权作为对占有保护请求权的补充,全面实现对违法建筑物占有的保护。

对于上述三种形式的占有保护请求权以及损害赔偿请求权,违法建筑建造人或占有人均可以直接针对侵害违法建筑的行为人主张权利,以维护其对违法建筑的私法权益。在侵害违法建筑行为人对违法建筑建造人或占有人的请求权有异议时,或其请求权不能得到实现时,违法建筑建造人或占有人还可以通过诉讼的方式实现违法建筑的救济权,以法律手段保护违法建筑的私法权益。

第三节　物权法对违法建筑保护的私法效力

违法建筑上的物权法保护,主要表现为对违法建筑利用的保护。由于市场对低价房屋和廉租房的巨大需求,大量违法建筑乘势进入市场领域,违法建筑的出租、买卖等利用行为越来越多,由此引发的违法建筑民事纠纷也层出不穷。因此,基于上述物权法对违法建筑的保护,可以对违法建筑利用关系的效力作出评价,以明确违法建筑上各方当事人的权利与义务,有效解决违法建筑的民事纠纷,促进违法建筑的合理利用,实现社会资源利用的最大化。

一、违法建筑具有使用的效力

违法建筑的建造人在追求其一己私益的活动中,逾越了为公共利益设定的法律拘束,必然要受到公权力的限制和惩罚,即现实中对违

---

① 参见王利明:《物权法研究》(下卷),中国人民大学出版社 2002 年版,第 760 页。

法建筑的行政处理,如拆除、没收、罚款等。但在其建成后拆除前,作为客观存在的物具有使用价值。违法建造虽然不能获得所有权,但其并不是不可有之物,建造人基于对违法建筑的原材料和劳务付出,当然地进行占有,即使是构成无权占有,建造人对违法建筑的占有使用仍受法律保护。

建造人自己对违法建筑占有使用是无可厚非的。但在现实生活中,很多违法建造人的目的不是自己占有使用,而是以获利为目的,让与其他人占有使用,对建造人以外的占有人,其对违法建筑的占有使用是否受法律保护呢?笔者认为,虽然违法建造人不享有对违法建筑的所有权,但是如果建造人和占有人基于某种法律关系,和平地将占有让与其他占有人,使其实际获得了对违法建筑物的管领和事实占有,占有人的占有事实便构成无权占有,对违法建筑的占有使用也应受法律保护;如果占有人没有与建造人达成某种法律关系,而是通过暴力等非法手段侵占,他对违法建筑物的占有则不受法律保护,建造人有权请求返还占有。

二、违法建筑买卖的效力

违法建筑的买卖过程如果能够顺利完成,就会产生负担行为,也会产生处分行为。负担行为是指使一个人相对于另外一个人(或若干人)承担为或不为一定行为义务的法律行为;处分行为是指直接作用于某项现存权利的法律行为,如变更、转让某项权利、在某项权利上设定负担和取消某项权利等。[①] 负担行为是这一交易的原因行为,结果行为是后来发生的物权实际设立、转移、变更的行为,是交易的结果。因此,在违法建筑的买卖过程中,双方当事人之间也会产生两个法律关系:一个是双方根据物权变动的买卖合同而产生的债权债务关系,是物权变动的原因行为,给双方当事人设定了负担行为;另一个是物权转移的物权关系,是物权变动的结果行为,是当事人对物的处分行为。在依据法律行为发生物权变动时,存在物权变动原因与物权变动结果两个法律事实,它们的成立生效,分别依据不同的法律根据,即所

---

① 参见〔德〕卡尔·拉伦茨:《德国民法通论》(下册),王晓晔等译,法律出版社 2003 年版,第 435 页。

谓的“区分原则”。[①] 我国《物权法》第15条中已明确规定了物权负担行为与处分行为的效力相区分的原则。因此,违法建筑买卖的债权效力与物权效力应当依不同的法律根据而生效。

关于违法建筑买卖的债权效力,学界有很大争议,有学者认为违法建筑买卖的标的物具有先天违法性,由此产生的合同一律无效。但真正影响法律行为效力的,并非是标的物的违法性,而是法律行为的违法性。标的物的违法性并不能等同于法律行为的违法性。标的物违法是指标的物的产生或属性不符合法定程序或其他法律禁止性规定,它本身并不能影响法律行为的效力;而法律行为违法是指该行为产生的法律效果会损害私人或社会公共利益,所以该行为可能会被宣布无效或被撤销。[②] 我国《合同法》第52条关于合同无效是针对作为合同标的的法律行为违反法律或行政法规的强制性规定的情形,而违法建筑的买卖行为并未违反法律或行政法规的强制性规定,所以违法建筑买卖合同并不是无效合同。但这也并不意味着违法建筑买卖合同就是有效合同。买卖合同生效的另一要求是对标的物享有所有权,否则构成无权处分。《合同法》第51条规定了无权处分人签订的合同是效力待定合同,合同订立后无权处分人取得所有权的合同有效,否则合同无效。因为违法建筑上没有所有权,所以建造人对其是无权处分,签订的合同是效力待定合同。因为违法建筑可分为程序性违法建筑和实质性违法建筑,程序性违法建筑可以在合同签订后通过补救措施变为合法建筑,此时建造人取得了建筑物的所有权,之前签订的违法建筑买卖合同生效;对于实质性违法建筑,因自始无法取得所有权,所以违法建筑买卖合同无效。

关于违法建筑买卖的物权效力,我国《物权法》第9条明确规定了不动产物权变动登记生效主义,即不动产买卖若要发生物权变动的效力,必须进行不动产物权变动登记。违法建筑由于其先天违法性,无法进行产权初始登记,更谈不上办理过户转让登记,即违法建筑买卖无法进行不动产转让登记,不能发生物权效力。但是当程序性违法建筑通过补办手续变为合法建筑后,建造人可以通过初始登记取得所有

---

① 参见孙宪忠:《中国物权法总论》(第二版),法律出版社2009年版,第248—257页。

② 参见杨立新:《民法总论》,高等教育出版社2007年版,第547—552页。

权,在此前签订的买卖合同生效后,程序性违法建筑也就可以办理不动产转让登记从而发生物权效力。

综上所述,违法建筑的买卖合同是效力待定合同,因登记生效主义,违法建筑的买卖物权是无效的,所以,违法建筑买卖的效力原则上是无效的。但是,当程序性违法建筑通过补救转变为合法建筑后,此前签订的违法建筑买卖合同由效力待定确定为有效合同,因所有权的取得,先前的程序性违法建筑也能进行转让登记,从而使程序性违法建筑的买卖具有了效力。需要强调的是,要使程序性违法建筑买卖发生效力,前提是在买卖合同签订后,通过补救措施使其转变成合法建筑。

当程序性违法建筑变为合法建筑后,其买卖行为的效力与合法建筑买卖的效力一样。建造人与占有人之间的权利义务比照合法建筑买卖双方当事人,建造物的所有权转移给占有人,占有人向建造人支付对价;至于买卖无效的情形,应依照合同无效的处理原则确定建造人和占有人之间的权利义务关系。因此,在还没有转移占有的情况下,建造人有义务返还占有人为买受违法建筑而支付的对价。在占有已经转移的情况下,双方互负返还义务,建造人须返还对价,占有人除有返还违法建造物的义务外,还需返还实际占有违法建筑期间的占有利益,其可以以"使用费"的方式折价补偿。在实际占有期间,因占有人过失损害违法建筑物的,建造人还可以请求占有人恢复原状或赔偿损失,但是如果违法建筑在买受人占有期间被依法拆除的,买受人不再负返还义务。建造人签订合同时存在过错,故意隐瞒违法建筑性质使买受人遭受损失的,买受人可以追究建造人的缔约过失责任,要求其赔偿损失。如果买受人明知是违法建筑而买卖的,则双方都有过错,过错相抵。

三、违法建筑租赁的效力

违法建筑的租赁效力由租赁合同的效力决定。违法建筑作为租赁合同标的物的违法性,并不能导致合同的无效。如前所述,合同标的物不同于合同标的,而导致合同无效的是作为合同标的的法律行为。建筑人因其建造行为而取得对建筑物的占有,违法建筑的先天违法性,不影响建造人对建筑物的占有、使用、收益。所以,违法建筑的租赁行为并未违反法律、行政法规的强制性规定,违法建筑物的违法性并不影响租赁合同的效力,违法建筑物的租赁效力应受法律保护,建造人与占有人依法产生租赁的权利义务关系。

违法建筑租赁合同与合法建筑租赁合同的效力一样,建造人和占有人享有与法律规定的承租人与出租人相同的权利义务。建造人依合同约定将违法建筑转移给承租人占有使用,承租人依合同向建造人支付租金。合同到期后,建造人有权依据租赁合同要求占有人返还占有。当违法建筑遭到非法侵害时,占有人基于占有事实,可以行使占有保护请求权和损害赔偿请求权,此时作为间接占有人的建造人因为失去了占有事实,不能根据《物权法》对第三人侵害占有的行为请求占有保护,但是基于租赁合同,建造人可以要求占有人在合同届满后返还占有的同时,要求占有人用第三人给予的赔偿来恢复原状或直接要求返还第三人对侵害占有所作出的赔偿。也就是说,此时作为间接占有人的建造人,不能直接向侵害占有的第三人提出占有保护的请求,但可以基于债权债务关系要求占有人返还其从第三人处获得的赔偿来填补损失。

因为违法建筑的违法性不具有公示性,租赁行为也不以登记生效,所以,现实生活中常常出现建造人故意隐瞒违法建筑的性质而与承租人签订租赁合同的行为。此时,作为善意相对人的承租人可以请求撤销违法建筑租赁合同,合同撤销后,自始不发生效力,建造人有权请求承租人返还对违法建筑的占有以及实际占有期间的占有利益。撤销合同给善意占有人造成损害的,可以向建造人主张缔约过失责任。承租人明知是违法建筑而承租的,应受租赁合同的约束,不能以违法建筑为由,主张合同无效或撤销。在租赁期间,违法建筑被依法拆除的,如果承租人明知是违法建筑而承租的,即视为承租人默认承担违法建筑随时可能被强拆的风险,建造人可以不承担违约责任,承租人也当然不再负返还义务。如果承租人在承租时不知道该建筑为违法建筑的,当违法建筑被拆除时,既可以选择撤销租赁合同而向建造人主张缔约过失责任,也可以因租赁合同事实上无法履行而向建造人主张违约责任。

四、违法建筑抵押的效力

抵押权的设立,要以抵押人对物享有所有权为基础。最高人民法院《关于适用〈中华人民共和国担保法〉若干问题的解释》第 48 条规定,以法定程序确认为违法违章的建筑物抵押的抵押无效。笔者认为,此处的无效是指法定程序确认违法建筑实质违法的情形下,抵押权无效。因为如上文论述的违法建筑买卖效力一样,抵押权的设立也是包括两种行为:抵押合同的设立和抵押登记的设立。当违法建筑为程序性违法建筑时,由于抵押物没有所有权的瑕疵,可以经过补办手续而被补正,无权处分变有权处分,此时处于效力待定的抵押合同生效,抵押登记也因所有权的取得得以办理,所以当程序性违法建筑经补正程序成为合法建筑时,其抵押权当然设立。只有当违法建筑为实质性违法建筑时,才会出现最高人民法院《关于适用〈中华人民共和国担保法〉若干问题的解释》第 48 条规定的情况,此时抵押人的抵押行为是不能补正所有权的无权处分,所以抵押合同无效,也不能办理抵押登记,抵押权不能设立。

第八章　不动产物权征收的司法权介入制度*

基于实践中不动产的征收有很大一部分是假公共利益之名追求个人利益之实,故在《物权法》的立法过程中,诸多学者倡议对公共利益进行详细界定。但因公共利益内容的不确定性等原因,最终《物权法》第42条并没有对此进行界定。在立法机关确立“公共利益”概括条款的前提下,大量的实务中的对“公共利益”的界定,是由行政机关进行的。行政机关在处理具体征收案件过程中,通常需综合各种情况作出判断,以决定何谓公共利益。这些具体情况包括时间、地点、国家的经济政策、对公共健康和安全的影响、公共用途等。由于行政机关行使的这一权力为绝对支配权,加之公共利益本身的抽象性,因而这种权力极易为行政机关所滥用。实践中,大量发生的野蛮征收、暴力征收都打上了行政权滥用的烙印,如影响甚广的“嘉禾暴力拆迁案”即为著例。[①] 基于此,对行政机关的权力控制也就成为必然。根据现代政治学原理,为了提高行政效率以及防止出现权力控制的怪圈,对行政机关的权力控制不能依赖行政机关内部,而只能依赖一个外部机构。而笔者认为,该外部机构应为司法机构。笔者希望通过建立司法权介入不动产征收之机制,进而保障不动产征收的顺利行使,这也是立论之基础。

---

* 本部分已作为课题阶段性成果发表,详见许中缘:《论不动产征收的司法权介入》,载《华东政法大学学报》2009年第6期。

① 笔者认为,“嘉禾案”的发生,是我国现有行政机关主导不动产征收中极为突出的现象,这也是我国多年实行行政机关主导征收必然会出现的现象。

第一节　司法权介入不动产征收的必要性

一、立法机关界定公共利益的不足

在外部机构的选择上,有学者认为,民主制度和“公共利益”的选择有着本质上的一致性,都是体现多数利益,“公共利益”应该由权力机关以“一事一议”的方式予以界定。用民主(代议)的方式界定“公共利益”具有充分的正当性。① 具体而言,对公共利益的判断应该属于各级人民代表大会常务委员会的职权,由各级人大常委会根据个案解决。但问题仍然存在:

(1) 这样将导致我国立法权的不统一。实践中可能出现这种情况,即某项征收行为在某地方属于公共利益的范畴,在另一地方则可能不属于公共利益。这种标准的多样性,直接损害了同级立法不得相互抵触的原则,而且对当事人的利益保护也是不公平的。

(2) 各个地方的人大常委会根据各自的情况界定公共利益,仍然不能有效地控制行政机关对权力的滥用。相反,某项征收行为只要得到了立法机关的允许,在我国现有的政治体制下,行政机关就得到了征收的“尚方宝剑”,除非该地方性法规的内容违反了宪法、法律,否则司法机关只能遵循立法机关的决议。因而这样也不利于对被征收人利益的保护。

(3) 在我国现有的国情下,将不可避免地出现某些地方立法机关为了局部的地方利益发展,直接变相地损害公民财产权的情况。

所以,笔者认为,由立法机关对公共利益进行界定是必要的,但由地方立法机关来确定公共利益的内涵,以此弥补《物权法》等对公共利益界定不足的方案,不宜采取。

二、传统司法救济机制介入不动产征收的弊端

在不动产征收过程中,诸多学者一直主张增加当事人诉讼的机

---

① 参见张千帆:《“公共利益”是什么?——社会功利主义的定义及其宪法上的局限性》,载《法学论坛》2005 年第 1 期。

制。的确,传统的司法救济制度对当事人的利益保护而言是必要的,但这种单纯的司法救济机制具有一定的弊端,主要表现在以下三个方面:

1. 传统的司法救济在公民或法人的财产权受到侵害时才得以进行

而在不动产征收中,对所损害的公共利益的界定仍然属于行政机关的单方权限。这就决定了单凭该制度本身并不是有效保护公民或法人财产权的制度构建。加之诉讼机制的复杂与漫长,“民告官”所处的种种不利地位,更加使公民或法人的合法利益难以获得有效保障。

2. 这种救济方式也不能对公民的财产进行有效保护

根据行政法的一般原则,行政诉讼并不会导致具体行政行为的中止。① 即使被征收人在事后赢得诉讼,其利益也已经受到实质侵害。如果不动产征收是以立法机关颁布行政征收法令的方式得以实现的,在我国行政法理论中,该种颁布行为仍然属于抽象行政行为的范畴,法官对此很难进行审查。而且,行政诉讼通常审查的是具体行政行为的“合法性”,而不审查其“合理性”,只要政府具体行政行为的形式合法,即使补偿价格不合理,老百姓欲告也无门。②

3. 传统司法救济方式不能对行政权的任意行使进行有效控制

在行政机关单方面主宰的征收程序中,诸事完全由政府单方面决定,征地安置补偿方案的确定同样也是如此。尽管《土地管理法》第46条、第48条规定了土地征收中两个“公告”制度,即公告征收方案和安置补偿方案,实际上只是让老百姓到指定单位办手续的“通知书”。虽然《国土资源听证规定》《关于完善征地补偿安置制度的指导意见》赋予了当事人有要求举行听证的权利,但基本都是形同虚设。在此种情况下,又如何能够维护被征收人的权益?此外,立法机关规定的行政机关征收的程序,因缺乏司法机关的介入,在现有的制度框架下,很有可能会使这种程序流于形式,更有甚者,可能成为行政机关以合法程序掩盖非法目的的一个工具。

---

① 参见《中华人民共和国行政诉讼法》第44条。

② 实践中,因为征收补偿标准过低,却不能得到司法的有效救济,被征收者为了维护自己的利益,只能走上访道路的情况比比皆是。

三、司法权介入不动产征收的优越性

正如有学者认为的，因为司法机关处于被动的事后介入的地位，只有当事人因征收补偿标准发生纠纷起诉至法院时，司法权才介入到征地补偿标准中来，才可能对地方行政机关的征地补偿行为进行司法监督。加之考虑到诉讼时间成本和金钱成本，实际进入诉讼程序的征地补偿纠纷并不多。[①] 基于此，我们认为，传统的司法救济仍然不能有效解决征收中对公共利益的界定问题，也不能解决行政权的任意行使问题，所以这种被动救济机制，取代不了司法权的介入机制。这种司法权的介入机制指的是司法机关（法官）介入不动产征收过程，对不动产征收的过程进行监督，保障征收权的正当行使。

司法权对不动产征收的介入具有以下优点：

1. 司法权的介入能够实现征收的公共利益

因公共利益之名引起的征收，首先需要经过对征收的公共利益进行调查，界定该调查的结果是否属于公共利益。这是行政机关的职权，但也需要经过法官的判断。这样就避免了由行政机关单方决定征收的公共利益的情形，保障了征收公共利益的目的。正如诸多学者所认为的，因为公共利益概念的抽象，只有通过司法的个案审查才能对其内容进行确定，司法权的介入，正满足了这一要求。

2. 司法权的介入能够对行政权的滥用进行有效控制

司法权的介入，在征收中能够对抗行政权的滥用，控制行政权的任意行使，也能够在一定程度上克服征收的程序流于形式的弊端。也只有引入司法权，行政机关（征收者）与不动产所有人（被征收者）的协商制度才能真正有效地建立起来。

3. 司法权的介入更能够实现征收补偿的公正

因为司法权的中立地位，由法官来确定被征收的不动产的补偿标准，能够促进公正的补偿。而且，司法权的介入，也能够防止行政机关单方面决定补偿数额，避免损害被征收人利益的情形发生。

---

① 参见屈茂辉、周志芳：《中国土地征收补偿标准研究》，载《法学研究》2009 年第 3 期。

4. 司法权的介入能够节省司法资源,有利于问题的解决

如果在不动产的征收中,由专门的法官行使征收中的部分权力,并且对行政权的行使进行制约,就能够有效地减少诉讼的发生,即使发生,也能够促进诉讼的快速解决,从而能够有效节省诉讼成本。

司法权对不动产征收的介入具有实践的优越性,也具有深厚的理论基础。因为不动产征收将会导致所有权的转移,而根据现代法治社会财产保护的一般原则,所有权的移转与转让,只有在协商一致(自愿的情况下)或法官宣告转让(强制剥夺)的情况下才能得以进行,而不能仅仅通过行政机关径行宣告来实现。即使在法律中规定了行政机关具有征收的权力,这种权力也应该通过法官来行使。这是法治国家的一般经验,也是保护人民财产权的基本要求。大陆法系的法国,明确规定了不动产征收中行政机关与司法机关分离是宪法分权的一般原则。① 普通法系的美国,其《联邦宪法》第五修正案就规定,联邦政府非经"正当的法律程序",不得剥夺公民的财产权,非经"合理补偿"与"出于公共使用的需要",不得征用公民的财产,司法机构在实施这个条款的过程中,对行政机关和立法机关的征收及补偿决定发挥了积极的司法审查作用。② 在我国,现阶段征收所存在的主要问题是补偿不合理③,为此,司法权围绕不动产征收的补偿问题进行介入,更具有合理的基础。④

当然,有人担心,我国司法机关的腐败也常有发生,也有可能出现如立法机关那样滥用公共利益的情形。这种考虑有一定的道理。但值得指出的是,即使出现该种问题,损害的只是具体个案中的公共利益,与地方立法机关对公共利益界定所带来的消极影响相比,法官对公共利益本身的戕害的恶劣影响较为有限。而且,在我国现有的体制

---

① Michel Huyghe, *Expropriation pour cause d'utilité publique*, La Semaine Juridique Edition Générale n°27, 6 Juillet 2005, I 152.

② 参见张千帆:《"公正补偿"与征收权的宪法限制》,载《法学研究》2005 年第 2 期。

③ 参见王利明:《公共利益与国家征收补偿》,载《判解研究》2007 年第 2 期。

④ Conseil-Etat, *L'utilité publique audourd'hui*, Etude adoptée par l'Assemblée général du Conseil d'Etat le 25 novembre 1999, La Documentation Française 1999, p. 20.

下,法官权力滥用的救济途径是通畅与明确的,而地方立法机关颁布的法令对公共利益的戕害,当事人则很难得到救济。同时,我们还应看到,司法权的介入本身并不意味着由司法机关决定不动产的征收,而是通过司法机关介入行政机关主导的不动产征收程序,以避免行政机关对征收权力的滥用,因而司法机关也就难以对此滥用权力。

第二节　司法权介入不动产征收的理论障碍及克服

一、司法权介入不动产征收的理论障碍

在我国,倡导司法权对不动产征收过程的介入,仍然存在一定的理论障碍,主要观点体现在以下三个方面。

1. 司法权与行政权相互独立的问题

基于司法权与行政权各自的特性与功能,实行司法权与行政权分离是现代法治国家体制所遵循的一般原则。如果司法权介入不动产征收,就会混淆司法权与行政权的界限。

2. 法官司法的消极性问题

根据我国的传统经验,法院只能消极司法,而不能积极司法。司法权的运行以“不告不理”为原则,法院不得主动介入当事人的纠纷中去。如果允许司法权介入不动产征收过程中,这可能与法官行使审判权的职能发生冲突。

3. 法官司法权的独立性问题

因为司法权是被动、中立、稳定的裁判权,如果允许司法权介入不动产征收过程中,如何保持法官的独立也就成为问题了。如果法官过于介入当事人的不动产征收过程,将会损害司法的中立性。

二、司法权本质对于其介入不动产征收障碍的克服

这些理论是否能够成为阻碍司法权介入的真正障碍?答案是否定的。司法是一种判断,是一种认识活动,它以争端的存在为前提。①

---

① 参见孙笑侠:《司法权的本质是判断权》,载《法学》1998 年第 8 期。

但这并不等于说司法权在许多有争议的问题上就应无所作为。因此，我们需要对司法权的本质进行反思。

关于司法权的本质问题，学者提出了诸多看法。[①] 笔者认为，对司法权的本质认识，需要结合司法权的功能进行理解。在现代法治国家中，立法权、司法权、行政权分别由不同的国家机关行使，它们之间既相互分立又相互制衡。制衡本身不是目的，其中关键点就是保障公民权利免受国家权力的侵犯，从而保障公民的权利。只有对权力进行制约，权利才能得以保障。对权利的保护与对权力的制约正是三权分立以来司法权形成的标志。

在处理司法权与行政权的关系上也是如此。因为司法权与行政权所代表的利益不同，决定了二者必须相互独立，如拉德布鲁赫曾指出："行政是国家利益的代表，司法则是权利的庇护者。"[②]不过，值得注意的是，行政是一把"双刃剑"，在增进公共利益的同时也会损及个人权益。不受制约的权力必然会导致腐败。对权力的制约有两种通行的途径，即"权力制约权力"和"权利制约权力"。当然，以权力制约权力的途径很多，其中，以司法权对行政权进行制约是当前对行政权进行规制的重要方式。正如学者所言，"法院是防止行政侵犯个人自由的唯一武器"。[③] 司法权的存在，一方面是给那些受到损害的个人权利提供一种最终的、权威的救济，另一方面也是对那些颇具侵犯性和扩张性的国家权力实施一种中立的审查和控制。[④] 在不动产征收中，对行政权进行审查，本身也是司法权的内容。因此可以说，司法权对在征收过程中的行政权的行使进行制约，也是司法权的本质之所在。

与行政权相比，司法权表现得相对消极，该种权力以对裁判纠纷

---

① 参见孙笑侠：《司法权的本质是判断权》，载《法学》1998 年第 8 期；陈瑞华：《司法权的性质》，载《法学研究》2000 年第 5 期；喻中：《服从与创造：关于司法权本质特征的一种认知》，载《四川大学学报》（哲学社会科学版）2004 年第 4 期。

② 〔德〕拉德布鲁赫：《法学导论》，米健、朱林译，中国大百科全书出版社 1997 年版，第 103 页。

③ 〔英〕威廉·韦德：《行政法》，徐炳等译，中国大百科全书出版社 1997 年版，第 34 页。

④ 参见陈瑞华：《司法权的性质》，载《法学研究》2000 年第 5 期。

的解决为主要内容，但该内容不能等同于司法权的全部。法官司法的被动性与消极性，并不是说法官对具体案件只能无所作为。司法权的被动性与消极性主要表现在：一方面，不能主动启动司法程序；另一方面，不能擅自变更当事人的诉请内容。在不动产征收中，司法权的介入仍然符合司法权的被动性的要求。而传统的司法独立性、消极性以及稳定性主要是针对诉讼而言的，是为了防止法官先入为主，确保裁判公正。但是这些内容并没有涵盖司法权的所有内容。根据学理，司法权是被动、中立、稳定的裁判权，这种裁判权，本身就包含了判断的内容。① 此外，司法权的介入是适度的、有限的，并不是包办和代替，司法权的介入不必然损害法官审判权的中立地位。我们认为，司法具有服务性，过于强调司法中立、被动的裁判性而忽视司法的服务性，也不符合我国的国情。②

三、司法权介入不动产征收的可能性

根据我国的现行法，司法权介入不动产征收，也具有法律上的支撑与现实上的可能性。

（1）不动产征收中司法权的介入能够得到《中华人民共和国法官法》（以下简称《法官法》）的支持。根据《法官法》第7条规定，法官具有“维护国家利益、公共利益，维护自然人、法人和其他组织的合法权益”的义务。该法第5条规定，法官可以行使“法律规定的其他职责”。这就说明，只要有法律的规定，司法权就能够介入不动产征收过程。换言之，只要我们在相关的不动产征收法中对此进行规定，则在不需要修改《法官法》的情况下，法官的介入权就能够得以实现。也就是说，司法权对不动产征收的介入并不是绝对不可能，而是在现有的法律框架下“客观不能”，只要在不动产征收法中对之进行规定，这种“客观不能”，就可以成为“客观可能”。

---

① 参见孙笑侠：《司法权的本质是判断权》，载《法学》1998年第8期。

② 其实，也有很多法官与学者都认识到了传统“严格中立”的司法，不适应现代社会转型时期的需要。如山东省高级人民法院法官郝明金就指出，在我国社会转型时期，需要进行介入性的司法。参见郝明金：《我国社会转型时期的“介入性”司法》，载《法学论坛》2007年第1期；陈瑞华：《司法权的性质》，载《法学研究》2000年第5期。

（2）在不动产征收中，司法权的介入通常是法官独立行使的对行政机关权力进行监督与制约的权力，它更多地依赖法官个人对公共利益等重大问题的独立判断，这就需要有能够保障法官作为个体独立的制度。值得庆幸的是，我国的司法改革已经在很大程度上增强了法官个人的独立职权，如法官错案追踪制的确立，促进了法官个人的独立，这也为司法权对不动产征收的介入提供了人员支持。

（3）司法权对行政权的制约监督也是《行政诉讼法》等法律所体现的根本宗旨。我国《行政诉讼法》第 1 条对司法权与行政权的关系作出了明确规定："为保证人民法院正确、及时审理行政案件，保护公民、法人和其他组织的合法权益，维护和监督行政机关依法行使行政职权，根据宪法制定本法。"从该条可以看出，我国司法权本身具有监督与制约行政权的作用。令人遗憾的是，我国现行法律过于强调对司法权本身的制约，而忽视了司法权本身所具有的制约监督作用。[①]

笔者认为，司法权对不动产征收过程的介入，本质是通过国家司法权对行政机关的征收权的合法性进行制约与控制，以确保有效制约行政权的不正当行使，合理维护被征收人的合法利益。同时这也是从根本上维护不动产征收的公共利益的重要手段。

第三节　司法权介入不动产征收的制度构建

笔者认为，不能将不动产征收中的司法权介入单纯地理解为行政诉讼法规范的对象，而更应该将司法机关的介入作为不动产征收中的独立程序。这种独立程序，不应该成为只有公民在受到行政权侵害之后才能得到法官消极救济的措施。也就是说，在以公共利益之名进行的不动产征收中，一方面，被征收人对因征收而受到的损害具有向人民法院提起行政诉讼的权力；另一方面，法官应该有确定不动产征收中的财产的移转的权力，这种权力的行使，可以直接影响不动产征收程序的顺利进行。

需要指出的是，司法权对不动产征收的介入，并不是将司法机

---

① 这是司法权力制约的误区。关于这个问题的探讨，参见葛洪义：《司法权的"中国"问题》，载《法律科学》2008 年第 1 期。

关作为行政机关的审核或者审批机构。基于人民法院本身的司法权性质，对公共利益征收的司法权介入需要保持一个限度。这主要表现为以下两个方面：一是司法机关在保障被征收人权利的同时，还应防止司法权过度介入所争议的个人实体权利；二是在不动产征收程序中，要在法官的权力与行政机关征收权的行使达到有效制约与平衡的同时，保障征收权的正常行使，保障一些必要的征收权能够顺利进行。

具体说来，在不动产征收中，法官的司法介入主要体现为以下几个方面：

一、确定何谓公共利益

一般而言，立法机关应该对公共利益的内容作出规定。如我国即将制定的不动产征收法中，应该对“公共利益”的内涵进行适当列举。行政机关需要根据此列举情形进行征收。这样就能够在一定程度上避免行政机关对公共利益的滥用。但根据前文所述，基于公共利益本身的特性以及立法的局限性，立法机关无论怎么对公共利益进行界定，都不能满足实践的需要。因而在此范围之外，就需要另行对公共利益进行界定，此种界定应该属于法院的权限。不过，正如上文所述，在对公共利益的界定中，只有在当事人对征收的公共利益具有争议的情形下才能进行。因此可以说，法官对公共利益的界定的权力是消极权力，而不是积极权力。

二、确定补偿的标准

补偿是保障被征收人利益的一个重要程序。补偿是否合理，将会影响征收的进程，也会影响征收是否符合公共利益的目的。只有在被征收的不动产补偿已经支付之后，征收机关才有权占有被征收的不动产。补偿的数额可以由行政机关与被征收人双方协商确立。如果协商不成，补偿问题就由法官单方面决定。例如，根据法国《公用征收法》，为了保障被征收人的利益，立法规定确定补偿标准的法官至少要有3名。① 如果被征收人对补偿的标准不服，可以向法院

---

① Article L13-1 du Code de l’expropriation (Partie Législative).

申诉,由他们确定补偿的价格。[1] 补偿的标准应该是充分、合理的补偿。具体而言,征收集体所有的土地,应当依法足额支付土地补偿费、安置补助费、地上附着物和青苗的补偿费,以及安排被征地农民的社会保障费等。征收个人住宅的,除了给予补偿外,还应当保障被征收人的居住条件。

三、确定所有权的移转

基于所有权移转的性质,所有权的移转不能由行政机关而应该由法官确定。[2] 在公共利益征收宣告后的一定时间内,如不动产所有人与行政机构不能达成所有权移转的协议,此时应由主管征收的法官作出所有权移转的裁定。如根据《法国公用征收法》的规定,在一般情形下,公共利益宣告后的两年内,行政机关不得对所有权进行强制征收。但是,在该规定的时间范围内,如果所有权的转移不能在协商中完成,征收法官可以径直确定征收土地的价格,宣告所有权的转移并对所有权进行扣押[3],从而实现所有权的转让。法官作出裁定的同时,也需要通知具体所有权人以及利益相关者。在所有权涉及抵押的场合,需要对抵押权进行公布。该裁定应该告知所有权人以及利益相关者转让所有权的具体时间,也应告知被征收人如果对裁定不服,可以向法院起诉。在裁定宣告之后,征收者成为所有权人,承受被征收的不动产灭失的风险。[4] 在没有完全补偿前,原所有权人仍然具有对不动产的使用权,并有权收取或者享受所有物的收益。

---

① Gilbert GANEZ-LOPEZ, L'expropriation pour cause d'utilité publique, 2004, p. 14.

② 在法国,根据《公用征收法》的规定,行政机关也可以颁布所有权转让命令(arrêté),但该所有权转让的法令并不会导致所有权的真正移转。参见许中缘:《论法国的不动产征收制度》,载《欧洲经济法律评论》2006 年第 11、12 卷。

③ Article L13-1 du Code de l' expropriation (Partie Législative).

④ Jeanne LEMASURIER, *Le droit de l'expropriation*, 3e édition, Economica, 2005, p. 224.

四、对拆迁使用的方式进行监督

行政权在不动产征收过程中,行使的手段应该符合比例原则。此即征收的手段要与目的相吻合,所用手段不得逾越其所达成目的的必要限度。如果比例明显失调,该行为就不符合公共利益的目的。在我国不动产征收过程中出现的野蛮拆迁行为,就明显违背了此原则,其实质也损害了征收的公共利益目的。

图书在版编目(CIP)数据

物权法领域公私法接轨问题研究/徐涤宇等著. —北京:北京大学出版社,2016.6

(罗马法与共同法文库·文丛)

ISBN 978-7-301-27324-1

Ⅰ. ①物… Ⅱ. ①徐… Ⅲ. ①物权法—研究—中国 Ⅳ. ①D923.24

中国版本图书馆 CIP 数据核字(2016)第 173292 号

书　　名	物权法领域公私法接轨问题研究 WUQUANFA LINGYU GONG SIFA JIEGUI WENTI YANJIU
著作责任者	徐涤宇　胡东海　熊剑波　张晓勇　著
责任编辑	陈　康　王丽环
标准书号	ISBN 978-7-301-27324-1
出版发行	北京大学出版社
地　　址	北京市海淀区成府路 205 号　100871
网　　址	http://www.pup.cn　http://www.yandayuanzhao.com
电子信箱	yandayuanzhao@163.com
新浪微博	@北京大学出版社　@北大出版社燕大元照法律图书
电　　话	邮购部 62752015　发行部 62750672　编辑部 62117788
印 刷 者	三河市博文印刷有限公司
经 销 者	新华书店
	965 毫米×1300 毫米　16 开本　13.5 印张　203 千字 2016 年 6 月第 1 版　2016 年 6 月第 1 次印刷
定　　价	35.00 元

罗马法与共同法文库

智利共和国民法典

2000年修订本

徐涤宇 译

59元 / 2014年1月出版

《智利共和国民法典》被认为是拉丁美洲最具原创性和特色的三大民法典之一，它由序题、第一编“人”（人法和家庭法）、第二编“财产及其所有、占有、使用和收益”（物法）、第三编“死因继承和生前赠与”（遗产继承法）、第四编“债的通则和各类合同”（债与合同法）和尾题构成，凡2525条。2000年，智利第19585号法律在婚姻、家庭、继承制度上对其民法典做了大篇幅的修订，本译本即根据其最新西班牙语版本译出。

信赖原理的私法结构

叶金强 著

38元 / 2014年6月出版

私法图景系于私法原理的角力之中立体化地展开，而信赖原理是现代私法的核心原理之一。本书以信赖原理的建构为主题，以现代私法的转型为背景，勾勒出信赖原理在私法价值体系中的位置及进入生活的路径，探讨了信赖原理的正当化途径，并分别从经济分析、社会学及法伦理的角度，论证了信赖原理的正当化基础。

本书认为，信赖原理构成的核心要素包括是否存在信赖，是否已因信赖而有所行为，信赖的合理性程度以及责任者可归责性程度等。信赖原理的构造展现为：在信赖存在的事实基础之上，通过信赖者信赖合理性程度与责任者可归责性程度的比较权衡，弹性地确定相应的法律效果。在信赖原理之中，可归责性要件的确立，体现了信赖原理与自治原理之间既相互竞争又相互合作的关系。

罗马法与共同法文库

民法时效制度的理论反思与案例研究

2000年修订本

杨巍　著

78元 / 2015年8月出版

本书是一部研究民法时效一般理论和实务案例的专著。第一编研究时效制度的历史发展、立法例以及时效与其他部门法时限的比较。第二编研究诉讼时效的有关理论和具体规则，对“三目的说”“抗辩权发生说”等通说进行了反思与重构，对诉讼时效的适用对象、效力、期间、起算、中止、中断和延长等规则进行了解读和梳理。第三编研究取得时效的立法设计问题，在分析比较取得时效境外立法的起因、内容和适用效果的基础上，对我国立法提出建议。本书最后附有三个案例统计表，对《最高人民法院公报》《人民法院案例选》《人民司法》中涉及诉讼时效争议的案例进行统计、梳理，汇总具有代表性的司法意见。

多数人侵权责任分担机制研究

李中原　著

45元 / 2014年8月出版

传统多数人侵权理论对于连带责任的解释包括了各种形式的主观关联说、客观关联说以及折中学说，但在当代，限缩连带责任的趋向是非常明显的。多数人侵权责任分担机制的核心理论主要涉及连带责任和按份责任的正当性基础、法律上的可预见性理论以及多数人责任的多元化形态理论。在复合因果关系视角下，对国内外共同关注之多数人侵权案件的类型化分析，充分展示并验证了多元化的责任分担机制的合理性。在我国现行《侵权责任法》第8—14条所确立的基本体制下，多数人侵权领域应当建立起一个包含连带责任、按份责任、不真正连带责任、补充责任以及多种混合责任形态在内的具有更大灵活性和适应度的责任分担机制。